岩波現代文庫

の
世界史

黒田明伸
Akinobu Kuroda

学術 417

岩波書店

目　次

序章　貨幣の非対称性

1　合算できない貨幣たち

交易というものは対称的な行いであるはずである。花子と太郎がいて、二人が交易をするということは、花子から太郎へ手渡すものと、太郎から花子へ渡されるものとは、釣り合った評価をされているものだと、われわれは考える。花子が太郎へある財を売ったとき、太郎が花子に代価として一万円札一枚を渡そうとしたのに対し、もし花子が一〇〇円硬貨七〇枚を要求したとしたら、よほど奇妙なことと映るであろう。

二〇世紀はじめの中国の揚子江中流域についてのある報告は、つぎのような記事を載せている。この地域の農民は、自分たちの生産物を売却するときに、買い手である商人が当時の相場で銅銭一三〇〇文相当の一元《げん》銀貨一枚を渡そうとすると、銅貨で一〇〇〇文を要求するというのである(Imperial Maritime Customs, 1912, p. 283)。これは、右の花子を農民に、太郎を商人に置き換えると、はなはだ似た印象をあたえる構図である。

この場合、商人の方には銅貨と銀貨の両方が出入しているようだが、農民はどうやら銅貨使用に親しんでいるようだ。一元銀貨一枚が銅貨一三〇〇文に相当するというのは、両替商などが交換するときの比率であろうが、農民からは、その銀貨は一〇〇〇文より低い評価しか与えられていないわけである。

すなわち、これは、二つの通貨の間の交換比率設定において、複数の評価が併存するからこそ起こる現象である(1)。このように、交易の当事者たちが異なる通貨比率を想定している場合、二つの通貨の交換は双方向に対称的な行いとはなりえない。

本来、貨幣とは交易に対称性を与えるための存在であるはずだ。たとえば、五キロの米と一本のワインの交換が対称的である、つまり双方向に等価であるということを、二〇〇〇円の通貨が介在することで当事者は承認しあえる。もし、その通貨自体に対する評価が多元的であるなら、交易のよりどころがなくなってしまうようにみえる。

複数の通貨があって、それらの間の評価が多元的であるということは、通貨の総量を測ることに意味がないということである。かりに農民と商人が集うある地方市場に、銀貨一〇〇元と銅貨七万文が存するとする。そこで、さきほどの一元銀貨一枚＝銅貨一三〇〇文という相場にみなが依存しているなら、その時点でのその市場の通貨総量は二〇万文相当とみなすことができる。通貨の種類が二つだけだろうが、三つ四つあるいはそれ以上あろうとも、同じように合算することができる。通貨の間の相場が日々変動しても、合算できるという点においては、何も変わりはない。通貨総量の数値そのものは、比率の変動によって増減するけれども。だが、相場が単なる両替商にとっての両替比率にすぎず、その市場で交易するものたちからの依存度が低いのであれば、通貨総量ないしは市場の流動性などというものを測ることはおよそ空しい行為となる。

複数の通貨があって、それらを合算することができないということは、ある通貨に不足が生じた時に、他の通貨で代替することが容易ではないということに通ずる。たとえば、農産物が豊作でかつ買い手がつくとき、その取引需要の増大に応じて通貨供給を増加してやる必要が生じるが、その時、当該の地方市場の外から銀貨を持ち込んでも、買い手の思うようには購買はすすまない。農民たちの手元に、銀貨一〇枚と、銅貨一万三〇〇〇文のどちらを運びこむかは、両替商相場で換算するとどちらでも同じことなのだが、農産物の買い付けということに関するかぎり、まったく異なる効果をもつことになる。

さらに、通貨の間で代替性が乏しいということは、ある通貨の供給の増加が物価全般の上昇には必ずしもつながらず、またその減少も物価下落をもたらすとはかぎらないということにもなる。貨幣量の増減と物価の上下との間を正の一次式でとらえる貨幣数量説などは、およそ頼りにならない場なのである。

われわれの常識には、通貨を合算して貨幣総量を測れる世界の方が当然なじむ。だがじつは、貨幣の歴史というものは、この非対称的な事象に彩られていたのである。これから本書でしめすように、人類史全体を見回すと、この非対称性が実際、かなり派手に振る舞っていたといえる。にもかかわらず、着目されてこなかったのは、ひとえに観察する側が説明する論理をもてなかったがためである。実際のところ、交易に対称性をあたえるはずのものが、実はそれ自身非対称であるなどということを考え出すと、落ち着きが悪いこと甚だしい。だが、その座り心地の悪さをいとわず、貨幣の非対称性そのものに説明を与えてみるのが本書の目的である。

そもそも、なぜ通貨に複数の評価関係が成り立つのか。そこに問題を解く鍵がある。

2 手渡される貨幣の論理

今日のように、預金口座間の振り替えで購買や支払が行われる預金貨幣が重きをなす以前においては、貨幣といえば人の手から人の手へと渡される手交《しゅこう》 hand-to-hand 貨幣であった。ところが手交貨幣であるということそのものは、貨幣論ではほとんど問題とされてこなかった。(2) だが本書においてこのことはきわめて重要な意味をもつ。物理的に移動する、ことに拡散するということと、通貨間の多元的評価、すなわち非対称性との間に関係があると考えるからである。

実体をともなう手交貨幣には、預金貨幣にはない、二つの特質をもつ。第一に、実体そのものに価値がある場合(紙幣のようにほとんど無視してよい場合もある)、その銀なり銅なりの素材価値の変動から独立して、中立的に媒介機能を果たすことが容易ではないという点である。このことはこれまでもよく説かれてきたことである。(3) もう一つは、貨幣は循環するものであり還流すべきものであるのに、実体をもつ手交貨幣は、散布されたものが回収されるとはかぎらない、すなわち還流が保証されていないという点で不完全なのである。後者の方はあまり着目されてこなかったが、この「手交貨幣は必ずしも還流しない」ということが、本書では核心的な命題となる。預金貨幣の場合は、物理的には何も動かず、口座間で数値が相殺されるだけである。

「還流しない」などといわれても、にわかには納得しがたいかもしれない。たとえば個々の農民をとってみると、彼らが生産物を売却して得た手交貨幣は、やがて納税や消費物資購買を通じて手放すであろうから、収支はそろうはずであり、還流しないなどというのはありえないのではないか、と。だが、ある市場に参加する人々の収と支が、ある期間をとってみると合致するということと、その市場が必要とするだけの通貨が物理的に還流することとは同じではない。市場の取引規模には増減の波があるからであり、また通貨の物理的還流には時間がかかるからである。高まった取引需要に応えるべく新規の通貨を投入することができる条件があれば、その市場は、散在する通貨が還流するのを待たなくてよい。そしてこのことが繰り返されると、還流しない通貨がどうしても生じてくる。

このように手交貨幣には預金貨幣と峻別されるべき特質があるのだが、同じく実体をともなってはいても、商品貨幣ともやはり大きな違いがある。これから本書でしばしば例示するように、穀物は古今東西において、ことに農村市場において事実上の貨幣としての媒介機能を果たした。一八世紀まではかなり広汎に広がっていたと推測される。(4) もろもろの財の中でも誰もが必要とするものであり、それゆえに最も販売可能性の高い財といえるであろうから、穀物が生産者にとって身近な農村市場を中心に媒介機能を果たしたのは当然のことであった。だがこのことは合理的なようでいて同時に不合理でもあった。かさばるとか、計量の手間とかのことではない。それだけなら、手交貨幣の範疇に属する超零細額面の貝貨《ばいか》を(第三章)、商品貨幣の穀物と比べてみて、どちらが非効率かにわかには判断できないであろう。

問題は、最も必需な消費財に媒介機能を託すと、その需給が逼迫したとき、市場での交換全般を麻痺させてしまうという点である。飢饉が起きたとき、穀物の販売可能性は飛躍的に高まるが、同時に誰も売りに出さないので、市場は売買が成り立たず、混乱を助長させかねない。また貨幣機能を果たすがゆえに、その財を本来の長期需要予測を越えて過剰に保蔵してしまう傾向も生じさせてしまう。植民地期の東アフリカでは、家畜を貨幣として使用する慣行があったため、どうしても家畜を過剰保持する傾向があり、生産活動に否定的に作用したともいわれている(Einzig, 1966, p. 506)。

歴史上ある程度普及した手交貨幣は、そうした商品貨幣とは異なって、それが媒介する諸財の生産や需給に対して中立的たりえたものばかりである。米の過剰保蔵は実体経済に影響を及ぼさざるをえないが、貝貨の場合は直接的な影響はほとんどないといってよいであろう。第四章でふれられるように、中国などで鉄製通貨が登場することはあったものの長続きしなかったのは、銅貨より腐食しやすいといった物性もさることながら、鉄そのものへの実需が強すぎて、他の財に対して媒介機能を果たすことが難しかったという理由もあったであろう。実際、鉄銭が溶かされるという事態も起きている(一一八頁)。

穀物を代表とする商品貨幣の場合、それ自体の消費によりやがて流通から退出するのに対し、それ自体の消費がまれな手交貨幣は、半永久的に流通することになる。(5)しかも必ずしも還流せず、通貨ごとに独自で多様な軌跡を描くことになる。本書が手交貨幣にことさらに着目するのは、まさしくこの点にある。その流通と滞留のありかたの差に、通貨の間の評価を多元化させる原因がある。ことに、還流のしやすさと、額面の大小とは対応関係がある。具体的史実は、これからおりおりふれられるが、零細額面の通貨ほど還流しにくい傾向にあることを明白にしめす。とりあえず、物理的に拡散する度合いが大きい零細額面通貨ほど還流の速度に劣る、とだけ指摘しておこう。

3　還らない貨幣

銀行預金などというものがなく、手交貨幣が支配的な伝統社会において、ある一枚の通貨の軌跡を追跡してみたとしよう。どこかの中心的都市で発行された通貨は、そのままその都市内をずっと循環するものもあろうが、ある部分は地方の市場町へ運ばれ、さらに農村の定期市へともたらされるだろう。そこで自己の余剰生産物を売りにきた農民とともに彼らの家を訪れ、あるものは持ち主とともに定期市へまた戻るかもしれないが、なかにはながらく家のどこかに貯められてしまうものもあるにちがいない。

では、そうして「簞笥預金」の構成物となった通貨は、ふたたび逆の経路をたどって発行された都市に舞い戻ることはあるのだろうか。なかには、納税などを通して、そうした幸運にあずかるものもあるかもしれない。だが、あまり戻らないのではないか、と直感する読者も多いだろう。しかし、その戻りにくさをどう説明したらよいのだろう。二つの要因が考えられる。

ここまでは、「ある一枚の通貨」とだけ仮定し、額面などの特定はしていない。だが、発行される通貨の間に額面の大小の差があった場合、中心都市から農民の「簞笥」にまでの長旅を敢行した通貨は、途中でその旅程をやめてしまった通貨と比べて、より零細額面のものである確率は高い。なぜなら、都市よりも市場町、市場町よりも定期市の方が、小規模取引の割合が増えるからである。取引によって通貨が、都市から農村市場へ下向していくとき、下向するにつれて零細額面通貨の比率が高くなる可能性は高い。ところが、同じ規模の取引によって、通貨が農村市場から上向するときは、その零細額面通貨が戻るよりは、高額面の通貨に置換される度合いが強くなる。なぜか。まず、上位の市場ほど零細額面通貨の需要が低いこと。そして、零細額面通貨を集め、そして運搬する費用は、高額面のそれに比べて高いことである。需要が小さいのに費用をかけて零細額面通貨を上向させる動機は存在しない。

だが、第二章、第四章でみるように、一六世紀までの中国の場合など、実質的に人々が手にするのはモノユニット、中国の場合一文銅銭ほとんど一種類だけの場合もあるから、右のような市場階層の上下と額面の大小を対応させる説明だけでは不十分である。

市場階層の上下と対応し、そしてより重要な要因がもう一つある。さきほど、手交貨幣が十全には還流しえないことを、貨幣需要の増減の波をもってすでに説明した。この増減は、ことに農業社会において、避けるべくもない。収穫後に多くの取引が集中し、収穫前に向けて交易がまれになっていく、という季節性が生じるのは、必然である。だがこの貨幣需要の季節性も、ある社会全般に一様にあらわれるわけではない。やはり都市から農村市場へと下向していくにつれて、その季節性は強くなり、繁忙期と閑散期の間の振幅は大きく、また高需要の時期が偏在する度合いも高くなると考えられうる。

貨幣需要の季節性が弱くて繁閑の振幅が小さい市場よりも、季節性が強くて振幅の大きい市場における方が、より多くの手交貨幣を待機させようとする傾向がある。

これが、本書において、これから主張することごとのもっとも基礎にある命題である。すでに述べたように、本書は貨幣数量説の有効性はきわめてかぎられているとみなしている。だが説明を容易にするために、あえてその文脈にしたがえば、次のように表現することができる。貨幣数量説「M（貨幣量）・V（流通速度）＝P（価格）・T（商品量）」におけるVは、現実の市場、ことに伝統市場について考えるならば、速さというよりも、むしろ滞りにくさとみなされるべきである、すなわち、需要の振幅が大きく偏在度が強いために保蔵されてしまう性向の、その逆数であると。

この命題にしたがうと、中心的都市から市場町、そして定期市へと下向するにつれて、収穫期によってもたらされる貨幣需要の季節性がより強くなるから、手交貨幣はそれに応じて下向するほど上位市場には還流しにくくなる。

そしてもし、第一の要因において、小額面通貨がよく発行されていて、かつ第二の要因において、農村の市場がよく発達している、という双方の条件を重ねもっている社会があれば、そこは通貨が下位市場により滞留しやすい条件をもっているとみなすことができる。

そこで、最初の中国における銀貨と銅貨の事例に戻ってみよう。第二章、第四章でふれるように、中国は銅銭という小額貨幣に古くから依存した社会である。また同時に、

第六章で説かれるように、農民の市場参加は自由で、定期市など農村市場がよく発達した社会でもある。実際、農民が交易する定期市などで交わされたのはもっぱら銅貨であった。したがって、彼らが、銀貨に対して、都市の両替相場よりもはるかに低い評価を与えていたとしても、何ら不思議はなかったのである。

さて、ここまでは、小額通貨の存在や農民の市場参加を、当然のことのようにして論じてきた。ところが、この二つのことについては、諸社会の間にかなりの差異がある。第二章で述べるように、ローマ帝国崩壊以降の中世ヨーロッパは、小額通貨がきわめて乏しかった世界である。小額通貨の有無やその存在の様態は、それぞれの権力における行財政のなりたちと密接な関係がある。また第六章でふれられるように、小農の経営の自由度と農村市場の勃興とは密接な関係にある。当然のことながら、農民の市場参加の程度は、それぞれの社会の構成のされかたに大きく依存する。

また、前節でいわば宣言したように、本書の叙述の中心は手交貨幣となるが、この手渡される実体をもった通貨というものに焦点をあてればあてるほど、陰のもう一人の主人公の重要性が浮き彫りになってくる。それは信用である。通貨が還らないのであれば、新規に追加供給するか、信用で補うかどちらかの方策をとることになる。本書の論理構成において、信用は、実体貨幣発行を節約したり、また流通速度を上げる、といった文脈で重要なのではなく、変動する貨幣需要に対して弾力的に対応できるがゆえに肝要となる。それも、信用一般ではなく、農村市場における貨幣需要の繁閑を埋め合わせる地域信用が発達するか否かが、大きな分岐点として位置づけられる。

行財政、社会構成、地域信用、これら三者はそれぞれが相互に関係しあうのだが、そうした制度的要素がまた、貨幣そして市場の様態と双方向に規定しあって、それぞれの社会経済の特色をつくりだすのである。貨幣も市場もけっして制度から独立した存在ではなく、また制度の方も同様である。そうした共依存的な構造こそが(金子・安冨、二〇〇二年)、本書の解明しようとする対象にほかならない。貨幣の非対称性は、その構造を解き明かす鍵なのである。

4 多元的貨幣論へ

それでは、本書で提示しようとする論点は、貨幣についてこれまで論じられてきたこととどのようにかかわるのであろうか。本書はけっして貨幣論そのものの整理を目的とするものではないので、ここでふれられるのは、貨幣が多元的に存在するという本書の着目点に関わるものにかぎられることを、はじめにお断りしておく。

貨幣に対する異なる需要のあり方があり、そのため同じ貨幣が異なる特性をもちうる、というような理解そのものはけっして新しいものではない。ケインズは、預金貨幣についてであるが、生産機能の分業から生ずる取引に対応する産業的流通と、財の投機的取引や金融取引に対応する金融的流通とを分別している。前者は実際の産出物の取引を反映して安定的であるのに対して、後者は変化しやすくかつ巨額にのぼるものとなる(Keynes, 1971b, pp. 38–43, 邦訳四四－四九頁)。そしてその違いは両者における貨幣の回転数、流通速度をおよそ異なるものとする、とケインズは理解した。この二つの種類のはたらきをする貨幣をただ合算しただけの貨幣流通量というものは、その内訳をみなければ、およそ意味のないものとなるだろう。

この二つの流通が何ら境界のない同じ通貨でなされるなら、金融的流通の突然の膨張が産業的流通を不足させ、実体経済に影響を及ぼすということがままありうることになる。ケインズは預金貨幣をもってこのことを論じているが、手交貨幣であれば金融的流通と産業的流通の間の引き合いを、より明確に可視化してくれるであろう。たとえば、金融投機のあおりで、いつもなら都市から農村市場にとどけられる穀物買い付け資金が滞る、などといった形をとって。あるいは逆に、農村市場での豊作が通常以上の買い付け資金を都市から引き出し、他の資金需要も加わって都市で通貨不足から金融機関にパニックが起こることもありうる。こうした具体例については第七章など本書の随所でふれられる。だが、もし二つの流通を担う貨幣が異なった手交貨幣であるなら、こうした直接の引き合いを回避ないしは緩和することができるのだ、ということをここでは留意しておいていただきたい(通貨相互の交換比率は動揺せざるをえないが)。

産業的流通・金融的流通とは別に、ケインズは貨幣について、保蔵されて不活動状態にあるものを、現に流通しているものと区分して、保蔵貨幣とし、非流動資産に対するその割合を保蔵性向と名づけている(Keynes, 1971b, p. 130, 邦訳一四七頁)。ケインズにとって、保蔵性向は、流動資産を保持しておこうという公衆の意志決定の結果としてとらえられている。不活動状態にある貨幣は、本書においても中心的に着目される。だが本書において問題とする保蔵は、「公衆」なりだれなりの自発的意志に基づくものではない。意図せずして保蔵されてしまう貨幣の存在である。前節で述べた下位の市場階層へ沈んでいき回収されにくい貨幣とは、すなわち見方を変えると、社会にとっては、かなりの部分は活動していない保蔵貨幣である。しかし貨幣需要の繁閑の差が大きい下位階層の市場においては、それらは繁忙期のために待機している貨幣ともいえる。

本書に用いられる論理は、上記二種類の区分の、それぞれ設定を変えた、組み合わせとみることができる。市場階層の上位と下位の間の垂直的関係において、非自発的な保蔵が生じる傾向があること。ある空間をもった市場の、その内部と外部の市場との間の水平的関係において、安定した内部の貨幣需要と時に大きく振れる外部の市場との貨幣出入、という二つの力がぶつかりあうこと。この二つである。ケインズの場合はいわば「業種」別に区分した貨幣特性の違いを、本書は空間的な内と外の区分において見いだしているのである。

そうした空間的な区分でいえば、かつてヒックスが『経済史の理論』の中で提示した大通貨と現地通貨という概念と近似する(Hicks, 1969, p. 89, 邦訳一三二―一三三頁)。しかしヒックスは、現地の内と外に分ける論理を示さず、結局実質的に、行政的な空間の内と外の区分にしてしまっている。だが本書では、権力による区分とは無関係に、国境の中でも、あるいは国境を越えても生じてくる貨幣流通の空間的区分を問題とする。

明確に貨幣の空間性を論じたものといえば、最適通貨圏論が挙げられる。その先導者マンデルは、労働力・資本といった生産要素の可動な範囲と、その範囲を越えた不可動な外部とを区分し、行政境界にかかわらず、要素市場が十分に機能し生産要素が可動する範囲なら通貨統合が可能である、との主張をした(Mundell, 1961)。だがマンデル自身が、労働力や資本の可動性が不十分であれば同じ行政域内でも地域ごとに物価上昇率や失業率がばらばらになる、とふれているように、同じ国内で流動性が均質に現れない可能性も想定している。したがって、この論理は、もう一歩踏み込んで裏返してみると、国境内での貨幣併存の可能性を示していたともいえた。

ただマンデルは、外部の通貨はすべて内部の通貨に転換されることを前提にしているように、複数国が一通貨を共有することを可能としても(現在のユーロのごとく)、一国が複数通貨を有する場合を積極的には仮定していない。社会が複数通貨をもつことを、逆に肯定的に仮定し、それを推奨したのはハイエクである。ハイエクは、貨幣発行を完全に国家から自由にすべきだとの観点から、競争的に諸通貨が併存流通する状態を提唱した(Hayek, 1976)。競争的に流通するということは、諸通貨に対する評価に高低の差がついてくることであり、諸通貨間の交換比率は変動せざるをえなくなる。権力とは無関係に諸通貨が変動相場をともなって併存する状況というのは、実は歴史上、第三・四章で紹介するように伝統中国やインドなどで現れたことであった。本書では、通貨が競合的に共存する構造的論理を、具体例を挙げながら示すことになる。その論理と事例を知ることは、われわれが所与としてしまっている一国一通貨制度が、ありうるべき唯一の安定した存在形態なのではけっしてないということを強く示唆することになるだろう。ただし、歴史的現実はハイエクが想定していたものをはるかに越えていた。諸通貨が競存する状況は、本書が着目する貨幣需要の多様性、市場の重層性を理解することで、はじめてその意味が明らかになる。

さて、現実に存在する競存貨幣に目を向けると、貨幣をめぐるもっとも根元的な設問、なぜ貨幣は受領されるのか、という問題にいきつかざるをえない。なぜならそこでは、諸通貨は、明らかに国家などの諸権威に依らずに流通しており(6)、しかも同じ金属内容の実体が違った通貨単位で別の評価をあたえられて併存することもあるのだから、素材価値からも独立して受領されているといわざるをえない。そこで本書では、まず第一章で、国家権力にはまったく依らず、かといって素材価値からも独立して流通した事例として、二〇世紀初頭の紅海沿岸でのマリア・テレジア銀貨の流通をとりあげる。結論からいうと、本書がしめす貨幣の受領性についての解答も、やはり多元的なものとなる。すなわち、歴史的にも論理的にも、貨幣は最初から諸貨幣として存在したのである、と。本書では、貨幣となる財そのものに媒介機能が内在するという論理はとらない。財を在庫として保有しているものたちが分布するよどみ、あるいはかたまり cluster にこそ、貨幣受領の動機があると考える。だが、終章で論じるように、空間的な偏りをもった在庫のかたまりに流動性を付与しようとする動機が通貨を生成させるのだが、その動機は同時に空間の限定を越えた媒体により補完しようとする別の動機を生み出さざるをえない。それゆえ貨幣は諸貨幣として現れざるをえない。そしてその二つの動機をいかに組み合わせるかによって、さまざまな構造がつくりだされてきたのである。本書が題した、貨幣システムとは、それらの構造のことにほかならない。

ここで本書での用語の整理をしておこう。本書で「通貨」というとき、それは歴史的現実において存在する手交貨幣を指す。預金貨幣を、預金通貨と表現しないのは、それが手交貨幣のように物理的な移動をしないからである。そしてその具体的な手交貨幣を共有しているつながりを「回路」と呼んでいる(7)。また、ある限られた空間における取引の媒介機能の総体を可測だとみなしうる場合、その総体を「地域流動性」と呼ぶ。地域流動性は、閉じた社会関係に基づく信用によって担われる部分もあるが、そのほかは手交貨幣や商品貨幣によって担われる(六二頁)。この手交貨幣の流通はその空間を繰り返し循環するコイル状の軌跡を残す回路となる。その地域流動性を体現する手交貨幣を「現地通貨」と称する。そのうち手交貨幣が、その空間独自に創造されていたり、あるいは外来のものであっても独自の読み替えによって機能している場合、その機能している範囲を「支払協同体 currency circuit」と呼ぶ。(8) 範囲は、単複の市場の集荷範囲などの地理的空間である場合が多いが、特定の業種に関わる人的集合としてあらわれる場合もある。後者の場合、あるまとまりの市場空間の内側に複数の支払協同体が並列することにもなる。ただし、ある種の財、たとえば塩や阿片といった商品の売買がある特定の手交貨幣とともに超地域的になされている場合、その回路も地域を越えて展開する。なお、第五章で環シナ海銭貨共同体という表現をするが、この場合の「共同体」は international community という場合の community に近く、強い意味はない。銭貨を使用する支払協同体が海を挟んで並列しているまとまりのことを示す。

いっぽう、地域流動性の対となるのは「地域間兌換性」で、それを体現する手交貨幣を「地域間決済通貨」と呼んでいる。(9) こちらは現地通貨たちのコイル状回路をその上位で結んだ、環状で一方通行の回路をなす(二四一頁、図16)。次章でとりあげるマリア・テレジア銀貨は、その典型的な一例である。

なお本書では、「紙製通貨」という用語を使うが、これは一国一通貨制度のもとでの政府紙幣や債権債務関係に基礎をおく銀行券と区別して、中国を中心に歴史上現れたところの、紙の通貨を示すためである。次章のエチオピアで流通した一〇リラ紙幣などは、由来は紙幣でも、本書の用語法では、紙製通貨というべきところである。

第一章　越境する回路——紅海のマリア・テレジア銀貨

1　マリア・テレジア銀貨の謎

貨幣とは何であるのか、あるいはどうあるべきかというように、貨幣そのものを大上段から論ずるとき、その論者は抽象的ないしは不特定の通貨を想定するのが常である。特定の実在する通貨についてことさらに論ずることは少ない。もちろん彼らの帰属する国家の通貨やはたまた同時代の国際的な基軸通貨を具体例として示すことはある。だが、そのどちらでもない外国通貨をことだてて取り上げることはまれであろう。その栄えある例外としての扱いをうけてきたのが、本章で取り上げるマリア・テレジア銀貨である。序章で登場したケインズ、ハイエクも、そしてウェーバーも(Weber, 1924, S. 217, 邦訳下巻七三頁)、この一八世紀のオーストリア女帝像を戴いた銀貨について言及している。

歴史上著名なオーストリア女帝を冠するからには、同銀貨は当然としてオーストリア政府の発行する法貨であったのであり、その発行も彼女の在位期間に始まる。ところが、ウェーバーらが言及したマリア・テレジア銀貨の流通は、オーストリア国内でのそれではなかったし、また一八世紀のことを振り返ってのことでもなかった。彼らが驚きの念をかいまみせながらふれたのは、彼らの同時代すなわち二〇世紀前半における、オーストリア本国から遠く離れたアフリカ・西アジアにおけるマリア・テレジア銀貨の流通であった。

理論家たちがしばしばこの銀貨に言及してきた理由はまさしくそこにある。オーストリアの植民地でも勢力範囲でもなく、むしろイギリスやフランスなどの植民地ないしはその勢力下にある地域で、なぜウィーンで鋳造される銀貨が流通するのか。しかも他のオーストリアの通貨がこれらの地域で流通することはなく、もっぱら一七八〇年の年号を刻したマリア・テレジア銀貨のみが受領された。一七八〇年というのはマリア・テレジア女帝最後の在位年である。オーストリア領内ではとうに流通をやめているにもかかわらず、(1)二〇世紀に至るまでアフリカ・西アジアの特定地域では選好されつづけた。国家の権能による支持とは無関係に、発行地とは遠く離れた地域で、この銀貨は他の通貨にもまして優先的に受け取られたのは、なぜなのか。

観察者を一番手っ取り早く安心させる説明は、銀貨の素材に起因すると考えることである。マリア・テレジア銀貨の形態は、すなわちそこに含まれる銀そのものの保証として受け取られたのだと(ロバートソンは任意の実体貨幣の事例として、古代に行われていたと伝えられる牡牛の貨幣使用とならんでマリア・テレジア銀貨を挙げてい

図1　マリア・テレジア銀貨(原寸)

る(Robertson, 1948, p. 48, 邦訳五〇頁)。一見もっともそうなこの説明は、ただ事実をよりよく知ることによって簡単に役立たずとなる。これからふれるように、より高品位の銀貨が並行して存在しているにもかかわらず、マリア・テレジア銀貨はそれらよりも高い相場で流通した。また、他通貨との間の相場の動きを仔細にみると、国際的な銀相場とも連動するようでいて、実はそうではなかったことがわかる。

当局にもよらず、素材価値からも独立した貨幣というのはよほど説明しにくかったようで、ケインズの場合は、「刻印が純分と被受領性の保証であったから」鋳貨がその含有価値よりも幾分高い価値をもつとみなせるような一般的な事象とは分けて、「ただ単にその美術的性質の故」に「現代のアフリカの遊牧アラブ人に好んで用いられた」として、マリア・テレジア銀貨を例示した(Keynes, 1971b, p. 12, 邦訳一五頁)。これは事実上、経済学的考察の枠外にあると宣言したのも同然である。彼にとっては、マリア・テレジア銀貨など微少な存在にすぎなかったのであろう。だが、貨幣の受領性、すなわち受け取るしまた受け取ってもらえるという関係に、もし何らかの原理的な説明の適用が可能であるならば、いかなる微少な例外もみとめられるはずがない。しかも本書の行論で明らかにするように、マリア・テレジア銀貨の事例がけっして孤独な例外ではなく、より大きな集合の一部であることを実際の歴史は示している。

ウィーンから遠く離れたアフリカの地で授受されるマリア・テレジア銀貨の存在は、それ自体は特殊な事例でありながら、なぜ貨幣は受け取られるのか、というより一般的で根本的な問いを投げかけているのである(ロバートソンは「マリア・テレジア銀貨が現にアラブ諸国でそうなっているように、外国でつくられた貨幣が貨幣制度の顕著な要素をなしているような場合は、これを無視しても不当ではないであろう」(Robertson, 1948, p. 49, 邦訳五一頁)としてやはり考察していないが、私にはとても無視はできない大きな問題に思える)。

2　英仏伊白による鋳造競争

マリア・テレジア銀貨が、いつどのようにして中東・アフリカで市民権を得たかはさだかではない。ただ、一七六二年から六七年にアラビアを旅行したデンマークの地理学

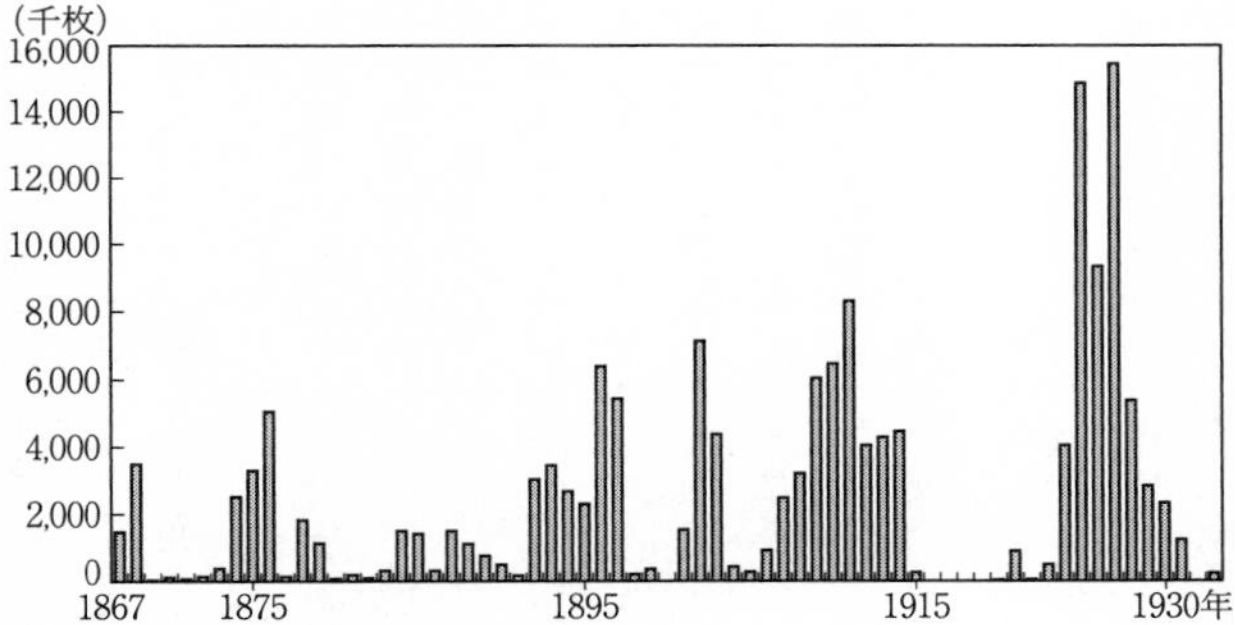

出典）Hans, 1961, S. 18

図2　ウィーンにおけるマリア・テレジア銀貨鋳造額の推移

者が同銀貨を確認していたとされているから、かなり遡れるのであろう(MINT, 2253/19, 13/9/48)[2]。一七八〇年を最後の在位年とするマリア・テレジア女帝だが、その一七八〇年と彼女の胸像を刻した銀貨の鋳造は、その後もウィーンで継続され、実に一九三五年にまで及んだ。図2はその鋳造額の推移を示す。一九世紀を通じて、そのほとんどがアフリカと西アジア向けに、アドリア海に面したトリエステから出荷され続けたのである。一八九八年にウィーンで出版された『マリア・テレジア銀貨の歴史』には、アルジエからカイロ、ダマスクスへかけてと黒海南岸やマルタ島などが、かつて流通していた地域として描かれているが、現に流通している地域としては、紅海周辺とエチオピアから北部ナイジエリアにかけての地域が、図示されている(Peez/Raudnitz, 1898, S. 86)。二〇世紀にはいると植民地当局による外国通貨排除の動きが広まり、英領ナイジェリアにおいては徐々に本国通貨に代替される趨勢となる。その動きに従い、マリア・テレジア銀貨の流通地域はしだいに東アフリカ方面に後退していく。

東アフリカでは独立国エチオピアが軍隊への給与支給に同銀貨を使用していたように、行財政はマリア・テレジア銀貨を中心に運営されていた(Garretson, 2000)。このエチオピアからその東の紅海沿岸のアラビア半島にかけての地域は、この銀貨が流通する地域として最後まで残存する。第一次世界大戦は同銀貨の鋳造と出荷を事実上中断させるが、東アフリカ・紅海沿岸の強い需要は、戦後まもなく鋳造と出荷とを再開させる。しかしこの頃より、鋳造差益の見込まれる同銀貨鋳造権をオーストリア政府が譲渡する可能性が外交上の情報として流れるようになる。(3) 敗戦により中東方面への権益と無縁になった同政府にとって、とうに本国内では流通していない通貨の鋳造権を保持し続けることに固執する理由はなかったからである。一九三五年とはその譲渡がまさしく実現した年である。(4) ひとまず以降の史実を追ってみよう。

一九三五年より、イタリアのムッソリーニ政権はエチオピア侵攻を開始し、三六年にかけて併合のための戦争を遂行する。上述のようにマリア・テレジア銀貨は当のエチオピアにおけるいわば準法貨である。ムッソリーニ政権はその鋳造権をウィーンより譲り受け、エチオピア併合政策の強固な基礎としようとした。イタリア政府は、ローマで同

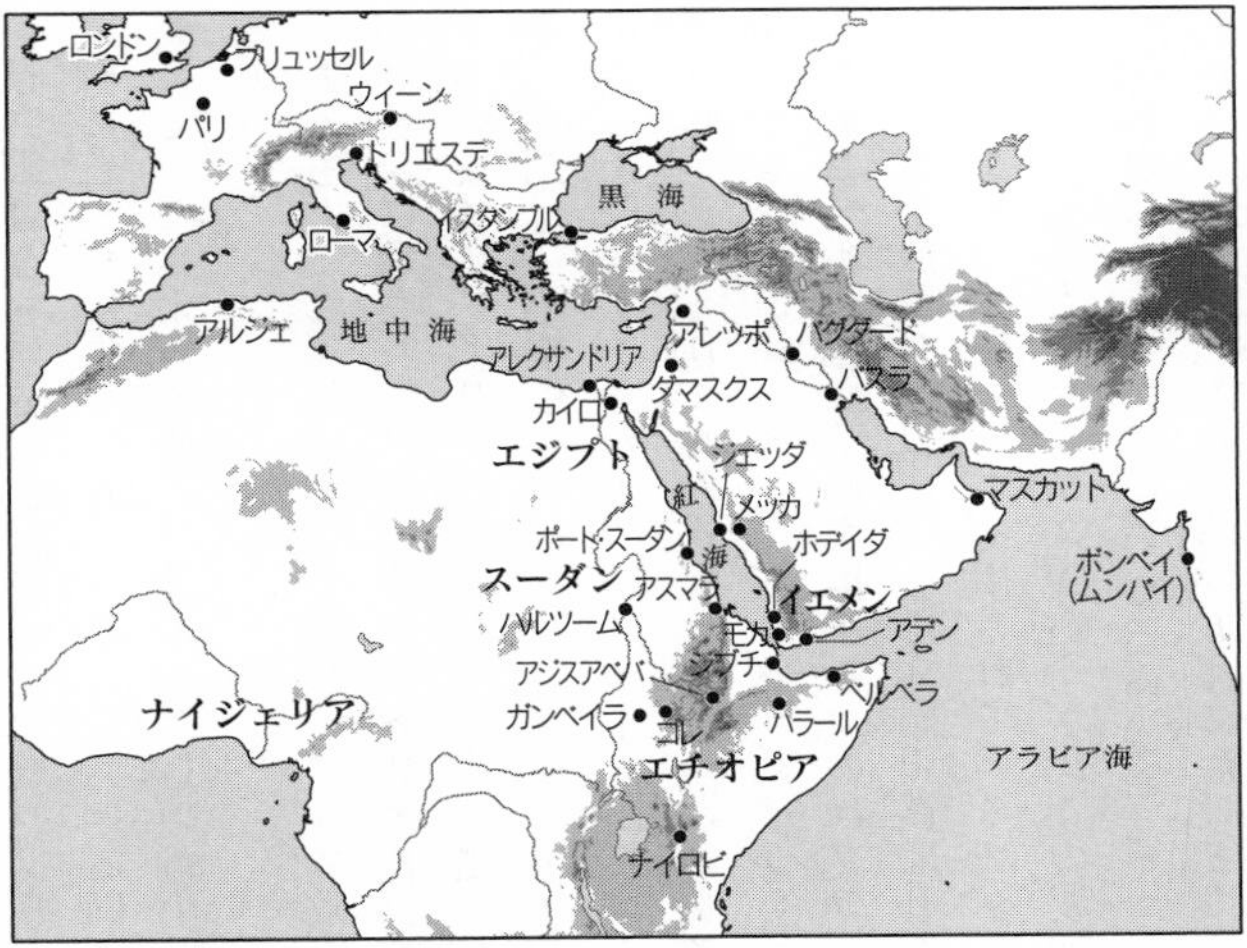

図3 紅海・東アフリカ地域とその周辺

銀貨の鋳造を始めると同時に、その出荷を管理するようになる。ゆくゆくはリラ通貨への代替を進めた上で同銀貨を廃貨する予定でいた。ところがこの譲渡と制限は、中東に権益を有する他国の反発を招いてしまう。

イギリスにとって紅海はエジプトとインドを結ぶ戦略上の拠点であり、紅海周辺の地域の農産物出荷などに関わりをもつ英系企業も少なくなかった。たとえばベッセ商会は、同地域からの皮革の輸出と石油ならびに砂糖(英国製など)、繊維製品(日本製)の輸入を手がけていた(MINT, F817/2/1936, 22/12/36)。その皮革や代表的な輸出産品であるコーヒーの買い付けなどはまさしくマリア・テレジア銀貨をもってなされていた。ムッソリーニ政権の同銀貨鋳造権取得は、イギリス政府にとっては中東・東アフリカにおける同国の権益をおびやかすものであり、英系企業にとってはより具体的に同地域からの輸出産品のための支払いの手段が奪われることを意味した。

もともと二〇年代初期に、実はイギリス政府内にはマリア・テレジア銀貨鋳造の提案がひそかになされていた。オーストリアの自国内で流通していない通貨を、他者が発行するのをオーストリア政府が制限する論拠はないとの論議にもとづくものであった。しかし英国は、主権侵害にあたるとするオーストリア政府の立場を尊重し当時は見送った[5]。そうした経緯があった上でのウィーンからローマへの三五年の鋳造権譲渡である。イタリア政府の、他国での鋳造は一切非合法であるとの表明にもかかわらず、イギリスそしてフランスそれにベルギーが三六年前後からマリア・テレジア銀貨の鋳造を開始する。なかでも一番明快な論拠を提示したのはフランス政府であった。本来の固有の鋳造権者が鋳造権を放棄した以上、もはや同銀貨はどこかの国に帰属する通貨なのではなく、たまたま交換の手段として使用されているメダルにすぎない。だからフランスにおけるメダル鋳造権をもつフランス鋳造所が民間の要請に応えて同銀貨を鋳造することに、なんら支障はないとした(MINT, 1182/2/1937, 24/11/37)。

表1は、この三五年から四五年にかけてのロンドン・パリ・ブリュッセル・ボンベイ

（現・ムンバイ）そしてローマのマリア・テレジア銀貨鋳造額を示す。三八年の数値などをみると、正当な鋳造権保持を謳うローマよりも、ブリュッセルの鋳造額の大きさの方が目につく。ではそれらは誰によって需要されたのであろうか。もちろん土産物のメダルとしてではない。表2は紅海南端のアラビア半島の先に位置する英領アデンを経てジブチに、一九三八年最初の三カ月の間に着荷したマリア・テレジア銀貨の額である。荷受人はすべて英国籍インド人であった。ロンドンなどで鋳造された銀貨の多くは、このように、かつてからの同銀貨選好地域に搬入されたのである。表1の鋳造額の大きさは

表1　鋳造所別マリア・テレジア銀貨鋳造額（1935-45年，単位ドル）

ローマ	1935-37年	18,000,000*
	1938	500,000
	1939	945,000
ロンドン	1936-41年	14,400,000*
	(36-38)	(4,700,000)
パリ	1935-45	4,512,750
ブリュッセル	1937年	3,145,000
	1938	6,700,000
ボンベイ	1940-41年	18,864,537

＊過大評価の可能性あり
出典）Hans, 1961, S. 19

表2　1938年第1四半期ジブチ着マリア・テレジア銀貨

ジブチ着荷日	額（ドル）	出荷地
1月14日	18,000	アデン
3月4日	2,000	英国
11日	2,000	英国
同	2,000	インド
3月24日	26,000	英国
同	6,000	英国
同	6,000	インド
計	62,000	

出典）MINT, J 2187/326/1 16/04/1938

その需要の強さを示す。

イタリア側にとって、エチオピア政府を倒壊させるには、その準法貨であるマリア・テレジア銀貨を入手できなくさせるのが、一つの有力な戦略であった。したがってローマの鋳造権取得は、自らが供給するよりもその欧州からの搬出を禁止することに重きがあったといえる。搬入が制限されたアジスアベバではマリア・テレジア銀貨(単位ドル)の相場が一ポンド＝一二・八ドル(一ドル＝一シリング七ペンス弱)となる。この時、欧州から現送するなら銀原価から輸送費など諸経費こみで一ポンド＝一四ドル(一ドル＝一シリング五ペンス強)の費用で供給できたとされるから、国際的な相場からは明らかな過高評価となっていた。だが影響はエチオピア領内だけにとどまらなかった。紅海をはさんだアラビア半島南端のアデンでは、なんと一ポンド＝九・五ドル(一ドル＝二シリング一ペンス強)にまで相場が上昇していた(FDC, J1836/8/1, 28/2/36)。現地の産品買い付け業者は、マリア・テレジア銀貨欠乏のため業務ができず、その需給逼迫が異常な過高評価を生み出した。一ポンド＝一四ドルの鋳造ならびに搬入費用と現地相場との間の大きな乖離が続くかぎり、ロンドンなどの鋳造所は鋳造するほど差益を取得することになる。それが表1の鋳造額となって現れたのである。

このイギリスなどの鋳造はきわめて政治的な意味合いをともなっていた。英仏はイタリアのエチオピア侵略を非難するものの、決定的な対立にいたることを回避し、最終的には三八年にその併合を認めてしまう。そうした外交路線を反映して、英国のマリア・テレジア銀貨鋳造はあくまで自国植民地内の同銀貨への需要をまかなうためであって、エチオピア領内へ仕向けるものではないとの立場をとりつづけた。しかしそれは現実を反映していたわけではもちろんなかった。エチオピア領内では、リラ通貨への代替がなかなか進まず、イタリア軍占領地域ですらマリア・テレジア銀貨が必要であるとされた。

したがって、需要があるかぎりエチオピア領内への流入も止めようがなかったのだが、短期間での大量の供給はやがて現地需要を飽和させてしまう。三八年秋にはアデンの現地相場は一シリング五ペンスと、欧州からの現送を無益にしてしまう水準にまで低下し(MINT, F817/1937, 18/10/37)、やがて併合戦争も終結し、ロンドンなどの鋳造はほとんど停止する。これがウィーン以外でのマリア・テレジア銀貨のいわば第一期の鋳造である。

第二期はまもなく後に続く。三九年の第二次大戦開始とそれに続く東・北アフリカ戦線での英軍と伊・独軍との戦闘が、ふたたびマリア・テレジア銀貨を登場させることになる。今度はより密かに軍事機密として。

戦争は短期間での膨大な物資調達をともなう。ことに軍隊が派遣された現地での食料の確保は戦争そのものの死命を制する。イタリア軍占領下ですらマリア・テレジア銀貨が必要とされたわけであるが、そのイタリア軍を相手とする英軍は食料などの調達にお

表3　ボンベイ鋳造銀貨の仕向地と在庫分布

	ボンベイ鋳造マリア・テレジア銀貨仕向地別送付額（百万ドル） 1940. 12～1941. 7	マリア・テレジア銀貨在庫（百万ドル） 1943. 2
ハルツーム	9.5	0.7
ナイロビ	3	0.9
アデン	0.5	4.7
ベルベラ	2	
ハラール		3.2
アスマラ		2.5
計	15	12
ボンベイ	3.8	3.8

出典）FDC, 86426, 26/02/1930 など

いて、結局マリア・テレジア銀貨に依らざるをえなかった。紅海周辺地域での流通を握るアラブ系をはじめとする商人たちの間での受領性がきわめて高かったからである。

第二期が第一期と異なったのは、その鋳造所が欧州からインドのボンベイに移ったことである。じつは三六年からの鋳造の時もボンベイ鋳造案は浮上していた。インドにおける紙幣普及とそれに伴うルピー銀貨廃貨を方針とする政策が進む中で、ボンベイには過剰な銀在庫があり、そして紅海に近かったからである。王立鋳造所の反対でこの時は見送られたが、四〇年においては事情が全く異なった。欧州からの運送がドイツ潜水艦の攻撃により思うにまかせぬこと、さらには軍事用としての緊急性がより近い鋳造所の設定を不可避にさせた。

ボンベイのマリア・テレジア銀貨鋳造は四〇年一二月から四一年七月までの実質八カ月であったが、その鋳造枚数は一八〇〇万枚を超えた。ちなみにイタリアによるエチオ

ピア併合戦争勃発以来のロンドンでの鋳造数は四七〇万枚ともされており、ボンベイ鋳造の規模の大きさが知れる。表3左はこの期間のボンベイからの仕向地別の出荷額であり、最終的には四〇〇万枚弱がボンベイに在庫として残されたことになる。東アフリカでの戦闘は四一年一一月にはイギリス側の勝利におわり、紅海を通じての補給路を確保することに成功する。だが、表3右のように、北アフリカでの戦闘もおわりに近づいた四三年二月においても、ハラールに三二〇万、アデンに四七〇万を含む一二〇〇万ドルが紅海周辺と東アフリカに在庫として保有されていたとされる(他にボンベイに三八〇万)。表3の左と右を比べることにより、ハルツーム、ナイロビ、ベルベラに着荷した銀貨が、ハラール、アスマラといったエチオピア内部とアデンで最終的に保持されたことがみてとれる。

3　銀貨流通の実態

さて前節でも述べたように、マリア・テレジア銀貨の流通地域は、大勢としては、オスマン帝国で流通が禁止されるなどして、一九世紀を通して徐々にせばまっていく。しかし、図2のようにウィーンの鋳造額はむしろ増大していく。そもそもエジプトの木綿やモカのコーヒーの購買に使用されたことから当該地域での流通がはじまったともされるが(Williams, 1951)、時代が下るにつれて中東・東アフリカ産品の輸出が増大し、それがマリア・テレジア銀貨の需要を高めたと考えうる。

第一次大戦後もウィーン鋳造所はさかんに同銀貨を鋳造しつづけた。戦後鋳造再開後、鋳造停止までの総計は五六八五万枚にのぼる。一九二七年にはなんと一五五六万枚も鋳造しているから、ボンベイでの既述の規模での鋳造もけっして並はずれたものではなかった。年によりばらつきがあるが、二〇年代の年平均は五五四万枚となる。これだけの規模で毎年同銀貨が供給されていたわけであるから、突然の停止がエチオピアと紅海沿岸の交易に大きな影響を与えたのは無理からぬことのようにみえる。

だがそもそも、紅海周辺にどれほどのマリア・テレジア銀貨が存在していたのであろうか。イタリア・エチオピア戦争当初についてのある推計は、マリア・テレジア銀貨は一八世紀以来二億四七〇〇万ドル発行され、当時においても一億が流通もしくは退蔵され、そのうち五〇〇〇万はアビシニア(エチオピア)にあったとしている(Hans, 1946, p. 41)。この一億という総流通量がさほどの見当違いではないとすると、年平均五五四万枚というのは、その五.五%にすぎない。そうするとわずかな追加供給の断絶が深刻な影響をもたらしたということになる。もちろんコーヒーや皮革といった産品の輸出増が同銀貨需要を高めていたことを想定することもできるが、二〇年代はともかく、大恐慌の余燼くすぶる三〇年代半ばについてはほとんど無視されてよい。

マリア・テレジア銀貨の供給途絶がなぜそれほどに問題になったのかを考えるには、

まずそもそもどのように同銀貨が流通しているのかの具体的情報が必要である。次の文章は、元アビシニア国民銀行専務取締役のクーリエがアデン現地より一九三七年に調査させたその報告である。

慎重な調査により、アデン向けに船積みされるマリア・テレサ銀貨の最終目的地がアラビア(ホデイダ、マカラ、シェール、ジェッダ)であることがわかりました。アデンにおいてシュロフ〔両替商〕として知られている商人たちにこれまで売られた銀貨は、彼らによって用いられたのではなく、ほとんど大きなアラブ企業やベッセ、リベラート、チバリのような企業や地元小貿易業者に売られています。アラブ企業や名を挙げた企業は銀貨をただホデイダ、マカラ、シェール、ジェッダのようなところへ送り皮革・コーヒー・香・蜂蜜その他の輸出産品を買うための目的で買っているのです。

銀貨を買う地元業者は一般にはバニアン〔インド商人〕とユダヤ人で、彼らは公開市場に座って内地からやってくるアラブ人やソマリア人に売っています。これら地元業者によってなされる市場での日々の取引は、一〇月から四月(繁忙期)に一日四〇〇〇から八〇〇〇枚、そして五月から九月(閑散期)に二〇〇〇から四〇〇〇枚ほどです。

市場でシュロフから銀貨を買い、相場が少し有利なときに地元アラブ人やその他の企業または地元小売業者に銀貨を再売却するバニアンやユダヤ人投機家もいます(FDC, 3573/37, 13/7/37)。

このアデン情報は、イタリア・エチオピア戦争によって生じた短期的な状況を反映しているものではけっしてなく、より長期にわたる構造を示してくれているとみてよい。この三七年の八月当時はアデンの相場はマリア・テレジア銀貨一ドル＝二シリング強であったが、一〇月にはヨーロッパ諸鋳造局の大量鋳造によりだぶつきはじめ一シリング五ペンスにまで低落する。そのときこそ相場は調達コストにかなり近づきはしたが、この時期を除くと、一貫して相場は鋳造費プラス輸送費用をかなり上回っている。戦争が貨幣需要にも異常な偏差を与えていたのは間違いないのだが、事実上アフリカ戦線は消滅し、しかもアデンでのマリア・テレジア銀貨の在庫が四〇〇万を超えている四三年にも同銀貨に対するかなりのプレミアがあった。状況にかかわらず、同銀貨に対する強い需要は一貫して存続したのであり、この資料はその需要の具体的な現れ方を示してくれている。

さて、われわれはこの報告から、マリア・テレジア銀貨の流通における三つの重要な特徴を読みとることができる。第一に、アデンからさらにアラビアなどの各地へマリア・テレジア銀貨は転送されていっているということ。さきほどの表2は、ジブチもその転送先の一部であることを表す。第二に、やはり皮革など輸出産品の購買にあてられているらしいこと。第三に、銀貨需要に倍ほどの季節較差が存在したこと、である。これらを基本情報として、イギリス側が残してくれた関連情報を整理していこう。

まず指摘せねばならないことは、銀貨まるまる一枚というのは、肝心の現地の人々にとってはなかなかの高額面通貨であったのであり、日常的な小売りの場面でそうそう使われるようなものではなかったということである。現地の事情に通じたクーリエなどの書簡に見られるように、その相対的高額さゆえに半ドルや四半ドルのマリア・テレジア銀貨の導入を模索することすらあった(MINT, F1032/1941, 2/6/40)。

どの程度の額面であれば日用の売買に適したのかなかなか判断はできないが、材料はある。一つはイタリア植民地政府がエチオピアで発行した一〇リラ紙幣の流通である。イタリア政府は併合戦争開始以来、マリア・テレジア銀貨の廃貨とリラ建て通貨による代替を方針としていたのだが、同銀貨の流通が併合後も強靭に残ったように、それらはまったく失敗に終わってしまった。ただ一〇リラ紙幣のような小額面通貨は受領され、イタリア軍と戦ったイギリス側ですら、イタリア軍駆逐後もその流通を認めざるをえなかったほどなのである。その一〇リラの相場は、ほぼマリア・テレジア銀貨の四分の一から六分の一であった(*Manchester Guardian*, 6/9/1941, 'Currency and Banking in Ex-Italian Colonies')。一〇リラ紙幣の流通は、そのあたりの額面の通貨がたしかに需要されていたことを物語っているであろうから、前述の四半ドルの導入が構想されたということが、必ずしも現実から乖離した発想ではなかったことを示唆する。ただし公定相場は別として、一〇リラ紙幣とマリア・テレジア銀貨の現実の相場は変動し、また地域差もかなりあったが。四二年二月、エリトリア(エチオピア北東)の紅海沿岸の港マッサワでは六〇リラ＝マリア・テレジア銀貨一ドルとなっていたが、内陸のアスマラでは四六—四八リラであった。両者の距離は約五〇キロにすぎない(FDC, F4895/1942, 28/2/42)。

だがその一〇リラでもまだ日常の小売りからは遠かったのではないかと思われる。マスカットでの事例によれば、当地では四二年七月当時マリア・テレジア銀貨一ドルがインド銀貨一・七七ルピーの平均相場で流通していたが、同時にその一ルピーに対して一〇〇、あるいは八五—八八といった相場で流通するバイツァという銅貨が存在していた(FDC, F6755/1942, 1-15/7/42)。この銅貨の方が日常的小売りには適していたとすると、その約一〇〇倍以上に相当するマリア・テレジア銀貨の高額さが容易に知れる。

第二に指摘されねばならないのは、高額さと連関することであるが、それぞれの地域の内側でよりも、むしろ外につながる通貨としてマリア・テレジア銀貨は現れていたことである。前述のアデン情報はまさしく、同銀貨がアデンを経由して他地域に転送されていくさまを明示してくれている。さきほど述べたアスマラとマッサワでの一〇リラ紙幣の対マリア・テレジア銀貨相場の差も、後者での同銀貨流出によって短期的に生じたものである。当地の沿岸交易を担っていたダウ船船主たちが、イエメンからの輸入品の支払いをしたためであった。このようにマリア・テレジア銀貨は、地域内の日常的な取引の現場で循環するよりも、より大きな地域をまたがる決済通貨として機能していたとみることができる。

一九三三年より以前に、イタリアは、フランスの影響力が強かったエリトリアのために五フラン硬貨を鋳造してみたものの、領外への支払いのためにはマリア・テレジア銀貨を購入せざるを得ず、イタリアが発行した硬貨の三分の二は回収せねばならなくなった(FDC, F360/1933, 29/12/32)。必要とされる通貨はエリトリアという限られた空間で通用するものではなく、その空間を越えて流通するものであったということである。つまりマリア・テレジア銀貨は、日常的購買よりは高額でかつ地域間決済において好まれて用いられた通貨なのであった。そしてその固有の地域間決済手段の不足が、イギリス政府をして大量の異国通貨の鋳造に踏み切らせたのである。軍事機密とまでしながら。ではそのマリア・テレジア銀貨の不足が実体経済にいかなる影響を与えたのか見てみよう。

三六年、イタリア政府がエチオピアからの銀貨搬出を禁止すると、アデンでのマリア・テレジア銀貨相場は上昇し、前述のアデン報告にも登場するベッセ商会によると、それにつられて輸出産品である皮革の相場も騰貴したという。この場合の皮革の相場はポンド建てでのものであり、この限りでは、生産地からマリア・テレジア銀貨建てで購

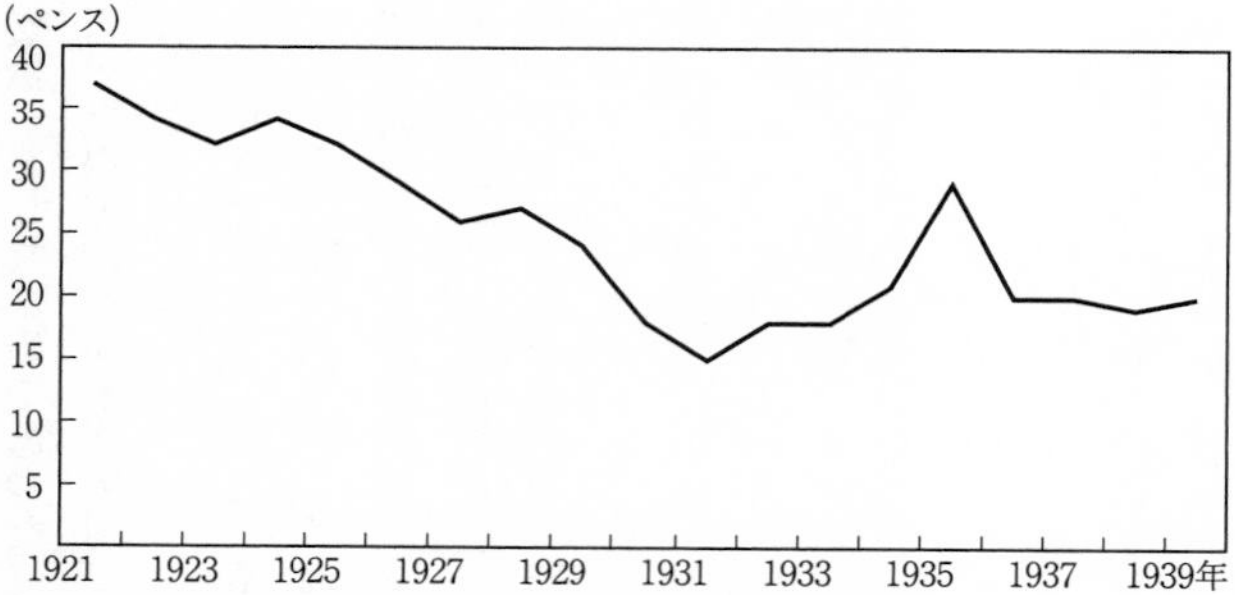

出典）Treasury Department, Bureau of the Mint, 1940

図 4　ロンドン銀相場の推移

入された皮革が、相対的に比価の下がったポンドで値を建てると相場は上昇するのは当然である。だが事態は、そうした通常の為替安を超えたものであった。次の言は、マリア・テレジア銀貨を入手できないために営業不能に陥り英国大蔵省を訪ねたベッセ商会のG・E・シンプソンと応対した大蔵省のH・ブリティンとのやりとりである。「合衆国によって銀価格が吊り上げられマリア・テレジア銀貨の相場が二シリング以上であった時の状況はどうであったかと、私はシンプソン氏にたずねた。彼は、その時は皮革の価格はかなり安かったのに、なぜかはわからないが、この一二カ月のうちに実に一〇〇％上昇した、といった」(FDC, F817/2/1936, 22/12/36)。図 4 のようにロンドンの銀相場は、合衆国の銀買い上げ政策の影響を受けて三五年に急上昇している。ブリティンが言及したのはこのときのことである。単にマリア・テレジア銀貨の比価が高いというだけであれば、このときも同程度に上昇していたのである。ところが三六年の事態は、マリア・テレジア銀貨の比価が上がる以上に実物の相場が騰貴してしまったことに特殊性がある。シンプソンには不可解であったかもしれないが、三五年と三六年の違いは明白である。マリア・テレジア銀貨の相場の数値そのものではなく、現地で調達しうる同銀貨の量が問題だったのである。

マリア・テレジア銀貨不足から影響を受けたのは、けっして輸出産品たる皮革の価格だけではない。三九年のアデンからの報告では、内陸から得られる野菜・卵・肉はマリア・テレジア銀貨で支払われるが、もし同銀貨が足りなければその比価が上がり食料の価格も比例して上がる、としている(FDC, F1863/1939, 5/5/39)。前述の三七年のアデン報告にあるような、市場での毎日数千枚の規模の需要に応えられず同銀貨が希少となればなるほど、それによって値を建てられる商品全体が(ポンドやルピー建てで)高騰するのである。単なる国際銀相場の騰貴の時では、マリア・テレジア銀貨そのものの供給を即座に薄くするわけではないから、さほどの価格騰貴は招来されなかったということであろう。素材たる銀の騰貴なのではなく、直接に銀貨そのものの転送が絶たれ、毎日スポット取引で手交されるべきマリア・テレジア銀貨が不足するとき、産品それ自体の可能な出回り量とは無関係に品薄状態がつくりだされるのである。

出荷地からもたらされる移出財の代価として用いられる通貨が集荷地において不足す

るとき、その財の価格が下がるのではなく、通貨不足ゆえに品薄をおこして価格が上昇する。この時、その移出財の代価としての通貨の不足が、出荷地においても物価下落に働くことはない。こうした場合、出荷地市場と集荷地市場を結ぶ通貨の需給と、出荷地市場内の取引を媒介する通貨の需給は、互いに独立しているとみられる。出荷地市場の上に集荷地市場が重層的に重なっているが、上下の間の統合は弱い、という関係がみてとれる。下層市場では銅貨などさまざまな零細額面通貨やおそらく商品貨幣が自律的に流通しており、マリア・テレジア銀貨は上層市場を結んで決済機能をはたしているだけなのである。アデンのような超上層市場にて通用するポンドやルピー、上層同士をつなぐマリア・テレジア銀貨、下層の零細現地通貨、このそれぞれ自律的な重層的貨幣流通構造に対して、イタリアそしてイギリス政府はリラやポンドに固定的に比定された通貨体系を持ち込もうとするのだが、ことごとく失敗する。

4　回路としての貨幣

他の地域でマリア・テレジア銀貨の廃貨が進行していくなか、中東・東アフリカ地域でも現地権力(植民地本国を含め)が発行する通貨による代替をはかる動きが生じていた。ことに戦争こそはやはり、当局をして自らの貨幣権能の遂行に駆り立てさせる最大の契機である。イギリスは第一次大戦中インドのルピー銀貨をアラビア地域で普及させようとしたのだが、受領されず失敗している(FDC, F4681/1938, 26/9/38)。インド洋沿岸一帯でひろく流通しており、さらに何よりも銀そのものの純分が高いルピー銀貨にイギリスが期待したのは無理からぬことであった。しかしその結果は、二〇年後に同じ過ちを繰り返さないという教訓を残しただけで終わったようである。そもそも最もルピー銀貨を選好しそうなインド商人にしてからが、マリア・テレジア銀貨を扱うことにより利益を得ている。イタリア・エチオピア戦争に先立つ一九三三年五月、エチオピア政府が同銀貨の輸出入を禁じる政令を発した時に、アジスアベバのイギリス領事に不平申し立てをしたのはインド商人であった。彼らは相場の高いアデンに同銀貨を搬送して差益を得ていたからである(FDC, F6103/1933, 27/9/33)。

時期は定かではないがイエメンでイエメン・ドルを導入する企図や、三六年のイタリア・エチオピア戦争に際してマリア・テレジア銀貨ではなく、当時のエチオピア皇帝を戴いたハイレ・セラシエ Haile Sellassie ドルという銀貨の鋳造がはかられたが、いずれも頓挫している(MINT, 2253/19, 26/3/36)。イタリア政府はエチオピアでのマリア・テレジア銀貨代替に失敗するが、その後を襲ったイギリスも東アフリカ・シリングなどの確立を目指すものの、結局第二次大戦終結にいたるまで、駐屯軍のための食料調達などを同銀貨に頼らざるを得なかった。イギリスはマリア・テレジア銀貨、ルピー銀貨、リラ紙幣の間に公定相場を設けて管理しようとしたが、うまく機能せず、市場の実勢相場にあわせてマリア・テレジア銀貨の公定相場を一度ならず引き上げざるをえなくなる。

公定相場の設定は、すなわち諸貨幣の間に合算しうる関係を築くことである。たとえば四一年初秋、エチオピアの占領地において、イギリスはイタリア植民地政府が残した一〇リラ以下銀行券と硬貨の交換比率を次のように固定している。四九二リラ＝一エジプトポンド、四八〇リラ＝二〇東アフリカ・シリング、三六リラ＝一ルピー、四五リラ＝一マリア・テレジア銀貨(ドル)、と(*Manchester Guardian*, 6/9/41)。こうすることでイギリスは当時直面していた小額通貨不足をリラ紙幣でまかない、かつ貨幣流通量全体を管理しようとしたのである。

だが、公定相場を設定することが、実質的に固定相場が機能することを意味はしない。すくなくともマリア・テレジア銀貨の場合は、それとはほど遠かった。四二年五月のアデンにおいて、アデン銀行はマリア・テレジア銀貨一〇〇ドル＝一四〇ルピーで交換していたが、闇市場では一七五ルピーとなっていた。海軍のための野菜などをイエメンから購入する場合、支払いはマリア・テレジア銀貨か、もしくはルピー銀貨でなされるなら闇市場の相場で換算して支払わねばならなかった(FDC, 22318, 7/5/42)。マリア・テレジア銀貨の交換比率に関して、イギリス政府は金属価値からさほど乖離していない一ドル＝一シリング一〇・五ペンスの公定相場に固執した。しかし四二年後半には各地の市場の相場は三シリングを超えており、結局四三年には現地での食料購買の公定相場を三シリングにして差損を回避せねばならなかった(FDC, 09646, 20/6/43)。

次は四二年七月におけるマスカットからの報告である。

戦争勃発以来、〔物価統制〕委員会は必需品の価格を統制してきたが、功を奏したのは小麦・小麦粉・米・砂糖といったものだけで、その他の食料品の価格はマリア・テレジア銀貨とバイツァの上昇に追随した(FDC, F6755/1942, 1-15/7/42)。

相場を上げつづけていたのは、マリア・テレジア銀貨、そして同銀貨を介してもたらされる食料品、現地の日常的取引に行使される小額面銅貨バイツァであり、逆にそれらに対して下げているのはルピー銀貨ならびにそれと固定比価で結ばれている英ポンドであった。現地通貨の自律的な相場形成を、いかに強力な軍政をもってしても、打破できなかった。

つまりエチオピア・アラビア半島沿岸地域においては、マリア・テレジア銀貨は、その素材たる銀の国際相場からも、発行主のイギリス政府の設定相場からも、独立した評価を要求しつづけたのである。かくして、諸貨幣の間に合算しうる関係を樹立しようとした政策は大戦終結まで失敗し続ける。ただしここで思い起こさねばならないことがある。かつてマリア・テレジア銀貨が流通していた地域でも、エジプトなどではこのころには姿を消していることである。第二次大戦中、実際には相当数の銀貨がエジプトにも流入したようであるが、それらは溶解されて銀そのものとして使用されたのであった

(FDC, 08201, 5/6/42)。エジプトとエチオピア・紅海沿岸地域との間において、何がこうした差異をもたらしたのかが問われねばならない。

数々の情報から浮かび上がるマリア・テレジア銀貨流通の実態は、面としてではなく、各地域を線として結ぶ大きな回路としての流通である。各地での断片的な報告を並べることにより、この回路は双方向であるよりも、むしろ単指向であるととらえたほうが特質を理解しやすいことがみえてくる。

西エチオピアの貿易は本質的に一方通行であり、この輸出はジブチ経由でのアジスアベバへの綿製品など外国製品輸入と相殺されることを考慮し、西の輸出貿易と東の輸入貿易がアジスアベバとゴレの銀行間で必要な調整が果たされている。……ゴレ市場での銀不足により西エチオピアとスーダンとの間の貿易が阻害されないかぎり、ゴレの英領事は機能してきた(FDC, F1542/1936, 28/2/36)。

ガンベイラで不足したとき、地方政府用の銀貨はゴレのエチオピア銀行支店から得ていた(MINT, telegram267, 15/6/37)。

スーダンではマリア・テレジア銀貨は法貨ではないが、エチオピアと交易する商人により使われている。ガンベイラの郵便局では同銀貨を受領している。しかしポート・スーダン自体では流通していない(MINT, telegram240, 18/5/37)。

これらの情報を結びつけていくと、図5のようなマリア・テレジア銀貨の循環がみえ

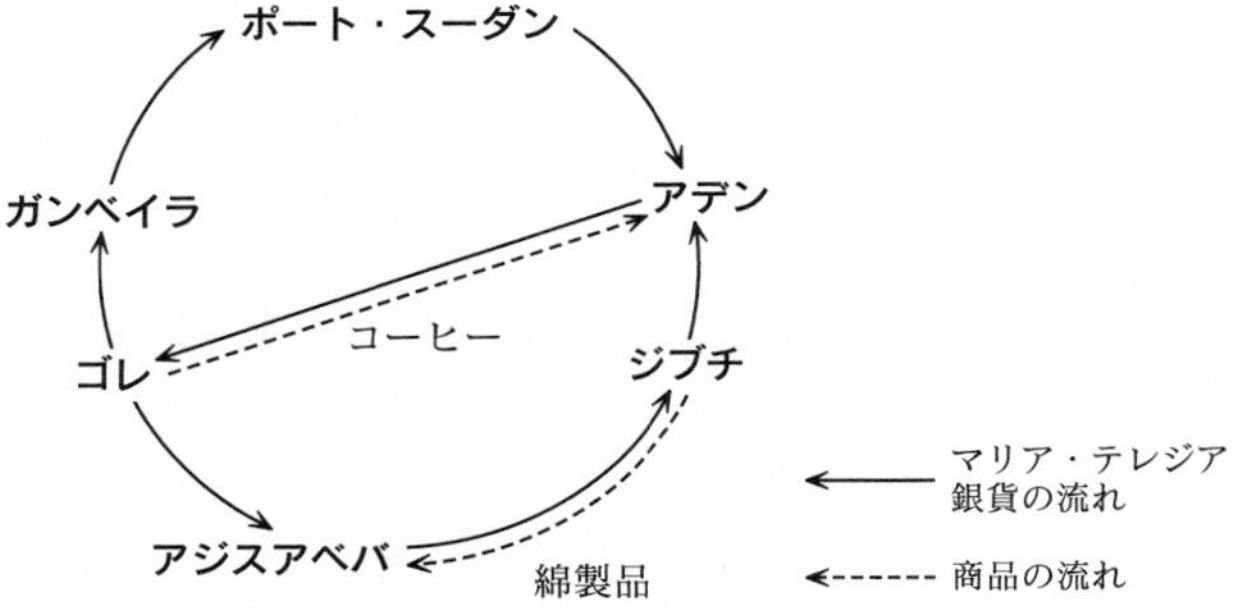

図5　マリア・テレジア銀貨の環状回路

てくる。アデンに陸揚げされたマリア・テレジア銀貨は、アラブ商人やインド商人の手を介して、輸出産品の生産地域へ転送されていく。コーヒーの買い付け用として西流してエチオピア西部に入ったものは、一部はゴレなどで租税として集められ、アジスアベバを介して軍隊・官吏への俸給として散布されるという循環にはいるが、そのうちのある程度はジブチからアジスアベバへ輸入される綿製品などの代価として、あるいは単に銀貨相場の差益をねらってアデンへと還流する。また別の一部はエチオピア西部からスーダン商人との貿易を通じて北流し、ハルツームを経て、紅海に面するポート・スーダンへ運ばれ、やはりアデンへ還流してくる。

つまり地域間を結ぶ単指向の大きな回路をなしつつ、マリア・テレジア銀貨は流通しつづけたのである。この回路は容易には他の通貨の回路にリンクされえないものなのであった。もしマリア・テレジア銀貨を代替するのであれば、この国境を越えた回路全体を覆うものでなければならない。カイロを中心とした市場のある程度のまとまりがあったエジプトとは異なり、この紅海周辺を覆う政策を施行するにはより大きな困難がともなったことは想像に難くない。

ただしこの回路は、けっしてスムーズに循環するシステムではなかった。そもそもただ循環するだけであるなら、毎年新たに銀貨を追加的に供給する必要はない。

四〇年末イギリスの戦時局は、中東で必要なマリア・テレジア銀貨四カ月分を二〇〇万ドルと見積もっている(FDC, Thompson to Cook, 11/12/40)。一年ならその三倍と仮定できるのなら、年間六〇〇万ドルが必要とのことになる。実際、イギリス政府はボンベイに残した部分を除いて一四〇〇万枚以上を中東・東アフリカ方面に出荷しているから、二八カ月分ということに相当する。かりに年六〇〇万ドルが実際に必要とされていたとすると、二〇年代の平均鋳造数五五四万枚と近く、先の在庫推計一億ドルの六%にあたる。

表3のように、四三年二月にイギリスが保有していたマリア・テレジア銀貨はハラール三二〇万、アデン四七〇万など総計一二〇〇万ドルである。一年半の間に二〇〇万ドルがイギリス側諸機関の手をはなれ還流していないことになる。それでも総計としてはなお一二〇〇万枚の在庫を有していたのであるから、イギリスは同銀貨の需要を過大評価して鋳造しすぎたとはいえる。だが総計として過剰であることと、現地の通貨需要を

十分に満たしていることとは別のことである。この四三年二月、ハラールで食料不足が生じ、同地へ三〇〇万ドルを移転して食料購入にあてようとしたが、アデンからハラールへの移送に一カ月かかるとされた(FDC, 86426, 26/2/43)。つまり各地域の取引需要に応じるためには、各地で個別に相当な銀貨在庫を維持するか、地域間を同銀貨が移動する回路がかなりの量でもって維持されていなければならない。

なぜマリア・テレジア銀貨は毎年供給されねばならなかったのか、ふたたび考えてみよう。かりに破損して流通に耐え得なくなるものが、毎年一億枚のうち五〇分の一、つまり二〇〇万枚あるとする。この場合、その破損分補塡が毎年の流入量の四割弱を占めたことになる。そうだとして残りの六割強は何か。貨幣流通量が経済活動の規模を反映するとの考え方にたてば、平均して三五四万枚ほどに該当する経済規模の成長があったというように考えることもできる。ケンブリッジ学派の現金残高方程式、M(貨幣量)＝k・P(物価)・Y(実質所得)において、所得のうち現金で保持しようとする比率、いわゆるマーシャルのkが一定だとする考え方にしたがうと、そうなる。年二―三％の成長はいかにもありえそうである。

だが、そもそも一億の在庫はつねに流通している総量を示しているのだろうか。いや違う。この毎年の流入量五五四万ドルは、既存流通量にただ二〇分の一を付け加えただけのものではけっしてない。もしその程度の割合にすぎないのなら、いかに思惑が支配したにしても、一九三六年のイタリア政府による搬出停止措置があれほど急激に紅海沿岸のマリア・テレジア銀貨相場を急騰させるわけがない。出荷される生産物が競りにかけられる場に実際に供給されうる通貨量を、この場合の純流通量と考えるとすると、この純流通量に相当するのは、一億のうちのごく一部にすぎないとみなすことができる。つまりマリア・テレジア銀貨の紅海沿岸在庫のうち、コーヒーなどの買い付け資金として調達できる部分は実は限られており、その調達しうる量と毎年の新規搬入部分との比率が考えられねばならないのだ。むしろ逆に、三六年の相場高騰こそは、分散されて各地に在庫をなしているマリア・テレジア銀貨が容易には還流しないこと、角度を変えていうと、回路の外部から新規に追加供給する方が回路を逆流して戻すよりも容易であったことを明示しているのである。

しかもマリア・テレジア銀貨は、上述の地域を越えた大きな回路の中を、同じ速度で循環していたわけではない。第3節で紹介したアデンからの報告に明らかなように、マリア・テレジア銀貨の相場には現地需要の繁閑に従った明らかな季節性周期があった。在庫として停留するそれぞれの地点で、農産品の集荷による繁忙と閑散の周期に依存して分散と還流の小循環を繰り返している。この繁閑の周期のために、各地に待機せねばならない同銀貨が相当数に上ったとみることができる。年五〇〇万枚の追加供給は、破損分補塡や経済成長による取引の増加によるとみるよりは、多数の小循環をともなった回路そのものがもつ還流効率の低さの現れとみるべきであろう。総在庫一億枚のうち短期的取引需要に応じて弾力的に各市場に還流される量は限られており、アデンを通して追加供給することのほうが結果的には効率的であったのである。だからこそ、供給の突然の停止は大きな影響をもたらさざるをえなかった。

5　マリア・テレジア銀貨が語る貨幣論

さて、なぜマリア・テレジア銀貨を選好するのか、という最初の問いにかえろう。誤解のないようはっきりさせておかねばならないが、本章で問題としているのは、契機としての原因を問うなぜ、ではなく、構造的な理由としてのなぜ、である。同銀貨を一八世紀に流通させた歴史的契機は本書の課題ではない。後者についての本節の結論は、この銀貨そのもの自体に理由をもとめることはできないということである。人々は含有する銀そのものゆえに選好していたわけではない。それならより純分が高く、しかもより広く流通しているルピー銀貨に対して過高評価されるわけがない。また、デザインゆえに選好するという解釈は、ものごとの契機と構造的論理をまさしく混同している。形の美麗さは、一八世紀末のある時点のある地域で、マリア・テレジア銀貨を他の銀貨と区別させる要因にはなったであろう。だが、その後一五〇年にわたって、マリア・テレジア銀貨を受領した人がその都度デザインに魅せられて選好したと考えるわけにはいかない。当時の英ポンドや現在の米ドルであれば、国際的基軸通貨であるがゆえに選好されたとの説明をあたえることもできるが、こうした発行主体に起因させる論理も、オーストリア政府の発行してきたマリア・テレジア銀貨の紅海周辺地域での流通にはおよそあてはまらない。

選好させた要因は、受領する個々人の判断でも、発行した主体の権能にあるのでもなく、マリア・テレジア銀貨が流れる回路そのものの存在である。回路そのものはアデンを交差点としていくつかが併存するが、容量の大きなものとしては、アデンを入り口として、エチオピアを西流してゴレへ至り、やがてスーダンへ北流したのち、紅海沿岸のポート・スーダンからアデンへと回るものがあげられる。このような流れを利用して、言語も宗教も行政の違いも越えて、コーヒーや衣料などが逆方向に運ばれていく。

このマリア・テレジア銀貨の流通の実態は、貨幣の授受が慣習に基づくとの解釈に根拠を与えるようにもみえる。だがむしろ、こうした説明は貨幣の受領性を支える構造の外観を切り取ったものにすぎず、貨幣流通は授受する人々の民族性や文化に依存するなどといった誤解をかえって助長しかねないともいえよう。マリア・テレジア銀貨の流通そのものは個々の民族性や文化を文字通り超えて成立した現象であった。

繰り返すが、マリア・テレジア銀貨の流通する理由を、それ自身のみをとりあげて考察するのは無意味である。なぜなら、それは様々な貨幣が交錯して共存する構造の一部としてあるのであるから。日常的購買の水準では地域的な小額通貨が循環し、それを越えるものとしてまた様々な貨幣がそれぞれ独自の回路を形成して流通している構図なのである。序章で述べた、貨幣の受領を支える回路、そしてその回路の二つの特性のうち、地域空間を越えて環状に展開する回路が典型的に現れたのが、このマリア・テレジア銀貨の流通なのである。それは二〇世紀半ばにもなおその効力を保っており、大英帝国もその効力に頼らざるを得なかったというわけだ。「種族の保守主義」がマリア・テレジア銀貨に固執させ、他の通貨による代替を拒んだ、などという理解が、こうした構造のごく一面を切り取って解釈しただけの偏見にすぎないことはもはや明らかであろう。

これは行財政とは独立して形成された構造であり、市場そのものの自己組織的な結果であるが、ただしなぜエチオピアが、マリア・テレジア銀貨が最後まで残存する地域になったかについては、エチオピア政府が同銀貨を行財政に組み込んだことが大きな要因であることは間違いない。エチオピア政府はマリア・テレジア銀貨を使って兵士・官吏への俸給を支払っており、そうした準法貨的な位置が同銀貨への評価を高めたとはいえる。しかし、これもエチオピア政府自身がマリア・テレジア銀貨の受領性の高さに依存した結果とみるべきである。なぜなら、エチオピア政府とマリア・テレジア銀貨の緊密な関係は比較的に新しいものであったからである。首都アジスアベバを建設した皇帝メネリク二世の治世(一八八九―一九一三年)以前には交易はほとんど現物取引であったが、彼の治下にマリア・テレジア銀貨の導入が進んでいったとされる。すでに一〇〇年の流通を経ている同銀貨の回路を利用しようとした結果とみるべきであろう(Garretson, 2000, p. 102)。

さて序章冒頭に挙げた、一三〇〇文相当の銀貨より一〇〇〇文の銅貨を選好する揚子江中流域の農民の事例を思い起こそう。マリア・テレジア銀貨を選好するアラブ商人の保守性という論調が承認されるものなら、銅貨を選好する農民の振る舞いも「保守」そのものである。あるいは、もし情報不足のため、農民が一三〇〇文相当の銀貨を忌避するという説明が成り立つなら、公定相場が高いルピーよりもマリア・テレジア銀貨を選ぶ紅海周辺の商人たちは、そろいもそろって集団で情報に疎かったということになる。事実は、どちらの場合も、両替相場や公定相場など承知の上で、それらの相場とは別の評価にしたがって行動していたまでなのである。両替相場や公定相場では代表しえない別の需給調整がある。それゆえに本章のような重層的な通貨の流通が現れ、マリア・テレジア銀貨はその諸地域の間を結ぶやや上目の中層部分を代表していたわけだ。

さて、地域空間を越えて環状に展開する回路の実態の具体例を得ることができた。次に、空間内にまとまろうとする回路の方に着目してみよう。

第二章　貨幣システムの世界史

1　見えざる合意

ある日、いつものように銀行に預金をおろしにいくと、見慣れた紙幣や硬貨ではなく、四角い木片を渡され、今日からこの町ではこの木片で売買をすることになった、と言い渡されたら、さぞかし驚くことであろう。だが、これはたとえ話ではなく、一九三一年末の米国ワシントン州のテンニネオという町で実際に起こったことなのである。大恐慌の真っ只中の米国にあって、三一年の第4四半期だけで、一〇五五の銀行が支払いの停止を余儀なくされたが、この町の唯一の銀行たるテンニネオ市民銀行も一二月七日に窓口業務を停止してしまう。たちまち、町中の取引は麻痺してしまうが、テンニネオ商工会議所は預金者の預金の二五％にあたる額の証書を発行し流通させることにより事態の乗り切りをはかろうとし、商人たちもそれを額面どおり受領することに同意する。その証書の一部が、二五セントなどの額面を印刷したハガキ大の木片として発行され、実際に流通したのである(Preston, 1933)。

預金そのものが保護されるのかどうかがそもそも怪しい情況であったのだから、この木片も含めた証書そのものの担保はきわめて薄弱であったといえる。にもかかわらず、この町の人々は額面どおりにそれらをやりとりし、そうして取引を維持したのである。人々は木片の受領を拒否することができたはずであるが、そうした場合、もはや取引は現物同士を交換するバーター取引でなされねばならないことになったであろう。確かな債権に基づくのでもなく、政府から保証されたのでもなく、それ自体はただの木片か紙きれにすぎないものを通貨として通用させたのは、ただただ町の人々が共有した緩い合意であった。実際、通貨不安が人々をバーター取引へと押しやる現象は、二〇世紀になってからでさえも、繰り返し現れた。

第二次大戦直後、連合国の占領下にあったドイツでは、一九四六年九月から四八年にかけての一八カ月間、紙巻タバコを媒介とした取引が行われていたという。当時のドイツ経済は占領軍の価格統制下にあったが、ドイツのライヒマルクと、占領軍が保有するドルやポンドとの兌換が停止された結果、前者の使用が忌避され、ドイツ人同士の取引の三分の一とも三分の二とも言われる部分が、バーター取引で行われるようになった。そうした中で、主として占領軍側とドイツ人側との間の取引において、比較的小額の決済のための手段として受け入れられたのが、紙巻タバコのやりとりなのであった。ここでは、もはやテンニネオの場合のような商工会議所の介在すらもない。制度的な支持など一切なく、誰が決めたわけでもなく、紙巻タバコは通貨のごとく人々の手を転々としはじめ、やがて公式の通貨制度が安定し始めると、タバコは自ずとただのタバコにもどってしまう(Senn, 1951)(1)。

テンニネオの木片もドイツの紙巻タバコも、どちらの事態も二〇世紀にはいってからのきわめて現代的な現象であり、かつそれぞれ大恐慌と第二次大戦という世界を揺るがせた大波から派生した小さな泡のようなものにすぎない。だが、一見些末で例外的なとのように見える現象が、日常を覆う構造を支える、その隠された、そもそもの組成をあらわにしてくれる場合も、ままあるものである。二つの事例からうかがわれるのは、取引されるべき財が集積さえしていれば、制度的な通貨供給が突然麻痺しても、人々は機敏に反応して貨幣を創り出してしまうものなのだということである。紙巻タバコと木片の事例は、その貨幣創造が、制度的な措置をともなわなくとも自然と発生するものであることと、しかしながら空間的限界をともないながらのものであることを、示してくれている。テンニネオの木片証書は、奇抜さから愛好家の収集対象にはなったが、他の町では通貨としては受領されなかったのは言うまでもない。

制度として確立させずとも、ある財(取引を媒介する財)を通貨として機能させるよう、地域の人々の間に緩い合意が自ずとできあがってくる。これこそが、歴史上様々な形をとって現れる貨幣現象を下支えしていた、見えざる基礎的なシステムなのである。本書で提示しようとする論点は、つきつめれば、そのことにつきる。ここで、基礎的だ、と表現したのは、より大きいがしかし不安定な構造をなしていたシステムが崩れた時に、そこに回帰する安定した平衡状態である(Prigogine, 1997, p. 30, 邦訳二五頁)、という意味である。そうした理解の上に立って、世界史上において、貨幣現象として現れる上位の不安定な構造が、おおよそいかに推移してきたのかを整理しようというのが、本章の叙述しようとするところのものである。前章のマリア・テレジア銀貨の環状回路もそうした上部の構造物であり、基底にはさまざまな手交貨幣や商品貨幣をそれぞれ共有した空間が並んでいたはずなのである。

2　地域流動性と支払協同体

すでに示唆してきたように、公権力により与えられたのでもなく、かつ開かれた社会関係の中で、取引者たちが通貨を成り立たせてきた事例に、歴史は彩られてきた。ウェーバーもそのことは認識していて、「貨幣素材の実質価値によらず」かつ「国家的保障なしに考えることができる」記号のような、額面をもつ貨幣を、カルタ的貨幣 chartales Geld と名づけている(Weber, 1972, S. 198, 邦訳六三頁)。だが彼は、それを習俗や契約に支えられたものとみなして、それ以上の追究はしなかった。しかし、先のタバコ貨幣のように、自然と生じて、やがて自ずと消滅する現象を、習俗や契約の範疇で説明することはできない。もう少し詳しく歴史的事例をみてみよう。場所は中国福建省の貿易都市、泉州《せんしゅう》。時は明末の丙午《へいご》、一六〇六年である。

丙午の年、旱魃がきびしかった。米価は騰貴し、同時に私鋳銭《しちゅうせん》が盛行した。すぐに官銭は用いられなくなった。官が価格を安くして米を購入し、併せて私鋳銭を禁ずることが論じられるようになった。すると人々はやかましく騒いでみなで市を罷《や》めてしまった。そこで私は府知事に建白した。「泉州は米が少なく、米が多い地域におけるように価格を官が統制するようなわけにはいきません。今、この地方の米をうるおしているのは全く海商の手によっています。もしひとたび価格を下げさせるようなことがあれば、海商たちは必ずよそへ向き、より利益のあがるところへ赴くでしょう。泉州には、財富が多いといっても、米が来ないことばかりはどうしようもありません。ですからひとえに価格は市場の相場のままにさせるようにし、そのことを海商に知らせて、みな当地に来るようにさせるのです。米が集まりながら、価格が下がらないなどということがありましょうか。新しい私鋳銭は、〔銅が少なく〕色が見栄えせず、官銭とは見分けがつきます。ただ私鋳をするものを罪人として取り締まるようにしておけば、ほうっておいても官銭の流通は自ずから復活するでしょう」と。府知事は、私の建言をもっともだと受け入れた。一〇日もしないうちに、海から米が集荷し、米価は落ち着き、銭流通もまたもとに復したのである

（陳懋仁『泉南雑志』下、丙午）[2]。

この史料が物語っていることは、米という最も大口の商品の欠乏に対して、既存の官銭のストックでは相場形成に対応できず、価格の急騰を、私鋳銭を導入することで実現させた、ということである。飢饉に際して恐れるべきは、食料そのものの絶対的不足は当然のことながら、むしろ通貨の不足による、流通の渋滞なのである。飢饉への賑恤《しんじゅつ》（救済）政策としてしばしば銭の鋳造と頒布がなされるのは、そうした事情によっている[3]。この場合は、官銭が他地域から流入するのではなく、地域市場が短期間で自ら対応して現地通貨を創造し、そのことにより流通を保持していた、ということになる。それゆえに当局の私鋳銭禁止に対して、人々は罷業でもって抗議したのである。需要されている財の流通を支えるに足る通貨が、泉州という地域の内においてこそ保持されねばならなかった。官による廉売という伝統的な賑恤をとらずに放任したこの事例は、泉州の市場が自律的に地域流動性を調整していた様相を如実に示してくれている。

こうした事例はなにも中国にだけ現れたのではない。一六六〇年代、インド西北のグジャラート地方では日本銅を原料に銅貨を鋳造し通用していたが、おそらく寛文年間における寛永通宝《かんえいつうほう》の本格的鋳造との関係で日本銅の輸入が激減すると、商業都市アーマダバードの両替商たちは鉄貨《てっか》を創造して、補完させている（Singh, 1985, p. 191）。ここでも散在している既存の銅貨では市場の維持はできず、別の方法での通貨の追加供給がはかられたのである。二つの事例の間の類似性は容易にみてとれるであろう。

では、鉄貨や私鋳銭のような、素材価値をおそらくはおとした劣質な通貨がなぜ受領されるのであろうか。この二つの場合、貨幣の流通を支えているのが、行政当局の信用ではないことは当然である。しかしながら、商人のギルドのようなものが制度的団体として、私鋳銭の使用を保証したわけでもない。かといって、自己資産をはるかに超えてそれらを発行したであろうから、業者たちの個々の信用そのものが支えていたとみなすこともできない。計数機能を現地に限って果たす記号のような現地通貨を成り立たせているものは、官民いずれの制度でもなく、個々の商人の債務保証能力でもなく、地域市場にストックされた商品全体の有する販売可能性にほかならない(4)。この泉州の事例の場合、飢饉によって生じた米のきわめて高い販売可能性が私鋳銭を受領させているのである。だからこそ、海路を通じての米の輸入は、泉州での米価騰貴を鎮めると同時に、同地での私鋳銭の存在事由を消失させたのである。

一枚が一文の額面をもつ私鋳銭を、貨幣として機能させたのは、「貨幣素材の実質価値」でも「国家的保障」でもなかったのであり、この場合の私鋳銭はまさしくカルタ的貨幣であったといえる。カルタ的貨幣は、限定された空間(この場合は泉州)に集積した財の販売可能性を実現するために、臨機応変に、設定されうるものなのである。こうしたカルタ的貨幣の存在は、通貨が貨幣として受領される根拠は、通貨自体に備わっている属性にあるのではなく、貨幣に媒介される財の側にあることを示している。ただし、注意すべきは、その財が他の地域、たとえばシアトルや広州にあるものではなく、あくまでテンニネオや泉州に集積したものに限られることである。つまりは、泉州という場を通じてこれから処分されるであろう在庫の集合が、人々をして私鋳銭という新しい手交貨幣を受領させたのである。

ここで措定した、ある空間的まとまりにおける在庫の販売可能性を実現させるものを総括して「地域流動性」と本書では呼称している。本書において、この地域流動性が、歴史上現れたあらゆる貨幣制度の基底にあるものとみなされる。その構成内容は、商品貨幣でも、集団内の人的信用でも、また当然手交貨幣でもありうるのだが、本節の事例のように手交貨幣を独自に創造しているものを「支払協同体」と呼んでいる。

3　銅貨の世界と金銀貨の世界——手交貨幣の二極面

一二世紀のバルト海のキュゲン島の住民たちは貨幣を使う習慣をもたないが、市場で物を購買する時は亜麻《あま》布で支払っていたとされる。一六世紀以前のユーラシア大陸の農業社会全体をみまわすと、そのような小農たちが日常的に商品貨幣をもって地域流動性を形成している空間の方が支配的であったといってよい。部分的には、一八世紀においても、まだ根強くみられた。たとえば、ピレネー山脈のカタラン地方では、少なくとも一七六〇年頃まで、村人たちは穀物を入れた袋をもって市場に買い物に出かけていたという(Vilar, 1991, p. 25)。概してそうした地域経済は、商人たちや権力による財の流れからは、自律的な存在であったといえる。だが、各社会のあり様を比較していくと、個性の違いが浮かび上がってくる。

まず、東側のあり様を示す次の文章をみてもらおう。

片田舎の原野に住む下層の庶民たちは、年越しの頃に、薪や干し草を背負って城内の市場に入り、数十里を往来して、五、七十文を得て、野菜や塩、酒を買い、老若みなで馳走とするのがやっとである。普段においては一文の銭を見ることもない

(張方平『楽全先生文集』巻二五、論免役銭箚子)。

農民が新年の用意ぐらいにしか銭を使わないと主張しているこの文章は、一一世紀の中国で、銭を納税手段とする政策に反対するために、農村での銭の流通が少ないことを論拠に挙げているものである。したがって額面通りに受け取るわけにはいかない。しかし、一三世紀の江南のある鎮《ちん》(市場町)では、農民は升単位で米を店に持ち込み、塩や油を購入したとの記事が残されている(宮澤、一九九八年、五八頁)。価格も米建てであったと考えられ、米が商品貨幣として、地域の媒介財として機能していたとみてよい。それでも、張方平《ちょうほうへい》のように民間での銭貨流通を過小評価しようとする側ですら、農民が都市にきて数十枚の銭貨を使って、日常的な財を売買することがあることを、当然視してい

たことを示すと、この文章をとらえることもできる。

銭貨は、中国だけではなくその周辺でも主たる貨幣として使用されたが、そのあり方には差異がある。一四二九年に来日した朝鮮の通信使朴瑞生《パクソセン》は、その報告の中で日本について「銭が盛んに用いられ、布や米〔による支払い〕を凌駕している。だから千里の旅をするものであっても、ただ銭貫を帯びるだけでよく、穀物を携帯しなくてよい」との言を残している(『李朝実録』巻四六、世宗一一年一二月乙亥)。当時朝鮮では、世宗《セジョン》のもと、本格的に銭貨の鋳造と流通をはかろうとしていた。だが、銭貨流通政策は成功せず、市場では米と布が媒介財として機能していた。一三世紀以降、日本では荘園からの貢租の代銭納《だいせんのう》が広がりつつあったが(佐々木、一九七二年、二八三頁)、一四世紀の日本は、同時代の朝鮮人の目からみて、銭貨使用の頻度がたしかに高かったのである。

地域流動性を担った最も主要なものは何かといえば、一六世紀までは、中国でも日本でも朝鮮でも、穀物や布といった商品貨幣であったといって間違いなさそうである。しかし、銭貨の流通のあり方には、中国・朝鮮・日本では差異があり、それはそれぞれの社会構造と密接な関連があったのだが、そのことについてふれる余裕はない。ここでは、東アジアにおける貨幣が金・銀からなる貴金属貨幣ではなく、せいぜい銅貨であったということに着目したい。そのことは単なる素材の違いにとどまらない意味をもっていた。

次の文章は、一六世紀中頃に銭貨流通政策を勧めた上奏文である。

こうして、天下のそれぞれの省内では、旧い銭を有するものはそれを用いるが、もたないものはただ銀をだけ用うるようになりました。しかし銀を用いるのは、庶民にとっては非常に不便なのです。たとえば、山西《さんせい》・陝西《せんせい》で銀を使おうとすると、下役員たちはたちまち食事ができなくなってしまいます。四通八達の大きな都市でも、餅を売ってくれる家すらなく、路を行くもの、必ず〔みずから〕炊爨《すいさん》して食わねばなりません。それというのも、銭が流通していないがためです(葛守礼「疎通銭法疏」『葛端粛公集』巻二)。

最後の部分は、先の朴瑞生の文と見事な対照をなす。事実が上奏文の通りであったか否かはおくとして、銭貨が通用するということが、遠路を行くものにとっての小口の貨幣使用の便として表されるという点で、朴と共通している。そしてそれは、当時流通の度を深めつつあった銀では、代用できない用途であるとして葛はとらえている。銀では尺度が大きすぎ、「食事ができなくなってしまう」のだという(第一章のマリア・テレジア銀貨の事例は二〇世紀においてすらそうした局面が残存していたことを示しているが)。では、そもそも貨幣と言えば銀貨しかない社会では、どうなるのであろうか。

吝嗇な輩を「銅臭芬々」と表するように、通貨といえば銅銭を意味した中華世界と、通貨といえば金銀貨であった地中海から西欧にかけての世界との対照性は、すでに着目されている。といっても、ローマ帝国においては銅貨も都市民の日常取引や駐屯軍向けに大量に発行されていたし、イスラム王朝の中にもやはり銅貨を発行した事例もある。ただいわゆる中世西欧世界が、銅などを混ぜたブラックマネーが増加してくるにしろ、基本的に通貨といえば銀貨を使用していたことは疑いない。少し具体的にみてみよう。

一二八〇年代のイングランド南部で、建設労働者の賃金が週九ペンスであったとの事例がある。週六労働日として、一日当たり一ペンス半ということになる(Spufford, 1988, pp. 204-205)。当時イングランド王エドワード一世は、最低額面一ペンスの従来の発行方法では日常取引の間尺に合わないので、半ペンスや四半ペンスをようやく発行しはじめていたが、それでも、半ペンス相当の上質パンのローフは一キロ弱、並みのパンであればその倍の重さがあった。こうした条件のもとでは、パンの価格の変動というのは、一ローフ当たりの銀貨建て価格が上下するという現れ方ではなく、半ペンスで買える一ローフの大きさが増減するという現れ方にならざるをえなかった(Spufford, 1988, p. 235)。

ここで留意せねばならないのは、これは例外的に銀貨が豊富であった時期のことであったということである。一三世紀のイングランドの鋳造所は、前世紀の五倍にあたる一億ペニーの銀貨を発行したとみなされており、一四世紀以降はその規模が縮小したため、同じ規模に再び達するのはナポレオン戦争の時期であった。相対的に銀貨が豊富であったはずにもかかわらず、価格騰貴はローフが小さくなるということで示されねばならなかった。「銀を用いるのは、庶民にとっては非常に不便なのです」との葛の言は、中世西欧においてもかなり当てはまった、ということになる。通貨が日常的売買の需給の変化を価格として表現できないこの状態では、地域流動性は手交貨幣以外のもので担われねばならない。

都市と商工業者においても右のような状態であるから、中世西欧の農民の交易は基本的に商品貨幣に依拠していたといってよい。実際、時代が下って、一六・一七世紀のフランスにおいても、新大陸の銀流入が当該時期におこっているにもかかわらず、農村での貨幣使用はほとんど稀であったという。取引は貨幣を単位に行われるのだが、価値尺度として用いられているだけであって、実際には信用取引(第六章)か相当額の現物をもって決済することが一般的であったのである。商人自身も、そもそも多額の現金を資産としてもつことはせず、帳簿振替や塩のような商品での決済ですませていたともいわれている(Meuvret, 1971)。

こうしてみると、先に紹介した「片田舎の原野に住む下層の庶民たち」でも「五、七十文を得て、野菜や塩、酒を買」うことを示した張方平の文章は、張の意図とは逆に、日常的財の需給を通貨表示の価格で表現できるほど中国では手交貨幣が浸透していたことを示唆するようにも解釈できる。一三世紀イングランドの日当と比較しうる適当な中国の事例をみつけることはできないが、一四七九年に出された法令文書の中で、「貧民」の日雇いが二〇文、との文言があり(『皇明條法事類纂』「申明禁約仮銭疎通鈔法例」)、一六世紀末に、治水工事のための工人の日当が銅銭二、三〇枚であったとされる(黄、一九八五年)。また日当ではないが、一四八〇年頃の北京での庶民の家族の消費がやはり同じ程度であったようである(『皇明條法事類纂』「挑揀并偽造銅銭枷號例」)。しかも、この二、三〇枚という数を、時代が下るとともに増えた結果とみなすべきではない。むしろ逆ですらある。張の文が書かれた一一世紀後半を中心とする北宋代の銭貨鋳造は、銅銭だけに限っても千数百億枚に上ったとされるが、その後、これほどの積極的な銭貨鋳造は一八世紀までなされず、一七世紀まで宋銭のストックに依拠した銭貨使用が事実上続いたと考えてよいからである。アルプス以北と比べると、日常取引において、概ね中国では一桁は細かい貨幣価格表示をしていたとみなして、大過はないと思われる。

対照させて表現するならば、領主や商人たちの間の銀貨による取引と、農村での商品貨幣ないしは銀表示のバーター取引との間が乖離する傾向があった西欧と比べると、金銀貨をもたずに銭貨のみに限った中国は、農民の通貨使用の頻度をより密にする志向があったといえる。先述の、地域流動性を代表する現地通貨と、地域間兌換性を担う地域間決済通貨との区分にしたがえば、地中海・西欧世界は地域間決済通貨に、中国は現地通貨に傾斜しやすい、通貨のありかたであったということになる。銭貨というものの特質については第四章であらためて検討するが、ここでは次のことだけはふれておきたい。

中国の銭貨をウェーバーは、商取引から生成したものではなく、欽定支払手段としてとらえており、ヒックスもその見方を継承している。彼らにとっては、古代バビロニアなどで、非貴金属の貨幣が人々に受領されるのは、王朝に対する対内的支払義務から生じた支払手段であること、すなわち支配を体現したものであるからという理由以外ではありえなかった。ウェーバーは「内部貨幣 binnengeld」と名づけたが、古代ギリシアのポリス内通貨に対する経済人類学者ポランニーの理解もほぼ同様のものである。

　指令や契約をともなわずとも地域流動性は形成されるとの本書の視角からすると、そもそも欽定支払手段の観点は一面的なものといわざるをえない。事実認識においても、果たしてバビロニアやギリシアの実態がいかなるものであったのかはさておき、中国の銅銭に関しては重大な陥穽がある。ウェーバーは、価値のともなわないものを支配により受領させる事例を想定していたことは間違いない。だが、中国の銅銭は素材の市場価格がその額面をしばしば上回るものだったのである。

　一一世紀の銅銭鋳造の最盛期、一〇七五年に「十銭を銷鎔《とか》して、精銅一両を得、器物を造作すれば、利を獲ること五倍」(『続資治通鑑長編』巻二六九、熙寧八年十月壬辰)との記事があり、さらに一三世紀の南宋では「二〇文近くの元手を費やして、ようやく一文の利を得ることができる」(包恢『敝帚藁略』巻一、禁銅銭申省状)とすら言われることになる。一一世紀と並ぶ銅銭鋳造の盛期である清朝治下の一八世紀でも、良貨であるがゆえの私《し》銷《しょう》問題が生じている。つまりウェーバーらの想定とは、実際には逆の事態が生じていたのである。ウェーバーやヒックスは銅銭などをもって兌換される鈔《しょう》(紙製通貨)を意識していたのであろうが、紙製通貨はともかく、銅銭が人々に受領されたのは国家の支払手段であるがゆえだなどと想定する意味はない。

では、鋳造権をもつものは額面以下の素材価値の通貨を発行して差益を得るものだ、という常識に全く逆らうこの現象をどのようにとらえたらよいのか。ひとつの鍵は、王朝が官銭を大量鋳造しつづけた一一世紀、一八世紀(黒田、一九九四年a、第二章)ともに、他の時代と比べて私鋳銭が影をひそめた時期であったということにある。すなわち、これまた常識とは逆に、「良貨」たる官銭が「悪貨」たる私鋳銭を駆逐していたのである。銅貨の私鋳は、金銀貨の場合と比べて経費がかかるわりに利益を生まない。銅貨が不足しているならばそれでも利益をみこめるが、大量の良貨の供給はその条件を奪ってしまうからである。

繰り返し主張してきたように、農産物の集散を共有する空間としての地域経済は、制度的保証がなくとも、媒介財を自己組織化する。(5) だが貨幣機能のもつ地域内流動性と地域間兌換性の矛盾は、前者を担う媒介財のみならず、資産として保有されるべき財や地域外との交易用の財を別に自己組織するようになる。銭貨しかない場合でも、特定の年号をもつ銭貨を資産用とし、他のものを取引用のものとする、というような差別化を各々の地域経済は行うようになる。あるいは同じ一文を額面とする銅銭と鉄銭の間でもよい。こうした差別化は、銭貨の世界に限られたことではなく、小額面であれば銀貨の世界でも起こりうる。

良貨であるがゆえに資産用ともなる官銭を、日常取引に充分な規模で大量投下しつづけることは、結果的に地域的な貨幣の自己組織化がさらに多様化し、自律化していくのに歯止めをかけることになる。といってもけっして、地域流動性の自己組織化の傾向を制御しきってしまうわけでもない。たとえて言えば、ある漢字たとえば「家」という表意文字が中華世界全体でその意味を理解されているが、それをjiaと発音しようと、kaと発音されようとかまわぬように、どこでも官銭が通用するけれども、それをある地域や業者が九五〇枚で一〇〇〇文に換算し、別の場合は七〇〇文を束ねて一〇〇〇文とするというような多様な慣行を容認した構造なのである。統一した範型を頒布しておいて、その運用は地域ごとの自己組織化にまかせておく。これが通貨にかぎらない、中華帝国の構造であった。

さて、やや違いを強調しすぎた感もあるが、金銀貨のように地域間決済兌換性に適した通貨をもたない東アジアと、地域流動性の形成に向いた銅貨をせいぜい都市居住民用にしか供給しなかった地中海・西欧世界とは、一二世紀まではユーラシア大陸の東と西に棲み分けしているがごときであった(6)。だが、一三世紀はその棲み分けを根底から揺るがす激動の時代となる。

4　分水嶺としての一三世紀

さきほどすでに、イングランドの銀貨鋳造が一三世紀、ことにその後半に突出して激増していることにふれておいた。これはイングランドのみならずヨーロッパ全体の傾向でもあり、西アジアで一〇世紀以来の銀不足傾向が解消したとされるのも同じ頃である。またやはり一三世紀後半に日本でも貢租の代銭納が進んだことにもふれたが、備蓄銭が現れだすのもこの頃からである(鈴木、一九九九年、五九頁)。さらに銅銭は東南アジア島嶼部でも使用されるようになるが、一三五〇年頃のインドネシアの銅板碑文に、以前と違って土地契約はピシスすなわち銭貨で建てるようになった、との内容が伝えられていることから、この地域での銭貨流通の発展もさほど時期をずらさずに生じたと見なしうる(Reid, 1993, p. 96)。

インド洋沿岸と西アフリカを中心にモルディヴ産の貝貨が二〇世紀初頭まで各地域で流通していたが、そのモルディヴ産貝貨の本格的流通の開始はやはり一三世紀から一四世紀にかけてのこととされている。当時の貝貨流通はベンガル湾を中心とするものであったが、そのベンガルのスルタンたちの銀貨鋳造は、退蔵銀貨の時期分布から、一四世紀前半に大きなピークがあったことを示している(Deyell, 1983)。ベンガル湾岸から東北に進めば、銀鉱山開発が行われた雲南《うんなん》にいたる。

一三世紀後半から一四世紀前半にかけて、何かが起こっていた。帰納的推論の結果は一つしかありえない。モンゴル帝国によるユーラシア大陸の東西貫通の影響である。東西にまたがる帝国の出現は、さまざまな取引費用を軽減させ、遠隔地交易を飛躍させる。ジェノヴァの商人が、一ポンドの絹を北京(大都)で銀貨八ソリディの値で仕入れ、それを三倍で転売する、というように(Vilar, 1991)。そのことが、地域間決済通貨としての銀の使用を西から東へと延伸させる。だが、流通量が高まったのは銀だけではなかったということを見落としてはならない。銭貨や貝貨、そして低品位銀貨も含めて、地域流動性の形成に与かるのに適したものが同時に広まっていき、それまで商品貨幣に担われていた領域を侵食しはじめた時代でもあるのである。

この推論の妥当性は、モンゴル帝国の瓦解以後に起こった現象によっても支持される。一四世紀後半から一五世紀にかけて、ユーラシア大陸の多くの地域が貨幣収縮に悩まされるのである。前述のように、イングランドの銀貨鋳造は一四世紀後半にかけて急減する。そのイングランドやフランドルでは、銀は奢侈品輸入とローマ教会の送金とによりイタリア方面に流出しているとみなされ、ハンザ同盟都市が毛皮交易で得た貴金属も同様にイタリアに流出した。ところがそのイタリアでも貴金属不足の状態にあった。レヴァント貿易を通じてさらに中東へ流出していたのである。ところが、そのエジプトでも銀飢饉が将来され(Lopez/Miskimin/Udovitch, 1970)、一四〇〇年前後のエジプトは銅貨をもっぱら鋳造する事態になっていた(Bacharach, 1983)。銀はどの地域も素通りしてどこかへ去っていったということになる。

実物の動きに着目すると、胡椒に代表される奢侈品がインド洋からエジプトを経てイタリアから西欧へと転売されるにつれて、その反対の方向に金銀貨が流出したということだが、問題は一四世紀前半にはそうした貿易の片務性があからさまにならなかったのはなぜかということである。

エジプトで市中の銀が急減したのは一三五九年からとされる。すでにこの時元朝は経済の中心である江南を失っている。それに続く一三六〇年代、ロンドンの鋳造所の銀貨鋳造量は、一三五〇年代の一万三三四キロから、九七一キロへと激減している(Munro, 1983)。これを、モンゴル帝国崩壊にともなう中央アジア経由の東西交易の縮小のためと考えると、納得がいく。中国は一二世紀まで銀を貨幣として使用していなかったのだが、実はその割には官庁には銀のストックがあった。金が一一二六年に北宋の都開封《かいほう》を占領した時に、開封だけで銀六〇〇〇万両(二二〇万キロ)を得たと史書は記す。もちろん数字は誇張であろうが、銀は確かに蓄えられていた。なぜなら、銀鉱開発を除いても、前述の膨大な銅銭鋳造のための銅生産は、工程中での相当量の銀析出を可能とするからである。金から元へと続く遊牧民王朝はその遊休銀を、西アジア方面との交易の決済手段として投入した。いっぽうで、絹をはじめとする中国産品への需要は、西から東へ逆方向の銀の動きもつくりだす（杉山・北川、一九九七年、一六八―一七三頁）[7]。

そしてそのユーラシアを股に掛けた銀の流通は、モンゴル帝国崩壊とともに中断を余儀なくされた。西方では銀の収縮に対応した方策を生み出すことを強いられ、東方では銀を使用しての徴税方法の記憶が残る。第四章で論ずるように、中国王朝は、いずれ銀財政に転換すべき動機をかかえていた。銀を使って東西を結んだ一三世紀はその痕跡をいったん消し去るが、後の変動の起点となる。

中国においては、一一世紀における北宋による銭貨の大鋳造を経て、一二世紀からは金・南宋双方で紙製通貨（鈔）への傾斜が深まり、一三世紀の後半には元による中統鈔《ちゅうとうしょう》を通用させる政策へと続き、形の上では国家紙幣の全盛期を迎える。一一世紀を通して築かれた巨大な銅銭ストックは、主として宋王朝の各地の諸機関に分散した形で形成され、そうした銅銭ストックを有するもの同士での、事実上の振り替えを可能にした。現銭の移動は多額の費用がかかり、支払指図書のようなもので支払を済ますようになるのは必然の動きであった。紙製通貨が受領されていった理由は、そうした銅銭ストック形成ぬきには考えられない。しかし紙製通貨が受領されはじめると、もはや費用のかかる銅銭鋳造に拘泥する必要はなく、銅銭は代替されていく。

紙製通貨がどのように流通していたのかについては第四章で論じるが、一三世紀の北中国で、まず銀や糸に基づく取引を各地に割拠する漢人世侯の紙幣が代替し、さらにそれを統一的な中統鈔が代替していったという経緯(高橋、二〇〇〇年、一編四章)と、後の明初の宝鈔が土地取引の建値に実際使われていたことから判断すると(大田、一九九三年)、中立性を期待しうるほどの稀少さを維持しているうちは、鈔は各地の価値尺度として機能しえていたと思われる。先述の江南の事例のように底辺の地域流動性は米などによって担われ、その上の地域間決済を担う国家紙幣が地域の価値尺度機能をも果たすという土台の上に立って、地域間兌換性の高い銀の流出入という中国史上未曽有の事態を、元朝は危ういながらも利用することに成功する。

5　本位貨幣制と世界経済システム

一六世紀まで、大まかに言えば地域流動性は穀物なり布なりの商品貨幣で担われているのが支配的であった。その意味で、第3節で述べた東と西の違いも、それ自体に過大な意味をもたせるべきではない。しかし、一三世紀の地域間決済通貨たる銀の流動をとおしての東西の融合が、ユーラシア全体での地域流動性における商品貨幣の領域をいったん狭めたうえで、一四世紀後半から銀流通が停滞してしまうと、二つの動きが生ずる。第一の動きは地域兌換性をもつ貴金属を何とか獲得しようとする動きであり、第二の動きは地域流動性を独自の手段で維持しようとする多様な形をとった動きである。後者には、銀以外の流出しにくい零細額面通貨に転換する方向A、バーター取引に回帰する方向B、そして閉鎖的な地域団体の効力に依って団体内部の債権債務関係として取引を処理する方向Cの三つがありうる。第六章で紹介するように、貨幣収縮に見舞われた一四世紀後半イングランドのある市場町では、一シリング以下の取引にまで口頭による信用取引が行われ、公民たちの法共同体がそれを支えていた。

第一の動きは、中国での租税の銀納化と、東方への片務貿易の決済手段不足に苦しむ西欧領主経済を、ユーラシア大陸の両端に現出させ、その隘路は一五七〇年代からの南米銀の世界的流通という変動をもって突破される。一三世紀のユーラシアを貫通した銀流通は、量的には一六世紀のそれよりも過小であったにもかかわらず、各地域経済にとって過剰な地域間兌換性をもたらし、結局制御できないままモンゴル帝国とともに崩壊した。境界のない広大なモンゴルの領域は、交易の取引費用を下げるいっぽうで、銀の流出入を無制限に許してしまうからである。それに対して、一六世紀に登場する西欧を中枢とする世界経済は、境界を利用するシステムとして現れる。それは地域間兌換性と地域流動性の間を制御する本位制という制度をともなった。

そもそも「本位制」という概念は、一国内の流動性全体を均質的にとらえられる状態においてのみ意味のあるものである。日常的な売買を媒介する財と決済や資産保有のために使われる財、すなわち現地通貨と地域間決済通貨の間に、二四〇ペンス＝一ポンドだの、一〇〇〇文＝一両だのといった、絶対的な比率での兌換が実質的に効力をもって機能する状態でなければ、あるいはこれまで使った表現では諸通貨が合算できるものでなければ、金本位制だの銀本位制だのといっても無意味なのである。中国の明・清王朝あるいはインドのムガル王朝が銀を使って財政運営しても、それは王朝という巨大な経営体が銀を計算単位として運営していたということを意味するにすぎない。

本位制が内生的に生じてくる社会はCの方向性を有した社会であった。A・B・Cの差異は当初それほど明らかでなかったが、一六世紀後半からの銀の大流通という地域間兌換性過剰状態をうけて、その差は拡大していく。銀を最終的に呑み込んだ中国やインドでは、一八世紀にかけて銅貨や貝貨などの大量の零細額面通貨が地域に滞留していき、小農たちの地域市場への参加を高めながら、自律的な地域流動性が形成されていく(A)。中南米や東欧では、輸出産業にかかわる大土地経営者と貿易関連商人が兌換性の高い貨幣を独占し、いっぽうで生産者はバーター取引の日常に埋没する(B)。いずれも地域流動性と地域間兌換性の間に乖離が生ずるのに対し、貨幣需要の季節較差を埋めることにもなるCの方向は地域流動性の自律性を削いでいき、収租の為替送金網と結びつくなどして地域間兌換性との融合を準備する。ここに一国の流動性を一つの貨幣でもって推し量れる本位制というシステムがようやく姿をあらわす。また地域ごとの債権・債務に基づく内部貨幣 inside money(ウェーバーの binnengeld とは意味が違う)の形成は、やがて英・独あるいは日本におけるように遊休資金の地方的プールを形成する基礎となり、工業化の初期投資を支える。この点については第六章で再論する。

こうして、Bを辺境として従えながらCを中枢とする世界経済システムが形成されていく。そのいっぽうで、Aの市場も独自の繁栄を謳歌しながら一九世紀を迎える。一九世紀にはまだ、諸通貨を合算する本位制システムが支配的位置を占めるにはいたらなかった。一国一通貨制度とは別の道筋も顕在化したからである。それが貿易銀の盛行である。東の代表例がメキシコ銀であり、そして西の代表者こそが第一章で論じたマリア・テレジア銀貨であった。ただし第一章の事例は、もはや本位制システムが勝利を収めてしまった後のいわば残務処理のようなものであったが。

貿易銀の最大の特徴は、発行者とは別の国で流通していることである。マリア・テレジア銀貨の場合、本国では一九世紀後半以降流通していないにもかかわらず、鋳造は二〇世紀まで続けられ、紅海沿岸で流通しつづけた。メキシコ銀の場合も、鋳造された銀貨の多くは中国を中心とした東アジアで流通した(小野、二〇〇〇年)。マリア・テレジア銀貨と同様に、メキシコ銀も大量に受領されたにもかかわらず、けっして唯一の貨幣として使用されたのではない。中国東南沿岸部では一元(ドル)のメキシコ銀貨はかなりの優勢を保ったが、しかし相場が固定されない銅貨や小額銀貨と並行した上のものであった。つまり各地域の現地通貨と混じりあいながら、地域間の決済を担っていたと見ることができる。図6は、二〇世紀初頭にみられた中国国内における日本銀元(円銀)の環状

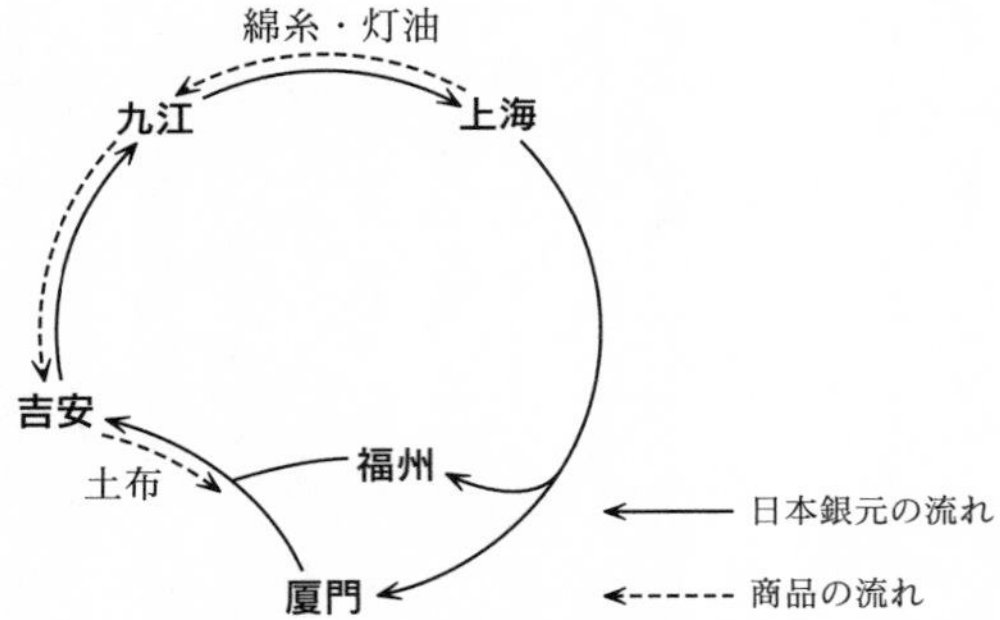

図6　日本銀元(円銀)の環状回路

流通の様をしめしたものである。日本銀元はメキシコ銀に対抗するために日本政府により発行されたが、日本が金本位制を確立していくことになり、日清戦争前には鋳造停止と回収を決められていた(山本有造、一九九四年)。その日本政府からは廃貨とされた銀貨が、福建への江西南部からの土布(手織綿布)移入、江西南部への九江《きゅうこう》への綿糸・灯油移入という連鎖の逆方向に、それらの対価として流れていく環状回路を形成していたのである(黒田、一九九四年a)[8]。紅海でのマリア・テレジア銀貨の回路(四七頁)との相似がみてとれるだろう。このように現地通貨の自律性を保ったまま貿易銀のような地域間決済通貨がそれらを連絡し、諸通貨の間に合算する関係をもたない構造が、一九世紀中は相当な地歩を占めていたのである。

だが一九世紀末からの国際金本位制体制の形成は、残存していた地域流動性の自律性を世界的規模で奪っていく。西アフリカでは貝貨がポンドにリンクしたニッケル貨に代替されるようになっていき、ベトナムでは銅銭流通がインドシナ銀行券の普及と並行して衰退していった。こうして一つの政府のもとでは一種類の貨幣だけが流通するのが、世界中で当然のようになってくる。だが、地域流動性はおとなしく退場していったわけではなかった。このことは第七章で再びふれるが、とりあえず次のインドの事例をみてみよう。

一九二三年の一一月、例年のように棉花の収穫のための通貨が棉産地へ流出すると、インド市中の金融が逼迫し、インド帝国銀行の貸出利率は、一一月一五日には五％、一一月二九日に六％、一二月二〇日には七％、翌二四年一月三日には八％と上昇しつづける。カルカッタ・ボンベイ・マドラスの三管区銀行を合併して一九二一年に設立されたばかりの帝国銀行は、従前よりは貨幣発行に伸縮性をもたされており、貸出利率が六％、七％、八％に達するごとにそれぞれ四〇〇〇万ルピー、計一億二〇〇〇万ルピーの追加発行を許されていた。にもかかわらず、おりからの豊作と棉花相場の堅調は、金利の下落をもたらさず、二四年末まで九％を切ることはなかった(Royal Commission on Indian Currency and Finance, 1926, pp. 20-21)。収穫期になると各地域市場での貨幣需要が高まり、豊作がさらにそれを助長し、それに対して弾力的な貨幣供給ができないために金利が上昇する、という連鎖現象が、第一次大戦の後の時期になってもいまだに生じていた。単に貨幣が統一されているだけでは、地域流動性を制御できていることにはならないのである。

同様の現象は、二〇世紀初頭の米国においても生じており、秋の収穫期にはニューヨークから中西部の農業地帯に大量の銀貨の移動がみられた。当然のように、利率は秋や春に上昇する季節循環をもって推移していた。時には貨幣需給の逼迫に対処できず、信用恐慌を引き起こすが、それはもっぱら収穫期の秋か、さもなければ作付け期の春に勃発した。ただし米国の場合、一九〇七年の恐慌以後は金利の季節循環の較差は縮小し、頻発していた信用恐慌も影をひそめる。最大の変化要因は、「銀行の銀行」たる連邦準備銀行の設立とその各銀行への信用供与である。連邦準備銀行の未償還債権の額は、かつて市中金利が季節的に高まった秋に上昇したことを示しているが、その業務は結果的に季節的に訪れていた貨幣需給の逼迫を解く役割を果たした。債権の集積が地域流動性の引き起こす波動を埋め込んでしまったのである(Miron, 1986)。

問題は米国よりもインドのような事例の方が多数であるにもかかわらず、(9) スターリング・ポンドとの兌換性を高めることを志向する国際金本位制が、現地通貨の自律性を削いでしまったことにある。一ポンド＝一五ルピーなどの固定相場の設定は、中枢国側からの資本投下を促進することにはなるが、いっぽうでそれまでは地域流動性が処理していた貨幣需給の季節的逼迫を、地球規模で同調させてしまう危険性を秘めていた。国際金本位制という地域間兌換性を極限にまで高めた体制は、やがて世界恐慌という形で、高すぎた兌換性のツケを払わされることになる。積み重ねた積み木が崩れた時、人々は地域流動性に拠りどころをもとめることになる。それが本章冒頭のテンニネオの木片となって現れたのである。

世界経済は国ごとの管理通貨制採用という方法で兌換性を制御しようとし、現在に至っている。

貨幣というものは、たしかに「反省や申し合わせの産物ではなく、交換過程のなかで本能的に形成される」(Marx, 1961, S. 35, 邦訳三四頁)のだが、それは無限の空間の広がりの中で生ずるのではなく、本源的に空間をともなうものなのだということである。貨幣の歴史は、狭い空間の内側で平衡しようとする動機と、不安定さをともないながら広域の兌換性を築き上げようとする動機とがせめぎ合ってきた過程であり、その衝突はさまざまな社会システムの興亡と結びついていた。

第三章　競存する貨幣たち——一八世紀末ベンガル、そして中国

1　錯綜する貨幣

商業というものがほとんど消滅してしまったので、通貨の多様性が貨幣流通の障碍となるなどということはとるにたらないことになった。ほとんどすべての取引が地元の市場で行われるような社会では、領域を分かつ境界の内側のみで流通する貨幣で人々は完全に満足するものだ(Pirenne, 1936, p. 111)。

西欧中世経済史の大家A・ピレンヌが中世西欧の貨幣流通について書いた右の文章は、貨幣の地方性や不統一が商業流通の量的増減に依存しているという神話を彼もまた信奉していることを典型的に物語っている。交易の拡大は貨幣の統一をもたらすという仮定を自明のごとくおいている、と言い換えてもよい。こうした理解にしたがえば、いろいろな貨幣が並行して流通している社会というものは、固有の交換手段をそれぞれもつ自足的な諸社会を継ぎ合わせた姿ということになろう。実際、ピレンヌは中世ヨーロッパをそのようにみていたのである。諸通貨が分裂して流通する状態というものは、それぞ

れの社会が自足的ゆえに統合する貨幣をもてないことを表している、というこの解釈はよほど説得的なようで、ピレンヌにかぎらず多くの論者が採用してきている。

表4は一七七〇年のベンガル（インド東部）の各地方における貨幣流通を示したものである。この地域を統治しはじめたイギリス東インド会社が各地の収税官から集めた情報を基にしている。まさしく、いろいろな通貨が並行して流通し、地方ごとに様相を異にしている。ピレンヌにならって、この状況を社会の自足性の現れだとして、市場の発達の後進性ゆえのものと解釈する研究者がいても無理からぬところであろう。東インド会社の報告に基づき一八世紀末ベンガルの貨幣流通の実態を活写したD・B・ミトラは、このピレンヌの言を引き、中世西欧と一八世紀ベンガルの状況とを同定し、この時代の貨幣のあり方についての結論としている(Mitra, 1991, p. 70)。

だが同じインドの研究者でも、戦前に活躍した経済学者のJ・C・シンハはやや趣きの異なるとらえ方をしている。彼も同じ東インド会社の資料を基にしていることにかわりはない。だが彼は比較同定する対象を彼の同時代の中国に求めた。数多くの通貨が流通し地域ごとに様相を異にする面において、一八世紀末のベンガルと二〇世紀初期の中国は共通すると認識したのである。シンハも貨幣の錯綜状況に市場の後進性をみる点ではミトラとかわらないようだが、貨幣需要の季節変動や内国為替制度の不整備といった彼の同時代における問題を、彼は歴史的に継承したものとしてとらえている。(1) 一五〇年

表4　ベンガル各地の競存する銀貨

地　　名	ルピーの種類	用　　途
ディナジプル	ソナット 英・仏アルコット 仏アルコット	米や他の穀物 油脂，粗糖 麻
ゴラガト	シッカ 仏アルコット ムルシダーバード・ソナット	米や他の穀物 布，塩 砂糖，粗糖
ジェソール	シッカ ムルシダーバード・ソナット 仏アルコット	米，穀物，砂糖，粗糖 布，油脂 塩
ビシュヌプル	ソナット 古ドゥスマシャ アルコット	穀物，竹，粗糖 油脂，金属 布

出典）Sinha, 1938, p. 4

前のベンガルの状況は彼にとってけっして過去のことではなかった(Sinha, 1938, pp. 9–11)。

こと比較の有効性という点にかぎっては、シンハの方が要所をつかんでいたといわざるをえない。表4をみてみると、ただ地域ごとに異なる通貨の使い方をしていたというだけではなく、同じ地域の中で、扱う商品によって通貨を異にしていた場合があることがわかる。この点については行論の中でよりくわしく検討するが、ここで銘記すべきは、取り扱う商品により通貨を別にするという現象は、まさしく二〇世紀初期中国においてままみられた現象であったということである。流通するもろもろの通貨の中には限られた地域内でのみ流通するものも数多くあったが、同時にむしろ地域を越えて、時には国境をもまたいで流通するものもあった。少なくとも、各通貨が自足的に流通する地域経済の並列状態といったピレンヌの認識をはるかに越えた状況なのである。彼のような解釈の背景には、市場が発達すればするほど貨幣も統合され、その逆も真である、といった命題がみえかくれする。しかしそうした命題は無前提に承認されるべきではない。

インドのベンガルや中国の江南の状況は、ピレンヌが西欧中世について想定したような半閉鎖的なものとはほど遠く、地方市場は開放的で、条件さえあれば移輸出交易の拡大機会に積極的に対応していたといってよい。そこでの幾多の通貨の錯綜した流通状況は、ピレンヌのそれよりも、むしろハイエクあるいはB・クラインが提唱した「競存通貨 concurrent currencies」に近い。すなわち政治権力に依存せず、自由に民間で発行された諸通貨が相互に競争しながら併存する状態である(2)。

そもそも一六世紀後半以降一八世紀にいたるまでインドそして中国は、増産された中南米の銀を大量に吸収しつづけたのであり、前後の時代と比べて相対的に通貨の流通が縮小した西欧中世とは全く逆の環境にある。総体として通貨の流通は拡大したと考えられるのに、その流通は統一に向かうよりもむしろ競存的でありつづけようとした。市場が停滞的であるがゆえに通貨も半閉鎖的に流通し錯綜したままであった、というピレンヌのような線型的発想をおよそ越える、このきわめて興味深い現象をこそ、我々はここで問題とする。

中国の競存通貨状況については、次章でより長い時系列をとって論じるので、ここでは一八世紀から一九世紀にかけての、ムガル帝国統治期から英植民地統治初期のインドを、ことにベンガル地方を主たる対象とし、中国の事例は比較の便として折々に援用するにとどめる。

さて一八世紀以降のインド貨幣史はもっぱら銀貨、そしてそれを代替していく金貨や紙幣を中心に叙述されることが多く、表4にしてからが、種々の銀貨によって覆われている。その他の通貨が言及されるにしても、添え物のように後から付け加えられるにすぎない。(3) 実際、想定されうる総流通量を額面でおさえるなら、そのうちの大きな部分を銀貨が占めたのは疑いないから、妥当な順序ともいえる。しかし、ここではあえて序列を逆にして、零細額面の貝貨や銅貨を先にとりあげる。きらびやかな銀貨あるいは金貨を後回しにする理由は行論のうちに自ずと明らかとなる。

2　超零細額面貨幣、貝貨の世界

伝統中国や中世西欧においてもそうであったように、伝統インドにおいても銀貨というものは、人々の日常的な取引においては高額すぎるものであった。ここでとりあげる植民地期前および初期のベンガルもその例外ではない。ラジシャヒの収税官は、地元市場でルピー銀貨が通用しないことを驚きをもって東インド会社に報告している(Mitra, 1991, p. 176)。身の丈にあった零細額面の通貨への強い需要が存在したのである。その需要に応じてベンガルならびにその西南のオリッサにおいて流通していたのは銅貨と貝貨であった。

たとえばゴラゴルの織布工たちは、東インド会社から、棉花や綿糸を確保するための前貸しをルピー銀貨かムール金貨で受け取っていた。しかし実際には彼らは原料を地元の市場で購買する前に、それら金・銀貨を貝貨に両替せねばならなかった。ひとえにそれらの額面が高すぎ、地元市場での購買にたえなかったからである(Mitra, 1991, p. 189)。

貝貨がどのくらい零細かという目安を示すと、銀貨一ルピー＝銅貨六四パイ＝貝貨五一二〇(あるいは四カラン)という比価が参考になる。ただしそれらの間の比率はたえず変動していたので、あくまで目安にすぎないが。銅貨よりもさらに二桁下の額面に相当する貝貨は、ムガル統治末期までベンガルやオリッサそして北部のアッサムにおいて、小額取引における一般的な通貨であり、一九世紀の第1四半期までは租税を貝貨で集めていた地域も存在したのである。

では、通貨全体の中でそれら小額通貨はどれほどの割合を占めたのであろう。カタックの地方長官であったリチャードソンは一八一四年に、カタック地方で流通している「資本」を二〇〇万ルピー弱と見積もっているが、四〇分の一を基数として、その内訳を金貨一、銀貨二四、銅貨四、貝貨一一としている(De, 1952b)。割合としては銀貨が最多であるが、貝貨が四分の一以上を占めていたと見積もられていたことになる。貝貨一枚は前述のようにルピー銀貨一枚の五〇〇〇分の一の価値しか代表しないことを考慮すると、四〇分の一一というのは相当な量であることを認識しておかねばならない。銅貨とあわせて、小額通貨が市中の通貨の四割弱を占めていたことになる。一九世紀後半の中国全体について、銅貨流通量が銀貨のそれの半分に値するとの推計があるが(彭、一九六五年、八八八―八八九頁)、それと近似する割合である。もちろんベンガルやオリッサにおいてもかなり地域差があり、カタックの事例をもってインド東部全体を推し量ることは差し控えるべきだが、小額通貨が優勢である傾向は疑いなかろう。

さてこの貝貨だが、けっしてベンガルやオリッサで採取されたものではない。インド洋上にうかぶモルディヴ諸島で採取される特殊な貝殻でなければならなかった。他の地域同様に、ベンガルにおける貝貨の流通の起源も相当遡るのであろうが、少なくとも一四世紀の大旅行家イブン・バトゥータは、モルディヴからベンガルへと向かう貝貨のことを記述している。この一八・一九世紀ともなると、このモルディヴからの貝貨の輸出を担っていた主役はヨーロッパ船となっていた。彼らはモルディヴで一ルピー当たり九〇〇〇枚の比価で貝貨を購入し、それを一ルピー当たり二五〇〇枚あるいは三〇〇〇枚の相場でオリッサやベンガルそしてマラータなどで売却し差益を得たのである(De,

1952a)。

この相場の差は、けっして海上に浮かぶ採取地モルディヴとインド亜大陸との間にだけ存在したのではない。インド各地の間においても相当な格差があった。一七世紀半ばにインドを訪れたフランス人商人タベルニエは、北部のアグラでは一銅貨＝五〇―五五貝貨であるのに、海岸部では八〇貝貨になると記している(De, 1952a)。こうした地域差をもたらす要因の一つはその代表額面のあまりの低さと、それによるまとまった額を運搬する際のかさばりにあったことは疑いない。ベンガル西部のシレットはことに貝貨に対する選好が強い地域で納税も貝貨でなされていたが、東インド会社の収税官は、貝貨があまりにかさばるため、たまった貝貨で他の地域へ送金しようにもしようがない、と記している。

ただし、地域差そのものは、輸送費用にのみ起因するものではないことも留意しておかねばならない。第一章のマリア・テレジア銀貨と一〇リラ紙幣との間の比価の事例は、これ自体は短期のものと思われるが、需要次第で物理的条件にかかわらず地域差が生じることを明示している。実際、輸送費用の高さからくる地域ごとの貝貨相場のずれとは別に、それぞれの地域内において、貝貨と銀貨との間に周期的な相場の変動があった(Mahapatra, 1969-70)。その周期は主として二つの要因によりつくりだされた。一つは、貝貨に対する需要の高まりに起因するもので、もう一つは銀貨のそれによる。貝貨は人々にとっての日常的な交換の媒体であったために、その相場は農産物の集荷と密接な関係にあった。収穫期には集荷される農産物の対価として小農たちに手交されるため、その対銀貨相場は上昇するのが常であった。それに対して、納税はルピー単位でなされることが多いため、納税期には、逆に銀貨の相場が貝貨に対して上昇することになる。ただし、既述のシレットにおけるように銀貨単位の納税ではない場合はあてはまらないが。

図7　インド亜大陸

　さて以上のような、高い輸送費用と相場の地域差、小農生産物の収穫ならびに租税の周期に応じた相場の季節較差、といった現象は中国における銅銭の場合にもあてはまる共通する特徴といえる。銅銭にしろ貝貨にしろ銀貨との間の代表価値の較差が大きく、かつ農村市場などでのスポット的でかつ小額での取引需要が強いため、小口の両替に応じる業者がでてくることも共通する。ベンガルでは市場に座って貝貨に両替する業者がいたことが報告されているが、一九三〇年代の山東の農村市場において青島などから持ち込まれる銀貨を小口で銅貨に両替する業者がたくさんいたという、満鉄調査部の報告を彷彿とさせる(水野、一九三五年)。また貝貨の額面の零細さと非可搬性という点では、中国貨幣史では宋代に流通した鉄銭がより銅銭よりも近いであろう。その鉄銭につき、一二世紀後半四川《しせん》から淮南《わいなん》へ鉄銭を送ろうとするが、「船脚之費、居其大半」としてやめたとの記事があるが(高橋、二〇〇〇年、二九八頁)、右のシレットの事例を思い起こさせるに十分である。

歴史的には銅貨中心の時代が長かった中国と違い、インド貨幣史は総じて金・銀貨の存在が大きい。また小額通貨だけをとってみても、貝貨一枚は銅銭よりもさらに一桁下の価値表示とみてよいから、インドの方がより幅広い額面を代表する通貨をもっていたともいえる。ただ小額通貨の流通の実状をみてみると、その地域性をともなった自律性という点において中国ときわめて共通する側面をもっていたのである。この地域性・自律性といった特徴を念頭においた上で、銀貨流通の具体的状況をみていこう。

3　競存する銀貨

一七八九年、東インド会社は統一したルピー銀貨を導入しようとし、ベンガル各地に意見を求めた。それらの回答の中で、ダッカ在住の「居住者」は統一通貨設立への渇望を示しながら、異なる重量と品位をもつ五二種類の硬貨がダッカでは流通し、シュロフ(両替商)が状況を利用して利益を得ていると述べている(Mitra, 1991, p. 54)。そうした状況はダッカにかぎったことではなく、ベンガル全土で多かれ少なかれ見られた現象なのであった。イギリス側はこの状態を手をこまねいてみていたわけではない。これに先立つ一七七七年、ベンガル総督へイスティングスはすでにムガル朝の公式通貨であったシッカ・ルピーに基づく幣制統一化を試みていたが、失敗していた。そしてこのときも三年後の一七九二年に統一を試みるがやはり結果は同様であった(Mitra, 1991, p. 58)。

このような錯綜した状態はいかなる動機によってもたらされるのであろうか。通貨発行の権能を有する政府が弱体だからであろうか。一八世紀を通じてムガル帝国の権威が衰え、知事や王侯がそれぞれの通貨を発行するようになったからだとする論者はたしかにいる(Mitra, 1991, pp. 14, 20)。そうであるならば、地域ごとに異なった通貨が行使されるようになっても不思議ではない。だが、この論法ではある地方権力者のもとにある同じ地域の中でも様々な通貨が併存していたことを説明できない。

では両替商が自らの利益に資するためにつくりだしたのであろうか。たしかに錯綜した状況を維持することは彼らの利益につながるから、統一化に対して抵抗したことは十分に考えられる。しかし、両替商が勢力をもたないところでも様々な通貨の併存はみられたのであるから、通貨の競存があったからこそ両替商を必要とした、と逆の因果関係でみるのが妥当であろう。

各地方の実態を子細にみてみると、諸通貨はただ錯綜して流通していたわけではないことがわかる。ディナジプルの場合をとると、そこでは米などの穀物の取引にはソナット銀貨が、油脂などの売買には仏アルコット・ルピーと英アルコット・ルピーが、そして亜麻などには仏アルコット・ルピーがもっぱら使われていた。つまり特定の商品の取引に特定の銀貨が好まれる傾向があり、諸通貨はそうして分業的に併存していたのである。

しかし、ただ併存していただけではない。通貨相互の相場は固定せず、むしろたえず変動していたのである。そしてその変動には、貝貨の場合と同じように季節的周期を認めることができる。マイメンシン県の事例をみてみよう。この県全体ではアルコット・ルピーが最も一般的な銀貨であった。しかし都市部ではシッカ・ルピーも流通していた。このシッカ・ルピーの需要はもっぱら租税納入のためのものであった。毎年そのために必要とされるシッカ・ルピーは一二〇万以上であったとみられる。租税はカルカッタに送られるのだが、この地域はカルカッタへの米の大量の移出地域であり、その取引のための前貸しがシッカ・ルピーを還流させていた。

いっぽうでアルコット・ルピーは農村部で優勢であった。そのためアルコット・ルピーは小農・職人の間で需要されたので、その相場は収穫期に上昇するのが常であった。通常時アルコット・ルピーはシッカ・ルピーに対して一六％割引かれたのに、収穫期にはそれが同等に評価されたという。

東インド会社のこの県の収税官は、一七八八年の当地におけるアルコット・ルピーの在高を六一三万と見積もっているが、実際に流通しているのは二〇〇万から二四〇万としている。つまり退蔵されている部分が多いということになるが、収税官はまた、当地のザミンダール(在来の収租権保有者)たちはアルコット・ルピーを蓄蔵したがる傾向があって、支払いのためにその在庫を崩すくらいならむしろ借りる、と報告している(Mitra, 1991, pp. 72–73)。

つまり同じ銀貨でありながら、収穫期の支払いに使われ、現地で蓄蔵される銀貨と、租税徴収のために用いられカルカッタのような外部と往復する銀貨との差別化が生じていたわけである。この収穫期と租税という要因が、貝貨の相場を周期的に変動させるそれと同じであることをここでは留意しておこう。

さてシンハは、このベンガルの状態を二〇世紀初期の中国のそれに比定したわけであるが、それは的を射ていたといえる。たとえば、江西省の開港場《かいこうじょう》都市九江《きゅうこう》ではやはり様々な銀貨が流通していたが、メキシコドルが上海向けの茶や磁器といった輸出産品取引に使われていたのに対し、省政府発行の銀貨は煙草や豆類などの現地市場向けの売買に行使されていた(黒田、一九九四年a、一一二頁)。それら銀貨の間の相場も、それぞれの需給の動向に応じて日々変動した。同じ一元(ドル)の額面をもつ銀硬貨でありながら、地域外向け取引に対応するものと、地域内向けに対応するものとが競存していたこと、この点でたしかに中国とインドに共通性が認められる。

4　市場の重層性と通貨の競存

さてそれでは、貝貨と銀貨との関係はどのようになっていたのであろうか。これまで述べたように、銀貨の中にも前節のごとく差別化はあったが、貝貨と銀貨という対比をすると、前者はより地域内で限定的に流通し、銀貨は外部との交易や納税などによって出入するという構図がある。したがって、両者の間の比価は銀貨が流出すると銀貨相場が上昇し、流入すると貝貨の方が相場を高めるということが考えられる。実際そのように現れることが通常である。しかし、必ずそうなるとはかぎらない。

たとえば一八世紀末において銀貨は中国向けに流出したとされ、ベンガルは銀貨不足に見舞われていた。そうすると当然銀貨・貝貨比価は銀貨高の方へ振れるはずである。ところが当時の実際の相場をみると、銀貨高どころか明らかに貝貨高が進行している。

つまり想定とは全く逆の現象が生じていた。当時、貝貨の方がベンガルの外へ流出したということは伝えられていないし、分散した貝貨を収集し、かつかさばるそれらを輸送する費用を考えると、そもそもそうした事態は考えられない。

銀貨と貝貨の間の比価が、単に両者の間の直接的な数量的比率で決まるものであるなら、こうした事態は起こらないはずである。では、ほかに何がこの二つの通貨の間の評価に関わるのであろう。別の角度から、両者の関係をみてみよう。

ここまで地方ないしは地元の市場と表現してきたが、それらには概して二つの階層があった。一つはガンジ gunj と呼ばれる市場町であり、ここにはある程度の資本をもった商人たちが倉庫をもっていたりする。もう一つはハット haut と呼ばれるもので、前者が常設市であるのに対してこちらは定期市であり、小農や農村商人がもっぱら集い交易をする場である(三木、二〇〇〇年)。さて農産物を集荷する過程には二つの経路が考えられた。一つは小農の庭先から市場町の商人へ直接もたらされる場合、もう一つは小農がいったん定期市にもちこんだ農産物を近在に住む小商人たちが購入し、それを市場町へ持ち込む場合である。

ではこれまで述べた銀貨と貝貨は、この市場階層とどう関係するのであろう。既述のように銀貨一枚は貝貨数千枚に相当する。市場町よりも定期市の方が、超零細額面通貨である貝貨がより優勢であったことは間違いない。では、小農たちの交易規模の身の丈からすると額面が高すぎる銀貨はどうであったのだろう。

ジェソールからの収税官の報告によると、この地域では米やその他穀物の取引はシッカ・ルピー銀貨で行われていたが、米作の半分は穀物商からの前貸しによる先物契約によって取引されたという。ディナジプルでも同様のことがいわれている(Mitra, 1991, p. 196)。だが同時にジェソールで流通する銀貨すべてがシッカ・ルピーであったわけではない。塩取引などは仏アルコット・ルピーで行われていた。

つまり農村の小農の庭先から直接に市場町の穀物商人の倉庫へもたらされる穀物と、シッカ・ルピーの前貸しによる先物取引によって購入される穀物とは、すべてではもちろんないにしろ、かなり一致していたと考えられる。この場合はある程度大口の取引になるであろうから、銀貨自体の高額さは問題にならない。

同じ穀物取引を媒介しながらも、大口で先物契約を通して地域間を往復する銀貨と、小口でスポット取引向きで地域市場内にとどまる貝貨とでは、同じ通貨といいながらも、流れる回路が異なるのである。その異なる回路の交差点として両者を変換する機能を、多数の両替者が担っていたわけだ。銀貨と貝貨の比価とは、その変換点での両者の間の交換比率にすぎない。それぞれの回路総体に存在している通貨総量の比率なのではない。もしどちらかの回路の取引需要が強ければ(ないしは弱ければ)、相場はその通貨の総流通にかかわらず上昇(下落)する。

言い換えると、市中に存在する銀貨と貝貨との稀少さの度合いでその比価が決定されるのではない。銀貨、それも銀貨一般ではなく、ある銀貨に媒介される大口でより価格が固定した取引と、貝貨に媒介される小口で価格が大きく変動する取引、この二つの取引需要の間の均衡が影響するのである。空間的には、後者は地方的市場の内側で結ばれるものであるのに対し、前者は地域を越えたものとなる。もし両通貨の比価が単に量的多寡に依存しているのなら、両者の間は対称的な関係であり、いっぽうの量的増加が他方の相場を高め、その逆もまた真ということになるはずである。しかし、取引の間における不均質さが、それを媒介する通貨の間にも非対称性を引き起こすのである。

この構造を理解する鍵は、貨幣需要というものが一般的に存在するのではなく、個々の回路ごとに存在し、また競合していることにある。

こうした状況は中国においても確認される。一七五二年に江南の無錫《むしゃく》の知識人が銀遣《づか》いと銭遣《づか》いとの関係について記述したところによると、この地方では一八世紀初めより銀使用が優勢であったが、一七三〇年頃には取引における銀使用と銭使用は半々の割合となり、一七四〇年頃には銀使用にかわって銭使用が一般的になったという。この一七四〇年というのは江南地方で大量の銅銭鋳造が開始された年である。ところが銀と銭との比価は、銀一両＝銭八四〇文だったものが、この時には一両＝七〇〇文に上昇し、その後もそれが標準的相場となる。つまり供給が増加しながら銭の相場は上昇し、かつその使用を広げているのである（黒田、一九九四年a、八四―八五頁）。

ベンガルはインドの他地域と比べてカーストなどの社会的規制が緩く、小農たちの市場参加がより盛んな地域であった。そして一八世紀には、彼らが取引に利用する定期市など農村市場が増加したとされる（佐藤、一九九四年）。江南をはじめ中国も同様に一八世紀に農村市場の増加をみている。どちらも貝貨や銅銭といった零細額面通貨が需要される条件はできていた。

5　銀流入はインド・中国に何をもたらしたのか

さて、一七世紀から一八世紀まで世界の銀は中国とインドへ引きつけられていった。だが二つの社会に吸収された銀はいかなる働きをしたのか。中南米の年産一〇〇〇万ペソの銀のうち、三〇〇万強が中国へ、またそれに近い量がインドへ注ぎ込まれていたとみなして大過がないのであれば、両社会にとって相当な物価上昇圧力となったはずである。しかし、一七世紀と一八世紀とに傾向の差があり一概には論ずることはできないにしても、大量の銀を引きつけたほどには物価水準は上昇していないとはいえる。(4) そこをもって、あるものは、絹や木綿や茶の代価としてもちこまれた貴金属はただ退蔵され、貨幣としての機能を果たさず不妊化したと論ずる（Kindleberger, 1989b）。それに対してあるものは、通貨として流通したと反論する（Chaudhuri, 1986）。だが後者も銀がどのように流通しているのかに注意して論じたわけではなく、本章で紹介したような銀流通の実状については顧みられていない。では通貨の競存状況を認識することは、この論議に何らかの決着をつけるのだろうか。

通貨が錯綜して流通するという状況は古今東西にみられる。だがもろもろの銀貨ないしは銀単位のあいだの関係において、中国とインドにはある特徴が認められた。それは政府あるいは中央の銀単位と、民間あるいは地方のそれとの関係においてである。両社会とも中央政府の指定する財政単位としての銀単位は、民間のそれよりも品位の高いものであった。逆にいうと、どちらにおいても民間の側で低い品位を設定する傾向があった。ことに商行為が盛んであったと見なされる地域ほどその傾向が顕著であった。インドではムガル政府はシッカ・ルピーでの納税を政策とするが、西部の商業地域グジャラートではマムディという低い品位の銀貨が優勢であった(5)。また中国では庫平両《こへいりょう》という高い品位の銀単位に鋳直して納税することになっていたが、民間で使用される単位は種々雑多であり、ことに一七世紀においては低銀と呼ばれる品位の低い銀が流通していた(足立、一九九〇年)。ことに江南では低銀が一時かなり日常的にも浸透していたようである。

政府の指定する品位の高い銀に対して、民間が貶質《へんしつ》した銀単位をむしろ積極的に創出したという構図は、同時代のオスマン帝国や日本の徳川幕府のそれとは対照的である。

オスマン、徳川とともに時代が進むにつれて中央政府が発行する通貨を貶質化させていき、財政赤字補塡の手段とした(Pamuk, 1997)。そのため、日中の間にあって中国に朝貢《ちょうこう》する琉球は、中国側に受領してもらうための特別の銀を渡唐銀《とうぎん》として作らねばならないというようなことにもなった(崎原、一九七五年)。

民間の商慣行で積極的に独自の銀単位をもとうとしていた傾向が、インドにも中国にもみられる。そうした地域的な銀単位(ここでは通用銀と呼ぼう)には、ある共通する特徴がある。それはより普遍的に通用する、あるいは行財政用の銀単位に対して、季節的な相場の波動をもつことである。シッカ・ルピーに対するアルコット・ルピーがそうであった。それら通用銀の特徴は、額面にかなり開きがあるという点は埋めがたいが、貝貨などの零細額面通貨のそれとかなり近似する。実際、一七世紀から一八世紀初期にかけての中国の江南の事例は、低銀遣いと銭遣いにかなりの代替性があったことを示す。同時期を通じて江南は銀を細分化し、かなり小額の取引にも銀遣いで行うようになっていくが(黒田、一九九四年a、三七頁、岸本、一九九七年、三五九頁)、一八世紀に入って銅銭発行が強化されると、やがて日常的取引は銭遣いをもっぱらとする状況へ変化していく。

市場の貨幣需要は、二つの相反する動機に逆方向に引っ張られている。大きな周期で、スポット的な需要変動に対応できるように通貨を設定する動機と、非周期的で安定した需要に適した通貨を保持する動機とである。この対立は、小口取引と大口取引、それぞれに適した零細額面通貨と高額面通貨、という逆方向に通貨の設定を二つに引き裂くのみならず、両方向の間に中間領域を緩衝として設け、結果としてベンガルの貨幣流通は、高位の金貨ムールとシッカ・ルピー、中位のアルコット・ルピーなど通用銀、下位の銅貨・貝貨、というように三層に分かれた。清代中国でいえば、高位の庫平両、中位の通用銀両、下位の銅銭ということになる。

第二章までは、簡便化のため現地通貨と地域間決済通貨という二層構造で説明したが、実際には往々にして、その二層の間に双方の志向を調整する構造がはさまるように生じ、三層(あるいはそれ以上に多層)状態を呈するようになり、それが貨幣制度に複雑な外観をあたえたのだ。

なお、ここではインドと中国の共通面に焦点を当てたが、両者の間には、銀使用において大きな違いがあった。それは、インドでは一枚、二枚と数えられる計数貨幣であったのに対し、中国では重さで量る秤量《しょうりょう》貨幣であったことである。また、インドでは公的機関が商人などのもちこむ銀を公定の品位・重量で手数料をとって鋳造したのだが、中国ではそのようなことは公的には行っていない。このことの意味は次章で考える。

以上の史実から、次のような命題が導出される。命題1は序章(九―一〇頁)で示したものの表現を変えたものである。

【前提】異なる需要の季節変動をもつ通貨C_1、C_2、……C_nが競存している。それぞれの軌跡をD_1、D_2、……D_nとする。C_1、C_2、……C_nの需要の総計値にそっくり対応して供給するある通貨をCで表し、その変動の軌跡をDとする。

【命題1】 ある通貨を保蔵しておこうとする性向は、その通貨の需要の季節変動の軌跡の振幅が大きく、また閑散期の時期が長いほど強くなる。その裏もまた真。

【命題2】 命題1が真であるならば、競存する諸通貨C_1、C_2、……C_nのそれぞれの保蔵額の合計は、統一的に対応して供給する通貨Cの保蔵額よりも下回ることはない。なぜなら、軌跡Dにおける振幅と閑散期の長さは、D_1、D_2、……D_nのそれぞれの総和より大きくなることはないから。(二四五頁、図17)

この命題2は、すなわち、競存貨幣の社会は統一通貨の社会よりも、双方における取引需要規模が同一だとしても、より多くの通貨を必要とする、という常識にかなう結論を導く。つまり、中国とインドが、それほどの物価上昇を伴わずに銀を吸収しつづけたのは、両社会ともに市場が競存貨幣のシステムに依っていたからである、ということになる。歴史的に、販路の開通が交易の拡大をもたらしているのだとして、それぞれの新しい販路が新しい通貨の設定とともにあった場合、交易の拡大と通貨の競存状況は共進することになる。マリア・テレジア銀貨におけるように、この構造が一度形成されると、容易には他の機構に代替されなくなる。この点は終章で再びふれる。

競存貨幣の歴史的現実は、いっぽうで、自由な貨幣創造を理想とするハイエク的世界が、必ずしも取引費用を軽減するものではないことを示唆する。と同時に、通貨が競存することと自体には、重層的な市場にそれなりの安定性を与える面があることも示してくれる。競存貨幣と統一貨幣との理論的比較は終章においてふれられる(6)。

第四章　中国貨幣の世界——画一性と多様性の均衡構造

1　時代を超越する枠組——「土銭」・「郷価」の世界

人々は売り買いをするのに渡す釣り銭がないのに困るので、代わりに商店は塩を包む紙片を、酒屋の場合は塗油した木牌を用いることが多い(『歴代名臣奏議』巻六七、治道)。

これは、一四世紀前半の元朝の時にいわれたことである。五〇〇文以上の額面の紙製通貨交鈔《こうしょう》が多く発行されるのに対し、一文単位の銅銭がほとんど発行されず、日常的取引に際して不便が生じたために、市中の店舗が事実上の通貨をつくり出して対応していたわけである。元のみならず、やはり紙製通貨への依存度が高かった南宋においてもほぼ同様の記述が残されている(高橋、二〇〇〇年、二一二—二一三頁)。

俗に吊票《ちょうひょう》というものは、以前から大きな商店はみな発行していたが、ついには食堂や小さな雑貨商までも出すようになり、市内での発行業者は千を数えるにいたった(『中外経済周刊』八四号、済南之金融機関与通貨)。

これは、一九二〇年代はじめの山東省済南《さいなん》でのことである。通貨不足の状況の中で、市内のみで通用する紙製通貨を、金融機関のみならず、さまざまな商店が発行していた。六、七〇〇年の時間の隔たりにもかかわらず、また状況も異なるが、さまざまな商店がみずから通貨を発行する点で、両者の間に共通するものを感じるのは私だけではないであろう。済南の場合、現金への兌換を請求された時には他の店舗の出した吊票を渡す店舗もあったという。別の事例もあげてみよう。

天下はおおいに乱れ、鈔〔紙製通貨〕法の維持ははなはだ難しくなった。……交易はただ銅銭を用いることとなったが、銭にもかなりの問題があった。官は〔一貫〕一〇〇文の単位を使ったが、民間では八〇文や六〇文、あるいは四〇文とあり、呉と越では異なった。湖州嘉興《かこう》では旧来通り毎貫一〇〇文だが、平江《へいこう》では五四文、杭州《こうしゅう》では二〇文であり……法は統一されず、人々は不便であった(孔斉『静齋至正直記』巻一、楮幣之患)。

元の紙製通貨制度が崩壊し、それまで禁止ないしは抑制されてきた銅銭使用が表面に復帰してくる。そのとき江南地域ではこのように地域ごとに異なる通貨単位をもつ傾向が現れた。このような貨幣の地域化現象も二〇世紀にやはり見出すことができる。県、さらにはその下の単位である鎮の内部でのみ流通した、さまざまな紙製(竹製、布製もある)通貨の存在は、そうした地域的な通貨創造の状況を如実に物語ってくれる(戴、二〇〇一年、王・劉、二〇〇一年)。南京国民政府治下の一九三五年に、それまで不統一であった通貨は、法幣により統合されたかにみられていたが、その後の日本軍の侵攻による混乱の中では、広東地方では実際には人々が銀行券を発行地別に差別化していたことが明らかにされている(姜、二〇〇一年、二七九頁)。担う通貨が銅銭であろうと、銀行券であろうと、県あたりの水準の単位で通貨単位を自律的に設定する傾向が一貫してあったのである。

こうした地域的な自律性は、時代を遡及しても見出すことができる。六世紀初め北魏王朝は、銅銭流通において地域独自の「土銭」が流通し不統一であるのみならず、糸や布がもっぱら流通して銅銭が通用しない地域がある状況に対して、太和五銖銭《たいわごしゅせん》など新しく銅銭を投入して整理しようと試みる。その時、次のように説かれる。

今鋳造する太和銭と新鋳の五銖銭、及び諸古銭の各地において慣用されているものは、大小の差異があっても併用を認め、貴賤の差は「郷価」に依らせるようにしますれば、通貨は海内をめぐり、公私双方において滞ることがなくなると存じます

(『魏書』巻一一〇、食貨志、熙平初)。

「土銭」のような現地通貨が現れ、幣制の統一性が甚だしく損なわれると、王朝側は画一的な通貨を頒布して対処するが、強制的にすべてを代替することはできず、比較的良好な通貨の併用を認めて、それらの間の現地での独自の相場形成、すなわち「郷価」

を容認したまま新通貨の普及をはかる。こうした構図は、中国史上において繰り返し、形を変えつつ現れた。「中国は現地通貨に傾斜しやすい」と、第二章で述べた。実際中国貨幣史とは、さまざまな私的でかつ地域的な現地通貨が現れてくるのを、王朝が統一的形態を上から付与して何とか秩序立てようとしてきた、二つの力の拮抗そのものなのである。ともすれば研究者も王朝の側の政策に主体的な重きをおいた叙述に流れがちになるが、それはひとえに官撰の史書に依拠することによって、統制する側に足場をおいてしまっているからにほかならない。

これまでの中国貨幣史の研究は、ほとんど王朝ごとないしは王朝グループによって分けられた断代史《だんだいし》的な説明に覆われている(1)。本章では、あえて、時代の垣根を撤去して中国貨幣の特質を論じてみたい。むしろそうすることで、断代的な観察ゆえに気づかなかった水脈を見いだしうると信じている。またそうすることにより、これまで意識するとせざるとにかかわらず導入してきた他社会の経験からえられた規準を、相対化することが可能になる。

伝統中国における通貨の歴史の主役は、一文単位の銅銭とそれの高額通貨である紙製通貨、そしてそれら計数貨幣と違って秤量《しょうりょう》貨幣として使われる銀、この三者にほぼつきるといってよい。金や計数貨幣としての銀貨、あるいは細布や鉄銭などが流通することもあったが、この三者ほどの重要性をもつことはなかった。はじめに、あらためて、銅銭に基本的に依存しつづけたことの意味を問う。なぜなら銅銭中心の制度こそが、紙製通貨の発生の根元であり、そして秤量銀の流通も、銅銭の機能と紙製通貨との関連ぬきには理解できないからである。したがって銅銭、紙製通貨、秤量銀の順でみていくことにする。

2　銅銭経済の論理

銅銭の属性は、ここまでもふれてきたとおり、その額面の零細性、運搬費用の高さにある。しかしそれらは多かれ少なかれ小額通貨に共通するものである。そうした小額通貨一般のゆえに帰することができないのが、第二章でもふれた私銷《ししょう》という現象である。すなわち、朝廷が定めた額面よりも素材価値が高いがゆえに民間で溶かされることである。これは繰り返し起こった現象なのだが、素材価値が額面より高いという一見非常識なことが間違いなく起こっていたことを示す事例をみてみよう。

一五七四、七五年、明朝の万暦《ばんれき》帝の治世初めの頃のことである。当時の中国は銅銭の不足に悩んでいたのだが、王朝が発行しようにも経費が高くつき対応しかねていた。銅銭鋳造の責任官庁である工部の尚書《しょうしょ》(長官、当時は郭朝賓《かくちょうひん》)の言によると、銅銭五文を鋳造するのに銀一分の費用がかかるが、銀一分は当時の相場で銅銭七文に相当する、つまり五文鋳造するごとに二文持ち出しせねばならないという。ところがそれに対し、江西地方の巡撫《じゅんぶ》(長官)楊成《ようせい》が真っ向から異議をとなえた。巡撫は同じ例をとりあげて、次のような論理を展開する。銀一分がすでに費やされて銅銭五文がつくられたということは、銅銭五文は(5÷7を切り上げて)銀八厘に値するから、「天地の間」すなわち社会としては一分の元手に八厘の利を加えたことになると説いたのである。つまり五文を得るために七文かけて王朝が二文損したと考えるべきではなく、七文を使って五文得たのは天下にとって都合一二文の財をもつことなのだと(『皇明経世文編』巻三六一、与譚二華大司馬書)。

われわれの常識には、損をしながら鋳造することはできないとする工部長官の言の方が当然なじむ。しかし結果として明朝は、万暦通宝《ばんれきつうほう》という銅銭をこの直後の一五七六年から大量に鋳造・発行しはじめたことは間違いない。楊成は同じ年に工部侍郎(次官)に昇進している。しかもそうして流通した当初の万暦通宝ははなはだ良質な通貨であったと当時の史料に描かれている(胡我琨『銭通』巻二、万暦年王万祚疏)。つまり、採用されたのはわれわれの常識に逆らう楊成の側の方策であった。

だが奇妙なのは、楊成の「七+五」であるとの論駁だけではない。実は工部長官の言もそもそも腑に落ちない。五枚の銅銭を鋳造するのに七文相当の経費がかかるというのであれば、銅銭一枚を軽量化するなり混ぜものを多くするなどしてその鋳造経費を減ずれば良いではないか? 銅銭の供給が通貨需要に見合ったものになっていないというの

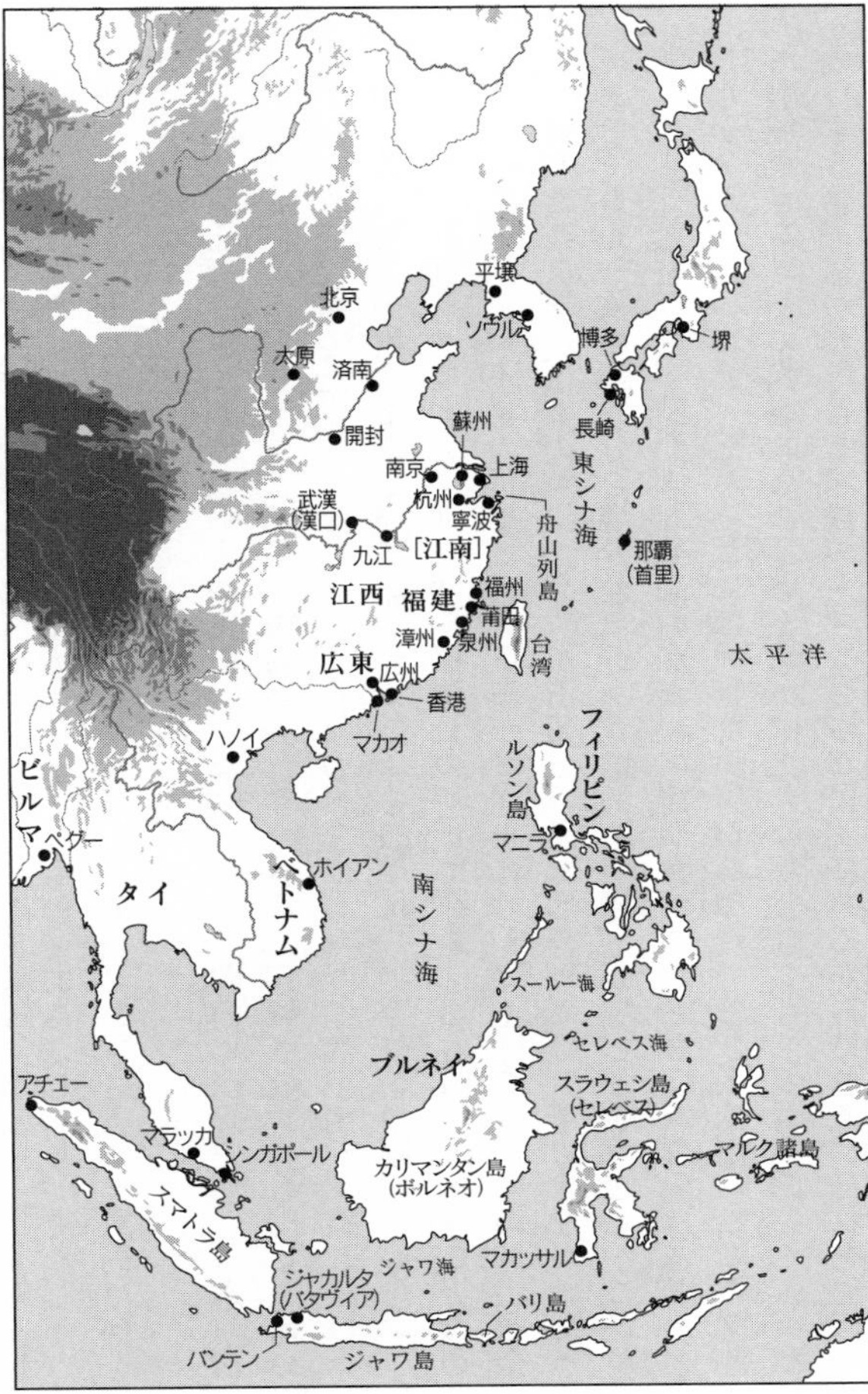

図8　東アジア・東南アジア世界

がそもそもの状況であるならば、需要に合わせるように素材価値を落として銅銭をその分多く供給するということがなされてもよさそうなものである。しかし、そうした方法を志向しなかったという点では、工部長官も楊成と同じだった。こうした志向は何を物語っているのだろう。

端的に言えば、中国銅銭の最大の特質は、なによりも空間的には画一性、時系列的には一貫性を保とうとしたことそのものにあった。もちろん銅銭といっても同じ王朝の中ですらも改変はあった。しかし、二〇〇〇年の長きにわたり歴代王朝が鋳造し続けたにもかかわらず、一枚の重量は一銭(四グラム弱)を標準にしてさほどの偏差をもたず、品位もおおかた銅六割以上で、画一性を保持しつづけている。これは驚くべきことなのである。中国王朝は銅不足の折には素材価値が額面をはるかに上回る条件での鋳造を余儀なくされたが、それはこの重量・品位を王朝といえども容易には変革できなかったからである。もし一枚の銅成分を半分の二グラム以下の銅銭に改鋳して通用させることができるなら、素材価値が額面よりも高いがために溶かされるなどという現象はほとんど生じなかったに違いない。だがそれには大きな障碍があった。たとえ受領する側の慣習性を無視できるほどの強権的な新しい王朝が樹立されたとしても、困難なことであった。先行する諸王朝が発行した銅銭の大きな在庫が民間にあるからである。それを過低評価することになる貶質銅銭鋳造はなかなかできることではない。かりに断行し、新貶質銅銭を一文として通用させえたとしても、民間の側が在庫の旧銅銭にプレミアムをつけて撰銭《えりぜに》を起こすのが関の山であったろう。

ところで、私鋳、すなわち民間で通貨を溶かすということは、けっして中国貨幣の世界以外では起こり得なかったというわけではない。次の一九世紀初期ベンガルの事例は、条件があればほかでもありえたことであることを証明する。当時東インド会社は新しい銅貨を発行しようとしたが、当初はムガル期の基準に沿った品位・重量で鋳造した。ところが、やがて彼らは奥地ではそれらが銅に溶かされていることに気づく。銅そのものの相場が地域によって異なり、ところによって素材価値が額面よりも上回ったからである。この事態をうけて東インド会社は銅貨を半分の品位に落として鋳造しなおし、溶解を防いだ(Mitra, 1991, pp. 92–94)。ここに逆に中国王朝の貨幣政策の特色をみることができる。

このベンガルにおける東インド会社の対応は、中国王朝の貨幣政策とは違って、あくまで銅貨をルピー銀貨の補助通貨としてあつかいきろうとしたことに本質がある。ルピー銀貨の方は高品位を保ったが、銅貨の方は素材価値を一挙に下げてしまった。仮に銅貨の方が民間において額面以下で評価されることになったとしても、東インド会社の発行貨幣の主要部分はルピー銀貨によって占められており、会社にとっては直接には大きな問題を引き起こさなかったであろう。だが、中国王朝は銅銭のみを事実上唯一の硬貨として発行してきた(鉄銭はあるが、時期も地域も限られる)。その唯一の公認通貨が額面割れして評価される事態は避けねばならないので、容易な貶質通貨発行はそうできるものではない。しかし、輸送費用が高くつくため大量の移送が容易ではなく、銅そのものとしての用途と通貨としての用途という双方の需給が地域ごとにかなり異なることになり、需要の高い地域では容易に現地の相場が額面を上回ることになった。なお、この素材価値が額面を上回るというのは、鉄銭にすらしばしば起こった現象であって、銅銭のみの独壇場ではなかった。その場合は、鉄銭でもやはり私銷されている(高橋、二〇〇〇年、二九七―二九九頁)。

ことの本質は、一度散布された零細額面通貨は、回収がきわめて難しい、あるいはそれ自体に費用がかかることにある。そのことを別の面から示すのが「銭パニック」現象である。中国史上、その唯一の硬貨である銅銭が足りなくなる銭荒《せんこう》という現象がしばしば起こった。前に述べたように、二〇〇〇年以上にわたる期間のうち、本格的な鋳造をした時期は限られるのだから、銭不足が起こること自体当然のことのようだが、さらに驚くべきことには、この銭荒は一一世紀や一八世紀といった最も鋳造が盛んだった時期にこそむしろ問題になっている。北宋代の銭荒については、商品経済が未発達で通貨が退蔵されたためという説明もされている(高、二〇〇〇年、三四一頁)。この解釈は間違いではないが、もう少し付け加える必要がある。銭荒それ自体は、すなわち銅銭を追加供給しないと市場での流通が維持できないことを意味している。零細額面の手交貨幣を散布すると必然的に起こることなのである。皮肉にも、大量に散布するほど地域流動性総体における銅銭への依存度は高まるが、そうするとますます還流しにくくなる。だから、銭荒であると同時代者に意識されたのである。

地域内に滞留しやすいからこそ、法制上の唯一の供給者である王朝の設定とは異なる枠組を、各地域が独自に設定するのは避けがたかった。とくに王朝側が十分な追加供給をできないでいる時は、その自律性はより高まる。そもそも王朝の手によって鋳造・発行したものが比較的に画一かつ一貫したものであったとしても、そのことは使用する側において画一的かつ一貫性をもってあつかわれることを意味しない。民間では地域ごとにそれらを独自に読み替えた。こうした銅銭使用の地域的自律化は二つの方向で現れる。一つは銅銭一枚一枚の扱いに現れ、もう一つは高位額面の表しかたに生じる。

第一の傾向は、銭貨そのものの差別化であり、典型的には撰銭として知られている現象である。実例をみてみよう。

この頃、買売をするものはきまりを守ろうという気持ちなどなく、よこしまな計略をあれこれたくらみ、洪武《こうぶ》・永楽《えいらく》等の銭をしばしば抜き取って用いないか、あるいは文数を加えて換算するようなことをしている。そのため穀物価格は騰貴し、そのほかの物価も上がっている(『皇明條法事類纂』「挑揀并偽造銅銭枷号例」)。

一四八〇年、北京の市内に突如として外処からもたらされた「新銭」があふれ始める。それとともに市中の売買するものは当時の王朝である明の洪武・永楽銭を撰銭して用いなくなりはじめたのである。撰銭して用いず、という場合、その受領性が疑われて忌避された結果であることもあるが、この場合は「文数を加えて換算する」とあるから逆に過高評価された結果とみるべきであろう(2)。北京では一六世紀前半、好銭一枚が悪銭二枚相当で並行流通するようになり、その慣行は南部でも見られるようになった(董穀『碧里雑存』板児)。

この差別化は、「民間では輪が削られた銭が多く、丸いものは少ないが、お上が受け取る場合は丸い大きいものでなければならず、(前者)二枚を(後者)一枚に代えている」(『南斉書』巻二六、王敬則伝)と五世紀について記されたように、往々にして銭貨流通に二重構造をもたらす(川勝、一九八二年、三五八―三七〇頁)。そもそも、前漢初期において、民間で重さ三銖の銭が流通している状況に際して、わざわざ良貨である五銖銭を大量鋳造したように(加藤繁、一九五二年、第七・八章、山田、二〇〇〇年、第三章)、中国王朝治下の銅銭の歴史は、最初から最後まで、二重化しようとする不断の傾向と画一化をもたらそうとする政策とのせめぎ合いの過程なのである。撰銭については、基準銭と通用銭という視点から東アジア規模での問題として、次章でまたふれることになる。

銅銭を使ってのもう一つの自律的対応は、短陌《たんぱく》(一〇〇枚以下の一定数の銅銭を一〇

○文と見なす)慣行である。撰銭が一枚一枚のあつかいについての個別の差別化であるのに対し、こちらはくくり方あるいはまとめ方を通しての集合単位の差別化である。前節に挙げた一四世紀後半の江南の様はまさしく、地域ごとに一種の短陌慣行が行われていたことを示す。統一した「大幣」(高額通貨)を確立できない時、地域あるいは業種といった通貨を共有する集合ごとに、個別の高額の計算単位を設定するのは、自然のなりゆきであった。(3)次は短陌慣行についての最も有名な史料の一つである。

官は七七陌を使っていたが、市中では七五陌が主に使われていた。しかし魚・肉・野菜の取引には七二陌が、金・銀には七四陌が、そして真珠や婢や虫といったものには六八陌が使われていた(孟元老『東京夢華録』都市銭陌)。

一二世紀半ばに南宋の人孟元老《もうげんろう》が、北宋の都開封を回顧した一節である。七五枚を束ねて一〇〇文とする七五陌が開封城内では一般的ではあったのだが、取引する業種ごとにさまざまな短陌が併存していたことがわかる。これは同じ地域内での業種ごとの差別化だが、同じ家主の家賃が別々の短陌で収められている事例もあった(宮澤、一九九八年、二九七頁)。この資料だけを見ると、不可思議な世界にみえるだろうが、第三章のダッカのように同じ都市に数十種類の銀貨が通用する事例を知っていれば、同様の現象であると容易に看取できよう。

短陌慣行は八世紀初頭には民間慣行として始まっていたとされ、唐はたびたび禁止して足陌《そくばく》(一〇〇枚＝一〇〇文)を強制しようとしたができず、宋は七七枚＝一〇〇文の公定短陌を設定し、民間のそれを放任した(宮澤、一九九八年、三〇二―三〇七頁)。

短陌慣行そのものは、二〇世紀初頭まで生きつづける。清政府は九八〇枚＝一貫(一〇〇〇文)を公式に用いたが、民間では地域ごとにさまざまな短陌が使われた。九五〇枚、四九〇枚、一八〇枚など(King, 1965, pp. 58–68)。

繰り返すが、銅銭の額面の零細さは日常取引には便利だが、そのまま使うと高額取引にはあまりに重くあつかいにくい。そこで地域ごと・業種ごとに高額単位を設ける慣行が自発的に生じた。そして王朝もその慣行を放任するようになる。結局、中国王朝は人民の日常取引に行き渡るような零細額面の通貨を、必ず受領されるような良貨として供給するという、漢武帝の時には始まっていた基本線を継承しつづけた。と同時に、民間でのさまざまな自律的な読み替えは基本的には放任した。漢代には金流通を並行させる方向を保持していたが、事実上放棄され、零細額面通貨でありながら銅銭は、貴金属の通貨と固定比で結びつけられた補助通貨としてあつかわれることはないまま、二〇世紀にいたり終焉を迎えることになる。ただし、その零細さ、高い輸送費用は、紙製通貨という特殊な形態を盛行させることになる。

3　二つの紙製通貨――鈔と票

伝統中国の貨幣史は、銀行制度とは無関係に大量の紙製通貨を流通させたきわめて特異な特徴を有している。ことに北宋から金・南宋を経て元そして明初にいたる一一世紀から一四世紀までの四〇〇年間は、大量の紙製通貨が王朝により発行され、民間の土地売買契約にまで用いられるほど、実際の経済的営為にまで浸透した。時期の早さ、発行の規模において世界史にまさに特記されるべき事象である。政府発行の紙製通貨は、会《かい》子《し》・交子《こうし》・交鈔《こうしょう》など様々な名称があるが、ここでは鈔と総称しておく。

為替ということであれば、中世ヨーロッパやムガル期インドにおいても発達していたが、不特定の受領者を想定したものではない。そもそも紙を作りそれに印刷するということ自体が中国に起源するわけであるから、そうした技術的な点も作用しているとみるべきかもしれないが、やはり宋代以降の中央集権的な行財政機構との関連をかんがえるべきであろう。この点においてのみ、第二章で紹介した中国貨幣の欽定性を主張する見解にも理がある。ただ、発生の時代は遅れるものの、鈔とは別の系統の紙製通貨も民間に登場し重要な機能を果たす。これも、銭票《せんぴょう》・銀票《ぎんひょう》・市票《しひょう》などさまざまな呼称があるが、銭票で代表させることにする。こちらは行財政とは無関係に自律的に生じ維持されたものであり、地域ごとに雑然と成立し、およそ租税の納入などには使えない。つまり紙製通貨が通用するという根拠を、単に国庫通用性などの行財政からの他律的支持にのみ見いだすことは一面的なのである。

では、なにゆえに紙製通貨が通用したのか。中国における紙製通貨(鈔あるいは票)の受領性は、二つの相反する動機によって支えられている。一つは可搬性である。銅銭にみられる零細額面貨幣が基本的に売買を支えているかぎり、高額ことに遠距離間の支払いに紙製通貨は多大な便益を供する。ところがこれとは逆に、二〇世紀においてもなお盛んに用いられた銭票が明示するように、流通空間が県内などに限定されているからこそ受領されるという事例群がある。この地域を越える可搬性と限定される地域性との相反する二つの動機が引き合う歴史が九世紀より始まる。

唐以前にはほとんどみられなかった鈔が宋代より表舞台に出始めた契機は、やはり銅銭の大量鋳造にあるとしか考えられない。一一世紀後半を中心に、宋朝は年五〇〇万貫にものぼる巨額の銅銭鋳造をおこなった。銅銭の輸送費用が高くつくことは当時においても認識されており、各級の行政府に蓄積された銅銭在庫をもとに、銅銭を移動させるのではなく、支払指図書を送って残高間の決済をするのは当然の成り行きとして生じた。実際北宋は見銭公據《げんせんこうきょ》という五貫・十貫額面の送金用の証書を発行している(日野、一九三七年)。

だが紙製通貨への依存度が高かったのは、その北宋を襲った金と南宋である。それら政府発行通貨の額面維持の鍵はその回収にあった。南宋の会子は三年一界という三年ごとに有効期限を設け回収する制度を設けて、本格的な発行に入っている(高橋、二〇〇〇年、二〇二頁)。後には両界といって有効期限を六年に延ばしたり、さらには有効期限そのものを撤廃して、事実上の不換紙幣化するものの、南宋はその回収には大きな力点をおきつづけた。南宋一代を通じて、費用のかさむ銅銭鋳造は縮小され、年一〇万貫ほどの水準であったが、南宋は時に二〇万貫の銅銭を投入して会子の回収につとめている(高橋、二〇〇〇年、二一七頁)。南宋・元の史実は、高額面の紙製通貨を限定的な枚数で発行し、その相当部分を財政業務を通じて回収し、また新しい鈔を発布するという過程を維持している期間は、兌換可能性にかかわらず、紙製通貨の受領性を保持しえたことを明示している。

ただし、これには構造的ともいえる問題があった。政府が紙製通貨へ依存を強めていくと、本来兌換できるはずの銅銭との関係が難しくなってくる。鈔と銭とが併用されると、民間がある程度銭取得を志向するのを妨げることはできない。したがって鈔の兌換性を示す手段としての銭鋳造を破棄はしないものの、鈔依存を深めるほどに、政府は銭鋳造に消極的にならざるをえなくなる。南宋は費用が銅銭よりも安い鉄銭すらも北宋と比べて大幅に鋳造を減らしている(高橋、二〇〇〇年、二九五―二九六頁)。元にいたっては、鈔流通を阻害するとの論理で銭流通を禁止するまでにいたる。

もともと鈔は銅銭の非可搬性を補完する意義をもって登場したのであるが、政府の鈔依存と銅銭鋳造忌避が進むと、ついには両者の関係が逆転することにもなる。一三世紀前半、南宋の山間部の寧国府《ねいこくふ》では、銅銭はいったん流出すると戻ってこないため、楮券《ちょけん》(鈔)のみ流通するようになった、と記述されている(高橋、二〇〇〇年、二二六頁)。

このようにして、日常的取引需要に応じる額面の貨幣供給を政府が行わなくなると、地域市場はさまざまな代用通貨をみずからつくりだしはじめる。本章冒頭に挙げた事例は一四世紀のことであるが、すでに一三世紀前半の南宋において、「近頃州や県では、一時の便宜として、紙の書き付けや、竹木の牌をもって、五〇文や一〇〇文としている。〔よそに〕流通することはできないが、それぞれの地域では流通の便となっている」(呂午『左史諫草』戊戌)という事態にすでになっている。つまり、紙製通貨を政府が維持するためには高額面のものを限定的な枚数で発行し、回収につとめるということが条件となるのだが、その方針を貫くと、地域的な相対的に小額面の通貨を私的に創造するという反応を引き起こしてしまうのであった。

この地域通貨創造は、発行者が官か民かという問題を越えたものであった。小会子や小鈔と呼ばれる、一貫あるいは五〇〇文より小額面の鈔も、王朝側は設定した。民間でのそれらへの需要は高かったのだが、王朝の側は十分な量を供給できなかったり、公的支払いでの納入に消極的だったりした。第二章でふれたように、一三世紀では農村市場レベルでは日常取引は升単位の米で行われていたようである。そうした一〇文・二〇文相当の米による取引と、一貫文以上の高額な取引との間を埋める通貨を、地域市場はたしかに希求していたのである。

中国貨幣史を特徴づける、政府発行の鈔とならぶもう一つの紙製通貨、すなわち銭票が史料の上で登場するのは一八世紀の乾隆《けんりゅう》年間を待たねばならない。だが、銭票という形態をとらなくとも、地域的な中位の額面通貨の創造は歴史的に相当さかのぼれることは、もはや説明がいらないであろう。一三世紀に州県内で通用した「紙の書き付け」の現物は今日に伝わってはいないが、それらが、一八世紀以降に銭票の名で現れるものと、ほとんど同様のものであったことは、想像に難くない。(4) 銭票の具体事例は第六章でとりあげる。

史料に頻出する表現を使うならば、「上下相通」ずる通貨をもつことは、政府にとってその行財政を安定的に遂行する上で至便の用具である。だがどのような通貨制度を設定すると「上下相通」ずるのであろうか。鈔をめぐる史実をみると、限定された発行と、「収支相等」しくその回収をはかることが条件となるが、それでは地域市場の貨幣需要には合致しない。大量の銅銭鋳造はその需要によく応えるが、容易に還流せずしかも鋳造経費がかさむ。こうした矛盾をかかえたまま中国は明朝の時代となり、やがて一六世紀の未曽有の銀流入の時代を迎えることになる。

4　上下「不」通の構造――秤量銀制度創出の動機

中国王朝は銀貨を、その最後の王朝の滅亡直前まで鋳造するということをしなかった。(5) 唐代におそらく儀礼用に銀銭を出すなど(池田、一九七二年)その事例はないではないが、全体としては、ほとんど無視してよい。一六世紀以降、世界最大規模で銀を吸収しつづけたのだが、そうした提言もほとんどみられなかった。銀は計数貨幣としてではなく、秤量貨幣として需要されつづけた。

計数性を排除した秤量貨幣で、かつ政府が一切銀貨発行に関与しなかったという、こうした中国の銀遣いのありかたは世界史的にみてきわめて特殊である。そのことは、前章でみたインドの銀流通のあり方と比べても明らかであろう。ただ日本の江戸期の上方も銀遣いであったとされ、やはり匁《もんめ》で計って使う秤量貨幣であったごとくである。しかし似ているようでいながら、日本の場合も事情を異にする。そもそも一六世紀後半では銀一枚、二枚、と史料にあらわれるごとく、四三匁＝一枚の計数貨幣として実際には使われていた(盛本、二〇〇〇年)。後に江戸期にかけて、たしかに秤量で使われるようになるが、それでも大黒屋という官許の鋳造商人によって発行されたもののみを原則としては使用していた点で大いに異なる(田谷、一九六三年)。江戸初期には各種の領国銀が併存していたが、やがて流通する銀塊の規格は統一されていく(榎本、一九七七年)。しかも趨勢としては、銀遣いはただの計算単位化していき、銀そのものが流通することは次第に消えていく(岩橋、一九九九年b)。

中国での銀の秤量は両を単位としてなされたが、その両はきわめて多彩であった。清朝は、自らの財政出納用には庫平両《こへいりょう》という品位の高い計算単位を設定し、そのほか関税用の関平両《かんへいりょう》なども設けたが、民間での銀両設定はまったく放任した。両というのは本来重量の単位であるのだが、各地で用いられた計算単位としての銀両は、単なる重さ以外の要素を加味して設定される。原則として平《へい》(重量)・色《しょく》(品位)・兌《だ》(除数)の三つの要素からなるもので、単なる重さを表示する実銀両《じつぎんりょう》に対して虚銀両《きょぎんりょう》とされたものである。同じ銀両といいながら、地域ごとにさまざまな虚銀両があらわれる。

同時期の日本とは対照的に、中国では銀塊そのものが多様であった。遅くとも一七四五年には「江南《こうなん》には元糸銀、湖広《ここう》には塩撒銀、陝甘《せんかん》には元鏪銀、雲貴《うんき》には石鏪銀と茶花銀」(『皇朝文献通考』巻一六、乾隆十年)などがありさまざまな銀が流通していることが問題とされているが、それ以前にも各地で純分の低い「低銀」の流通が指摘されている。一八八五年に上海で発行された銀錠《ぎんじょう》鑑定指南書『銀水総論』という書にも、上海に存在する銀塊として長沙鏡《ちょうさきょう》・玉由魚腸糸《ぎょくゆぎょちょうし》など多様な呼称の四六種が挙げられているとされる(増井、一九八六年、一一三―一一八頁)。

ただし銀両というのはこれらの銀塊の種類のことではない。それら銀塊を右の平・色・兌で計った計算単位として銀両は機能しているのである。たとえば一九世紀後半以降の上海で支配的に使われた銀両単位は九八規元というものであったが、その九八規元に対応する銀塊が流通していたわけではない(ちなみに九八というのは、たとえば九八両を〇・九八という兌で除して一〇〇両とするからである)。こうした計算単位としての銀両は地域により異なり、また同じ地域の中でもいくつもの銀両が併存した。二〇世紀初期漢口《かんこう》には四〇種あまりの銀両が存在したという(宮下、一九五二年、二七〇頁)。

各地に独自に存する銀両はどれも自発的に設けられたもので、何かの公的な機関によって作られたり保護されたりしたものではない。しかし遅くとも二〇世紀に入る頃には、各地にはそれぞれの標準銀両というものが事実上あったようである。たとえば右の上海九八規元、漢口の洋例銀、のように。ただしそれでも地域ごとの銀両の統一が行われたというわけではない。鎮江《ちんこう》では鎮平《ちんへい》二七宝、南京では陵平《りょうへい》二七宝というものが標準銀両とされていたが、前者においては綢緞《ちゅうたん》業などが使用する鎮平二四宝、後者においては阿片取引にのみ用いられる陵平二四宝という銀両が併存していた(宮下、一九五二年、二四七―二四八頁)。前章のベンガルにおけるごとく、同じ地域内で銀単位の取引業種別の差別化が行われていたのである。

実際に使用されている現場の目線から見ると、自律的な取引秩序が繁茂している様ととることができるが、統治する側あるいは外部の観察者からは雑然とした混沌状況と映るであろう。だがこれはいかなる動機が働いた結果もたらされたものなのであろうか。

銀そのものが相当の量で実際に流通し始めた一六世紀後半の事情をみてみよう。

一五七〇年、山西巡撫の靳学顔《きんがくがん》は、その上奏文の中で、正徳(一五〇六―二一年)・嘉靖(一五二二―六六年)以前には銅銭は盛んに流通していたのに、今は銅銭は廃れ、銀ばかりが流通しているとしたうえで、次のように論じている。

銅銭は紙幣と異なり、庶民には便利なものです。不便なのはよこしまな者たちや有力な者たちにとってです。盗人にとって不便ですし、官吏が不正をするにも不便です。商人が持ち運ぶのにも不便ですし、資産のある家が保蔵するのにも不便です。しかし、それらの不便は庶民には関わりのないことです(『明実録』隆慶四年二月丙寅)。

このように銅銭を鋳造する利を述べて、銀使用への傾斜を危惧する論調は、その前年の兵部左侍郎譚綸《たんりん》の上奏にもみられ(『明実録』隆慶三年七月辛卯)、前述の楊成の良銭鋳造論も、その流れの一部をなしている。次章でふれるように、こうして万暦通宝の鋳造がはじまり、一六世紀末の中国、ことにその東南沿海部は、膨大な銀流入と久方ぶりの官銭の本格鋳造が併存することとなる。しかし、一七世紀にはいると趨勢ははっきり銀使用の拡大を基調とするようになり、江南などでは銀遣いが日常的取引にまで浸透してくる。

こうして銀が普及してきた一七世紀の中葉、知識人たちの著作に「金銀を廃せ」との論調が現れる。黄宗羲《こうそうぎ》は『明夷待訪録《めいいたいほうろく》』(財計)の中で、このことを説き、銅銭への回帰を主張する。彼のような大儒ばかりでなく、明末の俗文学の盛行を支えた馮夢龍《ふうぼうりょう》のような文人も銅銭への回帰を唱える「銭法議」という提言を残しており(『甲申紀事』一二巻)、かなり広がりのあった議論と思われる。黄宗羲はその「廃金銀」を唱えた中で、その七つの利点を挙げているが、その一つに銀は軽便ゆえに逃げ去りやすいのに比して、銅銭はその重さゆえにとどまりやすいことを挙げている。馮夢龍にいたってはその重さを逆手にとって、賄賂をため込みたい官僚にとっての不便にすぎないとの論をたてている。まさしく、それらの論理は、前述の譚綸や靳学顔が展開した議論の繰り返しであり、一六世紀後半に現れていた論調が脈々と続いていることがわかる。

「金、銀、銭は財を測る手段であって、それ自体は財たりえない。現在の問題は日々金や銭を求めて、五穀の生産に精を出さないことにある」(徐光啓『農政全書』凡例、陳子龍記)といった貨幣一般と穀物生産を対立させる農本主義的な論調はそれこそ時代を超えて現れるのだが、その貨幣のうちで、銀と銭との間を対立させて比較する論調がしきりとあらわれたところに、一六世紀から一八世紀という時代の特色がある。

こうした金銀廃止を主張する議論は、後世の研究者からはアナクロニズムととられやすい(張、二〇〇一年、六二六―六二九頁)。だが、本書でこれまで明らかにしてきたように、銀遣いの普及とそれによる銅銭の代替は、たしかに彼らが批判したように、地域経済にとってはより外部へ流出しやすい通貨へ依存することを意味したことは間違いない。(6)

本書の論理でいえば、銀への依存は地域間兌換性に傾斜しすぎ、地域流動性を不安定にすることになる。廃銀論の論者は、そうした手交貨幣における実際の問題を彼らなりに実感していたとみるべきである。

ただ、銅銭単独では高額取引や地域間移動に難があることは明白なので、廃銀を論ずることは、鈔の機能回復を主張することにつながる。黄宗羲の論はまさしくそうであった。銅銭を母、鈔を子として固定比価で連結させて並行流通させるという、古来の「子母相権」論である。(7)「銭を流通させることは、全く上〔政府〕と下〔民間〕が受領しあい、収〔集〕と散〔布〕が等しいかどうかにかかっている」とは馮夢龍の言であり、廃銀論はつまり「上下相通」・「子母相権」の機構へ戻れといっているわけである。しかし前節で論じたとおり、鈔の流通維持は高額面で限定された総額をもって回収してのみ可能であったし、またいっぽうの銅銭は地域的に滞留しやすくおよそ還流が難しい。史実が示すように、流通の原理が違う鈔と銭の二つを固定比価で連ねて管理するのはたやすいことではなかった。

秤量銀に基づく財政機構は、この「子母相権」・「上下相通」からは一歩も二歩も距離を置いたものであった。もちろん、たとえば財政の単位とする庫平一両に銅銭一〇〇〇文を対応させ、両者の間に「子母相権」を論じることはできないではなかった。だが、清王朝倒壊直前まで、銀貨そのものを結局発行することはなかった。

より労働徴発に依存した租庸調制度から貨幣納入中心の両税法《りょうぜいほう》へという、唐から宋への変化の本質は、機能的には、行政執行に必要な財政資源をフローで管理していくやり方から、ストックで運用していくやり方への転換なのであったとみることができる。その歴史を前景にした上で銀依存財政への転換というものをみてみると、銀使用そのものが画期的意味をもつのではなく、政府のストックを民間のストックとは異なる形態で形成し、そのことにより安定を得ることにこそ画期的かつ不可逆的な意味があったとみなすことができる。(8) 上(政府)下(民間)を分かつことにこそ利点があったわけであるから、銀そのものを銅銭のように硬貨として鋳造して、「上下相通」ずるようにさせるのは、そもそもの動機を否定することになる。銀貨を鋳造するなどという選択肢は、明清王朝にはもとよりあり得なかった。

地域ごとに異なり、また業種ごとにも差別化するという虚銀両制のあり方は、まさしく第2節に述べた銅銭における短陌慣行と同じ構図である。伝統中国にとって銀の導入とは、民間にとっては銅銭経済の欠陥である地域間決済の容易化、政府にとっては自らの流動性資産を安定的に確保するということを意味した。同時にそれは、銅銭経済におけると同じように、市場側が地域ごと業種ごとに自律的に通貨を管理していく構造を温存したことを意味した。いずれにしろ、積極的に統一的銀貨を導入するという動機はそもそもなかったのであった。

5　自律的個別性と他律的画一性

本章では、銅銭(亜種としての鉄銭も含む)、紙製通貨、秤量銀という形式的な分類に従って、その特徴を説明してきた。そうした叙述の順をとったのは、ただ説明に便がよいがためにすぎない。ただ、この順は歴史的に生起した順でもある。中国貨幣史を通観すると、卑金属通貨たる銅銭の古代以来の一貫した存在、そして宋から元へいたる、いわば中国王朝史中期における官製の紙製通貨の盛行、それが崩れたあと二〇世紀にまでいたる秤量銀の流通という変化が、印象に残らざるをえない。ことに官製紙製通貨から銀へという変化は、人をして線形的な進化図式を当てはめてみようとおのずと誘ってしまう。すなわち指令経済から市場経済へという図式である。だが史書は、まず銅銭自身の歴史が、初期からすでに、王朝の指令から独立した様相をもって機能していたことを示している。(9) 前漢の初めより、市中に繰り返し登場する軽い銭は、官製の通貨からは自律した通貨供給の機能が存在していたことを示唆する。また紙製通貨でも、小額面の小会子・小鈔の事例はやはり発行者たる王朝の制御からはずれて、地域ごとに独自に需給調整がおこなわれていたことがうかがわれる。

貨幣の自律的創造・維持は、地域間の相場格差、溶解と私鋳、といった現象をもたらす。軽い重いなどといった各通貨の属性は、それぞれがどういう機能を果たすかにおいて重要ではあるが、決定的因子ではない。銅銭が地域間を移動し、鉄銭や小会子が地域内で滞留した南宋の事例のように(高橋、二〇〇〇年、一九七頁)、ある通貨が通時的に同じ役割を担うわけではなく、むしろ他の流動性を体現しうるものとの組み合わせによってきまるのである。

基本的な力学は、空間的画一性と時系列的一貫性を創造し維持しようとする王朝側の動機と、地域的多様性と状況に依存した可変性を志向する社会の側の動機との引き合いとして見て取れる。(10) 伝統中国の特質は、端的にいえば、自律的な個別性と他律的な統一性、この一見矛盾する二つのベクトルの妙なる統合にある。そして伝統中国における貨幣はまさしくその体現者でありつづけた。時代によりどちらかいっぽうが優位にたつことはあるが、必ずゆり戻しがあり、いっぽうがいっぽうを消し去ることはない。この二つの力の間の均衡点がないわけではないのだが、この振動そのものがいわば構造化されていて、振り子が止まらずに二〇〇〇年の長きを経たといってよい。

着目すべきことは、中国史上に現れた三度の銅銭の大量鋳造は、いずれも通貨が地方的に分立していた時期の後に続いていたことである。一度目は戦国期の後を襲った武帝期(前一四一―前八七年)を中心とする前漢期であり、二度目の一一世紀後半北宋期の王安石《おうあんせき》改革前後の大量鋳造は唐末五代の政治的分立を再統一した後である。三度目の一八世紀後半の乾隆通宝《けんりゅうつうほう》鋳造は、政治的な分裂にはいたらなかったが、銀の流通と銭貨の撰銭が同時進行し、通貨使用の慣行の地域差が際だった一六・一七世紀の後を承けている。第一期前漢武帝期は年五〇万貫、第二期北宋神宗《しんそう》期は年五〇〇万貫、第三期清朝乾隆期は年三〇〇万貫という大きな規模で、いずれも約五〇年間鋳造を続けている。間に唐の開元通宝、明の万暦通宝などの小波はあるものの、概ね三つの大波の間の時期はかつての大量鋳造による通貨在庫に頼って乗り切ったがごとくなのである。

ただし、このように通時的に理解することは、中国貨幣史における不可逆性の否定を導くわけではない。第4節で述べたごとく、行財政の変化と密接に関係し合った過程として通貨も変化しており、秤量銀が根付いた後にふたたび鈔の時代へ戻るのは不可能なことであった。右の中国史上三度の銅銭大量鋳造も、第一・二期が銅銭そのものの画一性の回復と普及という意味をもったのに対し、第三期の乾隆通宝の大鋳造は、銀流通により地域間兌換性に傾斜しすぎ不安定になった地域社会に、地域流動性を上から供給したという意味を持っている。この点についてはかつて詳しく論じたのでここではこれ以上ふれない(黒田、一九九四年a、第三章)。一七世紀の前述の黄宗羲らの銀廃止の主張は、鈔回帰論においてはやはり時代錯誤であったといえるが、銅銭重視という点においては問題の本質をついていたといえるのである。

なお、本書では銅銭と言えば一文額面のものを指している。中国史上、各種の高額面銅銭は鋳造されたが、二文相当の折二銭《せつにせん》はともかくとして、それ以上の額面のものが、政府の指定通りの額面で、民間において安定的に受領されたことはほとんどないと考えている。高額面銅貨は、二〇世紀初頭の当一〇銅元をもってはじめて額面通り普及する。かつて論じたように、その背景には世界経済による中国小農生産物の吸引という未曽有の事態があったのだが、もはや穴をもたない機械生産の鋳貨に様変わりしていた(黒田、一九九四年a、第七章)。

さて通時的な把握はここまでとし、次には中国貨幣の流通の空間的広がりをみてみよう。中国貨幣の根本をなす銅銭の流通は、本来の中華帝国の行政域を越えていた。当然、その周辺における流通は、本家におけるそれとは様相を異にした。と同時に、上部を覆う権力構造の違いにもかかわらず、その自律的な構造において共有するものを備えてもいた。その共通性に転換点が訪れるのも、やはり一六・一七世紀である。(11)

第五章　海を越えた銅銭
――環シナ海銭貨共同体とその解体

1　ジャワの万暦通宝

カイシィあるいはピシスと名づけられた小銭がバンテンと海峡全体で流通している。それらは中国の福建で鉛に銅を混ぜた低質の金属から作られた。それらは一五九〇年から、純粋な銅でつくられた中国のチエンに取って代わった。まれにしか手に入らなくなったチエンは一五カイシィに値する。カイシィは強く落とすと割れる。一晩塩水につけておくと、錆でくっついてしまう。真ん中には四角い穴があり、二〇〇枚でひもを通す。スペインの一リアル銀貨(二・二五グルデン)は一万二〇〇〇から一万三〇〇〇カイシィに値する(抄訳)。

これは、オランダ人としてはじめてインドネシア方面を航海したハウトマンらの艦隊の日誌から抜き出したものであり、日付はジャワ西部バンテンに到着してまもない一五九六年六月一三日である(Mollema, 1935, blz211. 以下、本章で言及する地名については、前章の図8参照)。チエンは「銭」の発音にほかならず、カイシィ caixa は後の cash の語源

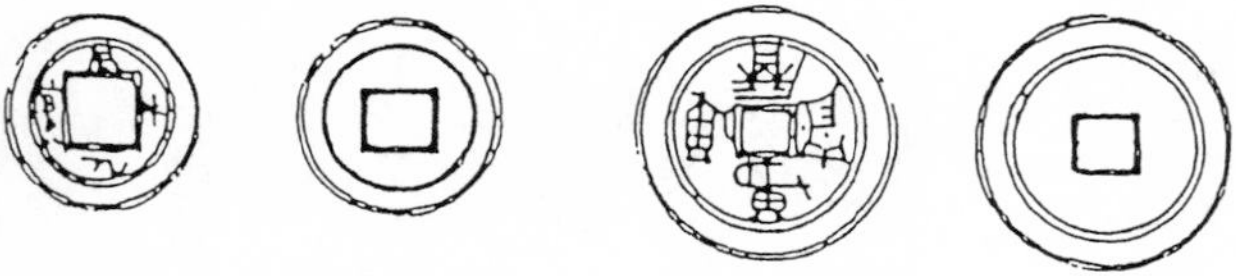

出典）Commelin, 1646, blz. 111

図9　カイシィ(左)とチエン(右)のスケッチ

となったものである。[1] ハウトマンらが見聞した穴あきのチエンなりカイシィなりが、中国の銭貨と同形のものであることは、想像に難くない。他の西欧の同時代人の観察記事からも、カイシィあるいはピシスと呼ばれた銭貨が一六世紀の東南アジアで流通していたことは、確認できる。ただ銭面の文字についての情報は乏しい。幸いこのジャワで、チエンとカイシィと呼ばれたものを図9のようにスケッチして伝えてくれた旅行者がいた。その素描では、前者にはさかさまに対読で万暦通宝《ばんれきつうほう》と四文字の漢字が描かれており、また後者は字体が崩れているものの環読で咸平元宝《かんぺいげんぽう》と鋳込まれているとみなされていたのである(Blusse, 1988, pp. 36–37)。

　チエンについて、オランダ人は一五九六年の到来時に、すでに二〇年前から福建の泉州《せんしゅう》から流入していると、現地商人から言われている。彼らの接したチエンが本当の万暦通宝すなわち官銭《かんせん》であった保証はないが、一五七六(万暦四)年に万暦通宝の鋳造が始まった史実と、この言説は符合する。一五世紀以降では初めて本格的に大量鋳造され、実際に各地に普及したと思われるのが万暦通宝であったが、福建を通じてジャワにまで及んでいたことになる。

さてより興味深いのが、入手が難しくなった万暦通宝の後を襲ったとする鉛銭のカイシィが、宋代の咸平(九九八—一〇〇三年)年号を鋳込んだ咸平元宝を模したものであったということである。このことはきわめて重要である。第一に、鉛銭のような悪貨でさえも、無文ではなく、官銭と同様の文字を鋳込むことがあったということ。第二に、一六世紀も末のこの時期に、堂々と六〇〇年も前の宋銭を模した明白な私鋳銭が行われ、ジャワの人々はそれらを福建で作られて将来された渡来銭として受領していたということである。

第一の点は、日本においても、鉛成分が多いことを示す白色化した銭貨が発掘され、しかもその中に宋銭を模したものが含まれていることを考え併わせると、疑似宋銭としての鉛銭の流通が相当広い範囲に広まっていた可能性があることを、示唆する(桜木、一九九八年)。この鉛銭の粗悪さに関する描写は、中国本土での「大半鉛砂《えんさ》を雑《ま》ぜ」、「握ったりすてたりするだけで破砕する」(『明史』食貨志、銭鈔)という表現と共通するものであり、同様のものが、中国を含めて東南アジアから日本にかけて流通していたとも思われる。宋銭は一七世紀に至っても中国の各地ではなお流通していたが、宋銭といっても同時代に私鋳された「宋銭」をも使用していたことが、後述のように史料的に明らかにされている。第二の点は、そうした同時代の一六・一七世紀に模鋳された「宋銭」が海外にも将来されていたことを明らかにしている。本章で論じるように、同じく一六世紀後半になお宋銭を使用していた日本の状況について考える際にも、無視できない事実なのである。

ここでは、カイシィあるいはピシス、はたまたドン dong などと呼称されたところの、外形が丸くかつ四角い穴をあけられた小額貨幣を、総称して「銭」と称しておくことにする。成分からみれば、鉛銭もあれば、銅銭もある。発行者で分けると、官銭すなわち制銭もあれば私鋳銭もある、ということになる。

すでにふれたように、北宋治下の一一世紀後半に年五〇〇万貫もの大量鋳造が行われて以降、それに比肩しうるような継続的な銅銭の大量鋳造が行われた時期は、一八世紀の清朝中期にいたるまで到来しなかった。しかしその間に中国銅銭の流通は、確実に中華帝国の周辺社会に浸透していった。銭貨の流通のありかたには社会ごとにかなりの相違があったが、それらの間に何らの規則性もなかったというわけではない。むしろ、西日本から中国沿岸部を経て東南アジアへいたるシナ海を囲む地域の間には、ある種の共通する構造をみてとることができたのである。それは、地域ごとに銭貨を差別化して使用する慣行を有していたということである。ことにそれは、日常的売買用の銭貨と資産保蔵用のそれとの二重構造として現れた。

実は、ここに紹介したチエンとカイシィの関係もそれに該当するのである。一七世紀はじめのジャワ西部では、銅銭と鉛銭が並行して流通していたが、銅銭が鉛銭と違うのは、前者が装飾や祭礼用に用いられもすることであったと、当時のオランダ東インド会社関係資料は記述している。さらに、銅銭は銀貨とともに、所有者によって財貨として埋められ、時に掘り出されて住居の前で陽の下にさらされたというが、鉛銭はそのような扱いをうけなかった、というのである(Blusse, 1988, pp. 39, 44)。なお、貨幣を埋めるという行為は、同じ頃のインドの商人の伝記にも記されているようであり、普遍的な現象といってよさそうである(Williams, 1997, p. 130, 邦訳一九五頁)。

本書ではチエンのように資産として保蔵された銭貨を基準銭、カイシィのように日常的売買にもっぱら手交されたとみなされる銭貨を通用銭と呼ぶ。そうした差別化慣行をともないながら銭貨を独自の仕方で使用する地域が海を挟んで並立していたのが、ここでいうところの環シナ海銭貨共同体である。

第二章でふれたように、こうした銭貨の中国周辺での流通は一三世紀にはその度を深めていたといってよい。本章で扱う一六・一七世紀は、世界的規模で銀の流通が顕著となる時期であり、過去の研究もそのことに着目してきた。だが、銀の流通はいっぽうで銭貨の流通も促したのである。ジャワの中国銭流通はその現れである。だが一三世紀のそれとは異なり、一六・一七世紀の銭貨流通拡大は、東アジアを覆っていた共同性を解消する方向へ作用することになるのだが。まずは銭貨使用の中心であったはずの中国の事例からみてみよう。

2 中国における基準銭

中国の各地域の中において、通貨がどのように使用されていたかを伝える史料はきわめて断片的にしか残されていない。その中で比較的長期に変化を見て取ることのできる福建の莆田《ほでん》県に焦点をあててみよう。

一六世紀初めの正徳年間のころまで莆田では、宋の「小銭」(小平銭すなわち一文銭)を銀一両に対し六〇〇〇文の相場で使っていたという。ところが漳州《しょうしゅう》から私鋳銭が流れてきた頃から撰銭が行われるようになり、やがて銀使用に替わられていく過程が一六世紀中に進んだようである。その漳州から流入し撰銭された私鋳銭に元祐通宝《げんゆうつうほう》を銭文とするものがあったという記事があることを、次節との関連で留意しておいていただきたい(朱淛『天馬山房遺稿』巻四、莆中銭法志)。またそうした銭の流入というのも、けっして通時的にあらわれることなのではなく、後述のように、一四八〇年代から東アジア一帯に共時的におこった現象の一部分と考えられる。その後の変化、ことに万暦通宝が流通したか否かについては詳らかではないが、莆田県では、宋銭は明末にも伝えられていて、当時は一〇〇〇枚で銀三両との相場であったようである。ただし、明清交替の動乱期にはもっぱら銀を使っていた。ところが清代に入ってやがて順治通宝《じゅんちつうほう》が鋳造されると、それが用いられるようになり、それにともない宋銭も一文が順治銭三文に当たるものとして、用いられ始める。順治銭においてもそれに続く康熙銭においても、銀一両＝一〇〇〇文を清朝は一応公定相場としていたから、銀三両＝宋銭一〇〇〇文との比価はなお生きていたということになる。これら宋銭一文＝順治銭あるいは康熙銭三文という比価は、第四章で述べた「郷価」を生み出す構造が脈々と受け継がれていたことの、格好の具体例であるといえる。

銅成分からすると宋銭四枚で康熙銭八枚を鋳造できるのだが、その後、一六六四(康熙三)年から翌年にかけて、宋銭四文＝康熙銭一文という比価になったため、過低評価され退蔵されて宋銭が用いられなくなるという事態も生じたようである。だが、一六六六年になると現地官庁の手による康熙銭の私鋳銭がはびこったため、逆に康熙銭が用いられなくなり、商店は罷業するまでにいたり、銭貨一般が忌避されて銀使用を専らとする状況になる。結局、翌六七年には明朝銭と軽薄の清朝銭を禁止し、宋銭を順治銭・康熙銭の良質なものとともに認めるとの布告がなされて、宋銭の使用は保持されたようである。その後、宋銭禁止の布告は出されはしても、一六九〇年までは宋銭一〇〇〇文＝銀三両の比価に準拠して、商取引はなされていた。

ところが、九〇年九月になって、この年の六月以降また私鋳銭の流通と撰銭が激しくなったのに対し、県当局が両替商と質屋を拘束し、撰銭を禁じたため、商店が罷業することになる。一〇月にはいると、市中では明末の崇禎《すうてい》年間に泉州で私鋳された崇禎通宝、俗称紅官銭《こうかんせん》を用いるようになる。それにともない宋銭はしだいに減価していき、一一月には一〇〇〇文＝銀一両となり、その後ついに宋銭の流通は莆田県から跡を消す。翌九一年には、もともと稀少であった私鋳崇禎通宝も使われなくなり、莆田県もふくめた、興化・泉州・漳州府では万暦通宝の金辺と呼ばれる種類のみを三〇〇文＝銀一両で使用し、金辺が稀少なため、官鋳の康熙銭を八〇〇文＝銀一両として兼用するという状態になる。(2)

さて、以上の経緯から次の二点が読み取れる。第一に、この地域は銭貨を、日常的売買に資する通用銭と、銀と安定した比価をもち、資産形成の手段としても機能する基準銭とに差別化しようとしていたということである。宋銭は一七世紀を通じて銀一両に対して三〇〇文あたりの比価を保っていたとみてよいが、一六六五年の宋銭減価の時に家を傾ける富家大賈が続出したというのであるから、資産を宋銭として蓄えていたのであろうことがわかる。ただ基準銭が宋銭であらねばならないことはなく、一六九〇年になると、宋銭ではなく、崇禎通宝をもってするようになり、すぐにそれも万暦通宝の金辺と呼ばれるものに代わられる。宋銭・紅官銭・万暦金辺に共通するのは、それらが、目に見える良貨でかつ、ストックに限定があるという点である。

この基準銭はいかなる意味をもったのか。銀は、資産として保有するのには適しているが、外部との流出入が激しい、言い換えれば地域外に対する流動性が高い。いっぽう、通用銭は地域内の流動性を満たす機能を果たすが、資産として保有する対象にはならない。基準銭は、その両者を仲立ちしつつ、地域的な資産を形成する手段として、設定されたと考えられる。

第二に、宋銭などを基準銭たらしめたのは、その素材価値でも、まして行政の指示でもなく、地域の緩い合意であったということである。莆田の経緯は、当局の指令と商人たちの罷業の応酬に彩られているが、何を基準銭にするかは、その時々の商人たちの協議の結果によるのである。鋳造費用が康熙銭の二倍とみなされている宋銭が三倍の比価を与えられていたように、それらは基準銭であるがゆえに過高評価されていた。ところが、基準銭であることをやめたとたんに宋銭が減価したように、過高評価の根拠は取り引き者たちの合意にあるのであって、宋銭そのものにあるのではない。

次々と外から私鋳銭を交えながらもたらされる清朝制銭に対して、稀少な古銭を基準銭とした上で、それに清朝銭を通用銭として加えて使うという便法を莆田の市場は自ら作り出していたのである。一六・一七世紀の中国の、とりわけ沿岸部の各地では、この莆田のように地域経済がそれぞれ基準銭を設定して、対外流動性と地域内流動性を調整しようとする動機が働いていたと思われる。

こうした状況に分権の萌芽を感じ、王朝がその芽をつみ取ろうとするならば、基準銭ともなりうる質の良貨を、通用銭を代替しうるほどの量をもって投下することが最も効果的な処方となる。一六世紀末から一七世紀初にかけての万暦通宝の良貨たる金辺などの大量鋳造は、ある程度その機能を果たしたようであり、それが第二章で紹介した泉州の記事のように、官銭の充溢をこそ自然のものとみなす状態を短い期間であってももたらした。中期的にみると、泉州の記事は、万暦通宝の継続的鋳造により、ある程度銭貨の統一性が保たれた二〇年ほどの期間の最後の年に当たる状況を示す。当時、銀五銭の費用で作る私鋳銭が銀八銭の値で売却できるといわれたのであるから、万暦通宝の良貨ぶりと、銭貨需要の高さが知れる。第二章で泉州の飢饉における私鋳銭創造についてふれた一六〇六年は、鋳造費用の高さに苦しんだ明朝が、鋳造額を減じはじめた年であり、「父老士民はみな言う。四、五年前には官銭が充裕して私銭を見なかったのに……」と回顧されたその四、五年前の時期にあたる(胡我琨『銭通』巻二、万暦年王万祚疎)。つまりたしかに良貨たる万暦通宝が行きわたった地域があったのである。その後は、王朝の側も出先機関が貶質《へんしつ》銭を鋳造する中で、私鋳銭もまじえた通用銭があふれ、それぞれの地域は、銀遣《づか》いに傾斜するか、はたまた撰銭によって宋銭などを基準銭として資産形成の手段を創り出すかのどちらかに向かい、先ほどの康熙年間のような状況に至るのである。

結局、良貨たる官銭の大量供給によって、地域における基準銭と通用銭の差別化を解消させるのは、一八世紀中葉の乾隆通宝《けんりゅうつうほう》の大量鋳造による浸透を待たねばならない(黒田、一九九四年a、第二章)。

ここでは主として一七世紀の状況をみてみたが、それは具体的状況がわかるからであって、けっしてこうした銅銭の差別化が一七世紀にのみ起こったということではない。残存史料は断片的でしかないが、第四章でふれたように一五世紀後半にはすでに生じていたことは間違いない。さて、この基準銭と通用銭の差別化という動きを念頭におきつつ、日本での変化をみてみよう。

3　中世日本における基準銭の形成とその消失

本節で焦点をあてようとするのは、西日本一帯で、土地取引や手形取引などにおいて米遣いと銭遣いが併存していたのに、一五六八(永禄一一)年後半から数年のうちに、銭遣いが跡を消し、米遣いを専らにするようになった現象である。各地域はその後、一五八〇年代後半に京都で銀遣いに転換するのを早い例として、土地売買などは銀匁単位に再転換していくが、その再転換は地域ごとにばらばらで長期にわたるものであった。銭遣いの消滅が一斉に短期間に生じたのとは対照的である(浦長瀬、二〇〇一年)。この急変が、公租における変化、すなわち一六世紀を通じて銭建ての貫高《かんだか》制が進行していたにもかかわらず、同世紀末には米建ての石高《こくだか》制が支配的となる一見不可思議な趨勢に影響を与えていたことは想像に難くない。この急変を、福建からの渡来銭の途絶の結果であるとして、説明してみたい。

一五五六年に来日した鄭舜功《ていしゅんこう》の『日本一鑑《にほんいっかん》』などに福建の私鋳銭を日本商が買い取っているとの記述があるのを根拠に、福建の悪質銭が一五四〇年ころより流入し、日本の撰銭問題に拍車をかけている、といった認識は戦前よりなされてきた（小葉田、一九六九年、五二一―五三頁）。その中国における私鋳銭の横行の事例として、顧炎武《こえんぶ》『天下郡国利《てんかぐんこくり》病書《へいしょ》』所収の『漳浦県志』がしばしばあげられてきたが、その私鋳宋銭通用と廃棄に関する記述には、日本の宋銭流通に関わる重大な同時代情報が隠されていたのである。見過ごされていたのは、漳浦県は私鋳銭を輸出する密貿易の拠点たる月港を擁する龍渓《りゅうけい》の隣県だということである。

同史料は、漳州府所属各県のなかでも県ごとに銭の使用・不使用がわかれ、銭使用地域でも相場に差があり、「詔安（県）の銭が極精で、漳浦（県）のものは之に次ぎ、龍渓（県）のものは極悪だが用いられている」と銭の質にも差があり、しかも宋銭を「盗鋳伝用」していることを述べた後、漳浦県について、嘉靖三（一五二四）年から元豊《げんぽう》銭を鋳造して使用し、同七年からは元豊銭を廃棄して元祐《げんゆう》銭を、同九年からは元祐銭を廃棄して聖元《せいげん》銭、と官憲対策にめまぐるしく変えるが、同一三（一五三四）年から崇寧当三銭《すうねいとうさんせん》と熙寧折《きねいせっ》二銭《にせん》に変えた後は、万暦三（一五七五）年まで約四〇年間変更がなかったとする。本節が問題とする一五四〇年と一五六七年、一五七〇年はこの間に入る。そしてその後万暦三年から万暦六(一五七八)年の間に急に銭使用が衰え、銀使用が普及したことを、伝えてくれている。

注目すべきは『漳浦県志』の「その廃して他に之《ゆ》くに及んでや……」との記述である。前述の莆田県の状況を回顧した記事にも漳州より私鋳銭が流入したとあり、元祐通宝の名が挙げられているのとも合致する(一四四頁)。当地漳浦県で私鋳され通用した「宋銭」は他地域に移出されていたのである。重ねて確認するが、漳浦は『日本一鑑』に「福建龍渓地方私《ひそ》かに鋳銭して之を市《う》る。彼らは中国の銭を重んじ、龍渓之偽を計らず」と書かれた貿易港月港を擁する龍渓県の隣県なのである。第1節で紹介したジャワの偽宋銭流通は、果たして現実に海外に、福建で同時代に製造された「宋銭」が流出して受領されていたことを明示してくれている。そしてジャワの銭貨流通が悪銭たる鉛銭と良貨たる銅銭の双方を含んでいたということは、日本に対しても「極悪」とされた龍渓の私鋳銭が、「福建私新銭」として「古銭」と区別され、通説通り「なんきん」などの鐚銭《びたせん》として、流入したばかりでなく、「極精」の詔安や、「次之」の漳浦の私鋳宋銭が龍渓月港から密輸出された可能性を示しているのである。

実際、『利病書』に私鋳の模擬対象となったと記される元豊、元祐、熙寧銭は、我が国の出土銭の中でも上位二、三、四位を占める(鈴木、一九九九年、八〇頁)。つまるところこれらの資料は、嘉靖年間(一五二二―六六年)に福建省漳州府で私鋳通用した偽宋銭が、悪銭のみではなく、精銭としても日本に流入しえていたことを示唆している。なお、明後期の宋銭鋳造の事実を考えれば、埋蔵最終銭の年号を以て遺跡の年代比定をすることが、いかに危険であるかということが、留意されてしかるべきである。ともあれ、嘉靖年間に精銭・悪銭双方が漳州府から西日本へ流入していたとの理解をもって、関連する事象を並べて、以下に時系列を復元してみたい。

『明実録』の成化七(一四七一)年十月乙酉に、龍渓の民が朝使を詐称しマラッカ・ビルマと通交した記事が載せられているように、漳州が一連の密貿易の拠点となったのは、一五世紀後半まで遡れる(佐久間、一九九二年、二三五頁)。第四章に既述の、一四八〇年に北京で洪武・永楽銭が撰銭されはじめるほど大量に出回りはじめた私鋳銭とは、漳州からのものとみてよいだろう。日本でも、豊前国内では延徳(一四八九年—)以降多様な銭貨表現が史料に登場するようになったとされる(本多、二〇〇〇年)。中国貿易と関わりの深い大内氏はすでにこの時期に撰銭令を出している。だが密貿易がとりわけ活発化するのは、一五四〇(嘉靖一九、天文九)年を迎えてからである。同年、浙江省《せっこう》舟山《しゅうざん》列島双嶼《そうしょ》港に密貿易のためにポルトガル商人と日本人商人が集結、明朝は対抗措置として一五四二年より海禁を強化し、ここに後期倭寇が本格化する(朱紈『甓余雑集』巻二、林仁川、一九八七年、一三五頁、傅、一九五六年、第四章)。江南での租税銀納化と日本の石見銀山の開発とがともに進行し、徽州《きしゅう》商人などを媒介として、日本の銀をもって江南蘇州近辺の生糸・絹を購買できるようになったことが、この時期の背景としてある（宮崎、一九五一年）。

だが、結びついたのは江南と西日本だけではなかった。それは、漳州を結節点として、ビルマ・マラッカなども結ぶ環シナ海の密貿易ネットワークの一部としてのものなのであった。そうしたルートにのり、日本銀を代価として、絹のほかに、あるいは鉄砲火薬用のビルマ産硝石などとならんで、漳州の私鋳銭が継続的に西日本に流入しはじめた、と考えられる。同時期における身元不詳の「荒唐船《こうとうせん》」の出現や、対馬―朝鮮ルートの孤立化は、マラッカ―漳州―九州諸港ルート繁栄の裏返しであったと考えられる（関、一九九七年）。前者は日本銀の活用を拒否したが、後者は密貿易のもと、ポルトガルの活動も糧にしながら、日本銀を積極的に利用したことが決定的な差異であった。

一五四〇年代から環シナ海の「倭寇的状況」にのり、先述のように様々な質の銅銭が流入し、良銭は精銭として基準銭の機能をはたし、悪銭は「なんきん」あるいは「きんせん」などの鐚銭として通用銭に充当されたのであろう。「福建乃ち南京なり」（『李朝実録』中宗三九年六月壬辰）と分類されていた、ということは、いわゆる「なんきん」銭が福建由来のものであることを確かにする。後の堺など国内での模鋳銭も交え、(3)通用銭の増加は日常の刹那的な取引を銭使用へ誘導していき、また継続的な精銭の流入は土地売買や手形振り出しのような中長期にわたる取引を銭建てに志向させていった。資産形成の手段ともなる基準銭を差別化する動きが、ここでも作用していた。在地では並銭を使用し貢租などは精銭で建てるというような慣行が各地で現れてくる。豊前の場合、一六世紀前半「並銭」で徴収されていた収納銭が一六世紀中期にかけて定額化し、「清料」すなわち精銭で表示される傾向にあったとされる(4)。ただ、中国王朝との違いは、収租権を有する領主たちにとっても、基準銭を差別化することが、みずからの運営に役立つものであったということである。知行の統一をはかる大名たちにとって、三〇年余にわたる精銭供給の継続は、銭建て財政単位の樹立を魅力あるものにしたであろう。

だが、明朝の対倭寇掃討戦は一五六〇年代には最終局面を迎え、一五六六年にはほぼ漳州地方を制圧し、一五六七年月港を龍渓県から分割して海澄県を新設する。同時に密貿易対策として、海禁を解除し海外渡航と交易を公認する。ただし日本相手と硫黄・銅鉄といった違禁物資輸出の禁止を付帯事項とすることを引き替えにしてであったが(佐久間、一九九二年、三二七頁)。漳州は以後、公認の東南アジア交易の中心に様変わりし、私鋳銭の日本向け密貿易の条件は失われる。また駆逐された日本人商人は福建沿岸よりも東南アジアへ向かうことになる。

こうして、一五六六年から六七年にかけての漳州地方の変化は、ただちに渡来銭の継続的な追加供給を断つことになり、一五六八年後半から、西日本各地で銭(精銭)建ての土地取引や手形振り出しが急激に消えることになる(桜井、一九九七年)。それらの経済行為は、後日の土地の買い戻しや清算を想定するものなので、長期に安定した計算単位で約されることが必須だからである。なお京都の銭遣い消滅がやや遅れるのは、精銭ストックが多大だったからにほかならない。中国銭が、通用銭として日常的取引を媒介する機能はなお存続するが、資産形成のための基準銭としての機能はもはや失われてしまう。『多聞院日記《たもんいんにっき》』にあるように米の日常的購買では銭が継続して使われているが、問題は不動産売買や債権・債務契約の際の建値なのであった。それらは中長期的に安定した価値でなければならない。また銭建て米価においても、明らかに変化があり、本章のような銭輸入断絶説に親和する。『多聞院日記』ではやはり一五六八年後半に銭建て米価が落ち、以降回復しない。そして米取引が記載される一五七七年からは鐚銭表示になる。その鐚銭表示価格にしてからがやはり低落傾向にある(毛利、一九七四年)が、やがて一五九〇年を最後に奈良ではビタという呼称が消える(桜井・中西、二〇〇二年、五三頁)。ここに、銭貨の二重構造は通用銭の方が標準化することで消滅する。

西日本では、基準銭としての宋銭の役割は、米遣いに代替されるが、関東では、永楽銭換算の普及、東西中間地帯の伊勢では金による建値が目立ちはじめる。こうした地域的偏差をもった変化が同時期に現れたことは、米や永楽銭や金を使用することに能動的要因があったのではなく、宋銭を失ったことの受動的対応ととらえた方が整合的に理解できる。

さらに銭輸入断絶説を支持するのは、洪武・永楽銭以降はじめて大量に鋳造されて、中国国内のみならず東南アジアへ良貨として流出した万暦通宝が、日本国内での出土例が非常に乏しいことである。少なくとも、万暦通宝が発行された一五七六年以降、中国から経済的に意味のあるような量の中国銭は将来されていないことは否定しようがない。またそのことは、堺など国内で発掘される模鋳銭範型が、一六世紀半ば以降の地層から発掘されていることと符合する。さきほどの『利病書』で漳浦県における私鋳銭年号として挙げられている元祐、元豊、熙寧も、堺でみつかった模鋳銭範型に含まれている(嶋谷、一九九四年、二〇〇一年)。

だが、一五六六・六七年の変化のみであれば、事態はなお可逆的であったと思われる。漳州地方からの私鋳銭輸出の停止を不可逆にしたものは、より大きな貿易構造の変化であった(5)。略述すると、一五七〇年頃から、ルソン島経由で福建沿岸に太平洋越えで、増産のはじまったポトシ銀山産のスペイン銀貨が流入しはじめ、ルソン、コーチシナ、ジャワとの公認貿易の中心になった漳州は、急速にスペイン銀貨通用地域になる(全、一九六六年)。『利病書』の、銅銭を「銅に溶かして」廃棄し、「片田舎でも銀のはかりをもつようになった」との記述とも対応する。ルソン島に渡った中国人のかなりが漳州出身者であったとされ(荘景輝、一九九六年、三二九頁、松浦、二〇〇二年、四九九頁)、「漳人」がルソンで交易をするのは「ただ仏朗銀銭(スペイン銀貨)あるの故」(徐学聚「初報紅毛番

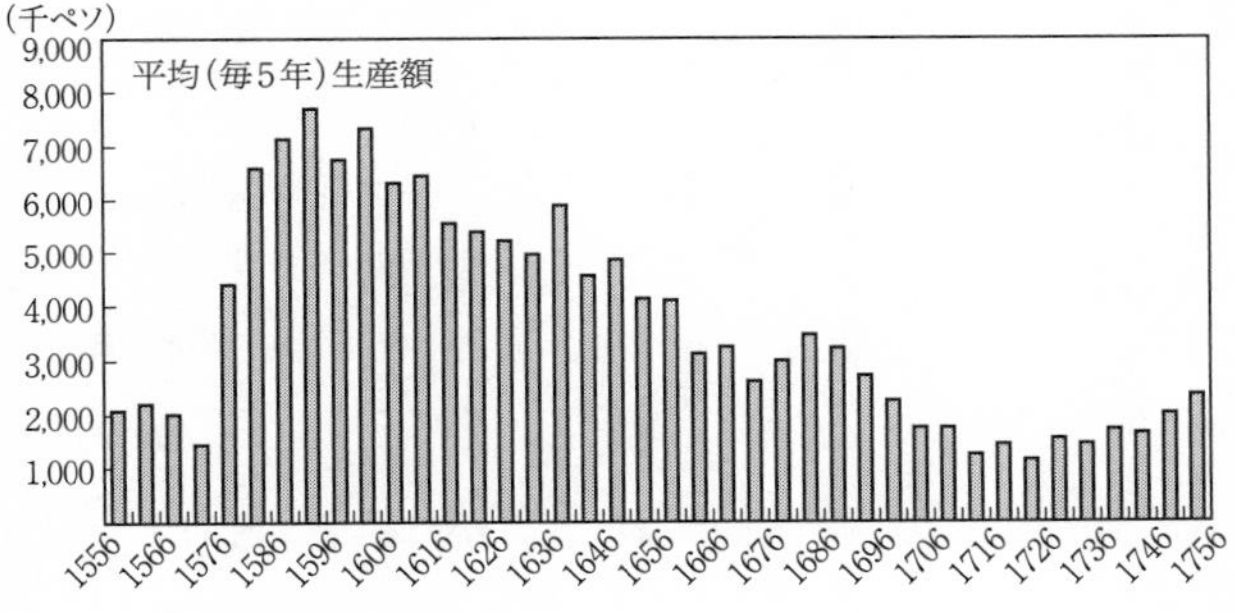

出典) Cross, 1983, p. 422

図 10　ポトシ銀山生産額の推移

疏」『皇明経世文編』巻四三三)だったとされるが、実際に、漳州近在の沿岸では一七世紀初期までに発行されたスペイン銀貨が出土している(荘為璣、一九七五年、泉州市文物管理委員会、一九七五年)。図10はポトシ銀山の生産額の推移を示す。一五七五(万暦三)年から一五七八(万暦六)年の間に銭使用が銀に取って代わられた、との先ほどの『漳浦県志』の記述と、見事に合致するのがみてとれよう。

つまるところ、太平洋を跨ぐ地球規模での銀流通の開始が、漳州―九州ルートをはるか後景におしやったのである。

右の、一五六八年精銭輸入断絶説へ出されている疑問の一つは、突然の変化がなぜ大きな動揺をもたらすのかわからない、蓄積があるのだから徐々に供給不足が起こるのではないか、とのものである(浦長瀬、二〇〇一年)。だが、マリア・テレジア銀貨の一九三六年の事例は、そうした見解が常識にかなっていそうでいて、実は根拠がないことを明示してくれる。第一章で示したように、一五〇年にわたる輸入蓄積があり一億枚のストックが既存するとされながら、数百万枚のフローの停止が大きな混乱を招いたのである。容易に還流しないがゆえに、地域間決済通貨であっても手交貨幣は、追加供給をなされないと取引規模を維持できないのである。

また、室町期を通じて朝貢などによる中国銭招来は断続的であったのであり、なぜこの一五六〇年代後半だけが、大きな変化を呼び起こすのかわからないとの、疑問がある（池、二〇〇一年）。だが、一六世紀はまさしく特別であった。なぜなら公式の日明貿易などと違い、後期倭寇のもとでの銭輸入は一五四〇年代以降継続的であったと考えられるからである。石見銀の需要は日本国内にはほとんどなく、もっぱら中国向け輸出であったと考えられ、また江南を中心とする中国側の銀需要が高かった以上、銀・生糸交易を中心とする密貿易は継続していたと考えてよい。実際、南米銀が到来する七〇年代初頭以前において、日本銀の輸入なしに江南などでの租税銀納化の進行は考えられない。この条件は、空前絶後のことである。

また、織田信長の撰銭令にみられる政策が、この米遣いへの変化をもたらしたとの見解が以前からある（脇田修、一九六七年、一四一―一八頁）。だがそもそものような指令だけで、在地レベルでの売買契約にこれほど広範に、しかも短期に変化をもたらすとするのは考えられない。仮にそこは譲るにしても、指摘されているように、信長の撰銭令は米の貨幣機能を否定しているのである。現実は一気に米遣いへ傾斜していくわけであるから、この撰銭令は現状の激しい変化への対処と見た方が自然であろう。つまり令の内容は、それとは逆方向に向かう現実を反映していると見た方が事実と整合する。政策が現実を変化させたのではなく、急激な流通の変化に対して政策が出されたのである。

仮説をまとめると、漳州をベース基地とする一五四〇年から盛行を迎える環シナ海密貿易が、西日本の銭需要に応えて、各種の私鋳宋銭を継続的に追加供給し、日本では基準銭を通用銭から差別化して用いる状況になっていたが、福建における六七年の公認貿易への転換、そして七〇年からのスペイン銀を媒介とする地球規模の交易網へのリンクにより、日本向けの私鋳銭生産と輸出が停止した。その結果が西日本での銭遣いから米遣いへの転換であり、ひいては貫高制ではなく石高制として知行統一が進む動機となった、ということである。戦国期に一貫して知行表示を統一しようという動きがあり、しかも実質は米納であったことも一貫した傾向であったとすると(川岡、一九八六年)、貫高制から石高制への移行とは、精銭供給断絶に動揺した領主財政における計算貨幣の変更を示すにほかならない。

4 中世日本における銭貨流通の特質

それでは、私鋳も含めた渡来古銭の追加供給に依存した、中世日本の貨幣流通の特質をいかに規定すればよいのか。

これまでは供給側の状況とその変化を述べてきた。だが、やはり日本側がなぜ銅銭を需要したのか、が考えられねばならない。一三世紀前半に浙江省沿岸部に日本船が現れ「倭の酷好(強く好む)する所の者は銅銭のみ」(包恢『敝帚藁略』巻一、禁銅銭申省状)であったとの記事も残されている以上、おそくとも鎌倉期前期の日本には積極的に銅銭を将来しようとする動機がたしかに存在したのである。日本では銅銭の相場はその銅素材の三倍から四倍ともされるが(中島、一九九九年)、これまで述べてきたように中国では、素材価値の方が高くて溶かされるくらいであるから、こうした高い付加価値は考えられない。渡来通貨に対する、その素材価値を超える高い評価とは、まさしく第一章のマリア・テレジア銀貨を思い起こさせる構図である。

少なくとも、米・布遣いが一般的であった同時期の朝鮮と比較した場合、ともかく日本はおそくとも一五世紀には、日常的な銭使用の頻度が高かったことは間違いない。第二章で紹介したように、朝鮮の通信使朴瑞生は一四二九年の報告の中で、日本について「銭の興用布米に勝れり」との言を残している。ただし、これを「貨幣としての貨幣」使用であるとして、日朝の国内の商品経済の発達の差の現れであるなどと短絡させるべきではない。そもそも日本において、宋銭そのものは唐物の支払いには使っておらず、また地方市場の本格的成立に先立って、官庁が銭を貸し出す銭貨出挙《すいこ》が行われていたことに留意しておく必要がある(井原、二〇〇一年)。実際、中国製陶磁器が多く出土する九州北部の遺跡において、銅銭の出土数が低調であるとされる(小畑、一九九七年)。つまりこれらのことは、中国銭が対中国貿易に使用されることで普及したとする、一見もっともな通念を否定する。そもそも日本側の銅銭相場が中国側と比べてこれほど高いのでは、対中国貿易支払いにその銅銭を使うことは不利益きわまりない。

当時の朝鮮王朝は世宗のもと、一四二三年より銅銭の鋳造・流布を押し進めようとしていたが失敗し、一四四五年には楮貨《ちょか》(紙製通貨)発行にもどり、市場では米・布を媒介財としていたのである(宮原、一九五一年、李碩崙、一九八四年、四四―四六頁)。この状況は、平安期に朝廷が銭流通を普及させようとして失敗したのと、相似する。平安期とも朝鮮とも違う条件をこそ探らねばならない。着目すべきは収租体系の違いである。

一〇世紀後半に成立したとされる所当官物制《しょとうかんもつせい》においては、末端では米換算で現物を収受しつつ、同時に、都周辺や在国の納所に、米など販売可能性の高い財をプールしておき、それを事実上の商品貨幣として運用しつつ、財政支出における多様な実物要求に応えるというものであった、とされる(中込、一九九五年)。このような、基本的には一元的な収租体系を基礎とした上で、支出の際の現場処理を許容した柔軟な構造であれば、あえて銭貨を導入しようとする動機は生じない。だが、日本中世を特徴づける荘園・公領制の展開は、様々な収租権保有者たちが、自身の所在は畿内などに偏りながら、その所領を分散して保有しているという構造をつくりあげてしまう。各々の荘園領主では如上のようなプールを確保できないため、必要な物資を各所領に割り当てて調達することになるが、それは往々にして、山林がなく燃料に乏しい所領への藁賦課になったり、養蚕のできない地域への絹賦課となって現れた(佐々木、一九七二年、二八三・二八九頁)。それに対して、代銭納《だいせんのう》は、所領現地での現物調達の困難さと畿内への高い運送費用という二つの問題を解決しうる選択であった。中世日本が、平安期の日本とも同時代の朝鮮とも違ったのは、荘園領主にみられるように、収租権保有者が分散しかつ錯綜した関係をとりむすんでいた社会であったことであり、そのことが、銅銭を導入させた動機だったのではないかと考えられる。このようにして導入された銭貨は、一五世紀前半までは、基本的には収租の便宜的手段として存在し、それゆえに地域内の流動性を担うよりは地域間決済通貨として機能していたとみなされる。

世界史的にみて、収租権が分散・錯綜していた社会では、収租権保有者と密着した金融業者が、貢租の為替送金と、その逆為替の取り組みにより、より頻度の高い信用貨幣の流通を形成する傾向がある。第六章でふれるように中世西欧やムガル朝インドの事例がそうであり、日本中世の事例も該当するといえよう。山間地荘園から代銭納が始まり、畿内よりも遠方荘園で普及したように(脇田晴子、一九六九年、三一六―三一七頁)、地域間決済手段として機能した精銭の流通は、やがて送金手段として合理化され、地域間決済通貨としての割符《さいふ》などの形態を生み出すことになる(桜井、一九九五年)。これは、債権一般ではなく、収租権が抽象化し流通していく現象である。

だが、中世後期は日本の銭貨流通を様変わりさせてしまう。応仁の乱以降の政治状況と、権力配置の変化は、京都へ送金を集中させていた条件を失わせる。それと同時に、戦国期の銭貨には、収租すなわち年貢納入の手段としての銭貨の他に、日常的に使用され、地域の流動性の形成にも与る銭貨が混わるようになる。前者は精銭として基準銭となり、後者はなんきんなどの悪銭として通用銭となった。通用銭が登場するとともに、精銭は、単なる収租手段というよりも、通用銭に欠ける資産形成の手段として機能しはじめる(6)。公的収受には権力側は基準銭を強要しようとし、通用銭を使う大衆の側と矛盾が生じる様は、第四章で引用した『南斉書』の五世紀中国の世界と異なるところはない。ここでもわれわれは銭貨流通の二重構造を確認することになる。

この日本における銭貨の二重構造を創り出した主体は、それまでのような収租権保有者たちと彼らに便宜を提供する一部金融業者ではなかった。各種の通用銭の具体的な流通空間をみると、コロ銭や字大鳥《じおおとり》が島津氏や相良氏といった戦国大名の支配域を越えて南九州で通用していたように、大名の支配力とは無関係に広がっていたといえる。いっぽうで、精銭に対する通用銭の比価をどれほどにするかといった規準を共有する空間に着目すると、それは大名の領域よりもかなり狭い単位で成り立っていた(中島、一九九七年、本多、一九九一年)。

精銭と通用銭を区別したり、あるいは米遣いへ転換したり、といった媒介財に関わるもろもろの合意は、基本的には地域ごとになされ、かつ権力側の指令に対して、やはり自律的であった。戦国期における銭貨流通は、支払協同体の緩い合意によって基礎づけられていたように思われる。ただし、やはり収租権保有者たちの比重は大きく、彼らの地域間決済通貨への需要は、各地の通用銭や商品貨幣使用を越えた、互換性のある精銭の広範な流通を支えていたことが、中国史一般との違いである。自律的な支払協同体と収租権保有者の決済手段需要とが、前者が優位ながらも競合的に併存していた、というのが日本中世後期の貨幣流通であった。

自律性の方が高じた先には何があるか。地域内の貨幣供給に弾力性を与える究極的な手段として登場してくるのが、私札《しさつ》である。(7) 地域的流通と零細額面を特徴とする私札は、「信用通貨」というよりは、中国における銭票と同じで、地域流動性を形成する現地通貨としての機能を果たすものだったといえる。だが、一七世紀半ば以降の日本はきわめてタイトな貨幣供給の行政的管理が行われるのに従って、私札のように自律的な地域の通貨供給に弾力性を与えるための手段は早いうちに消滅する。もはや、支払協同体の優位はありえなかった。結局、近世日本では、幕末を迎えるまでは、藩の重商主義的殖産事業と関わる後期藩札《はんさつ》のような形でしか地方的通貨は盛行しえなかった。この点については第六章でふれたい。

支払協同体(通貨形成のための自己組織化)が優っていた「中世」日本から、行政権力による他律的な貨幣供給と、それを補完するための閉鎖的な地域団体(町・村)内部の融通関係の発達とを特徴とする「近世 early modern」日本へと構造転換し、その前提条件の上で、行政的に管理された通貨供給と、いっぽうで銀行類似機関が町村レベルで乱立する明治前期が幕を開けることになる。この点についても第六章で改めて論じたい。

5　東南アジアにおける銭貨流通

さて、話を第1節の事例にもどしてみよう。すでに一五二四年に、ポルトガル人ピガフェッタはブルネイで中国銭に出くわしたことを報告している。さらに、以前と違って土地契約はピシスで建てるようになった、との内容を持つ一三五〇年頃の銅板碑文が伝えられていることから、インドネシアで中国銭が流通しはじめたのは、遅くともマジャパヒト王国治下の一四世紀にはさかのぼることになる。

ただし、中国銭が中国製の銭であったとは限らない。ピガフェッタの出くわした中国銭は、本当の中国銭ではなく、実は当地のイスラム教徒が鋳造したものであった、とつけくわえられている。さらに、一五三七年ポルトガル人が、もし彼らが銭を鋳造しても受領されるかと、マルク諸島で現地商人に質したところ、「通用する、ただし穴をあけてあればだが」と返答されたということも伝えられている。日本における堺の模造中国銭生産が、けっして日本独自の現象ではなかったことがわかるであろう。

さて、あらためて着目したいのは、一五九〇年に福建からそれまでもたらされていた万暦通宝が将来されなくなり、かわって「咸平元宝」という宋銭を模したような鉛銭が将来されるようになったことである。鉛貨幣の流通は同時期のブルネイなどでもみられた現象のようである(Reid, 1993, pp. 96–97)。銅銭の供給側に何らかの変化がこの時生じたのであろうか。

既述のごとく、万暦通宝は明朝が久しぶりに積極的に鋳造した官銭であり、当初は古銭や私鋳銭をかなり駆逐しながら通用したようである。一七世紀に入ると万暦通宝の貶質化は激しくなり、画一的流通は崩れ出す。しかしながら、第2節で述べたように、一六〇七・〇八年までは、少なくとも中国沿岸地域に限っては万暦通宝が流通していたと思われる。あるいは福建を含めた地方鋳造を停止させたことが関係しているのかもしれないが、一五九〇年前後にことさらに万暦通宝の供給を変化させる要因が中国本土にあったと思わせるそれ以上の情報は、今のところ管見のかぎりはない。

それよりも、着目すべきは、ジャワの東に位置するバリ島ではクパンと呼称される銅銭が一七世紀にも流通していたことである。リアル銀貨との相場からみても、バンテンなどでの鉛銭よりは明らかに一段高く、たしかに銅銭であろうと思われる(Blusse, 1988, p. 43)。つまり、インドネシアの中で、銅銭から鉛銭に切り替えられた地域と、切り替えられなかった地域とがあったということになる。したがって、銭貨の供給元たる福建などでの変化よりも、中継地や中継商人ないしは輸出する商品の違いがこの差をもたらしたとみるべきであろう。

福建とインドネシアの間の中継港として想定されるのは、第一にベトナム南部である。莫《マク》氏治下の一六世紀ベトナムにおいては、亜鉛や鉄製の銭が投下され、莫氏を打倒し復興された黎《レ》朝は、末端に浸透した亜鉛、錫、鉄製の銭を駆逐するのに苦労することになる(Whitmore, 1983)。一五六七年の明朝の海禁解除は、阮《グエン》氏が南部ベトナムを掌握した時期とほぼ一致するし、また一五九〇年は奇しくも莫氏が駆逐された年でもある。だが、それ以上に重要なのは、日本船が本格的に往来をし始めた直後であったということである。一五六七年に福建交易から閉め出された日本商人にとって、南部ベトナムは中国の絹を購買する格好の中継基地となる。やがて日本からもたらされた銀は、中国のみならず、ベトナム産の絹との代価として使用されるようになるが、やはりここでも、銀はそのままでは内地の絹を買い付ける手段とはなりえなかった。すなわち銅銭が、ホイアンなどの港から産地を結ぶ通貨として大量に需要され始めるのである(岩生、一九二八年)(8)。

その銅銭の主な輸入元は中国と日本であった。一七世紀前半のポルトガル史料によれば、ポルトガル人はマカオでベトナム向けの銅銭を現地中国人に製造させて、それを持ち込んでいたようである(Souza, 1986, p. 116)。日本の寛永通宝がホイアンにもたらされたのも同様の事情による。この日本からの東南アジア向けの銅銭流出はけっして些少なものではなかったようで、それが一六三三年以降日本の銭相場を上げる原因にもなっている(安国、二〇〇一年)。

つまり、一五七〇年から九〇年までは南部ベトナムに寄港しながら、ポルトガル商人と福建商人の手により、福建からインドネシアへ万暦通宝が流入し、胡椒などの買い付け手段として機能していたのに、九〇年前後から日本商人と福建商人の間の交易がベトナム南部で盛んになることにより、ベトナム南部での銅銭需要を高め、それが、ベトナム経由でのインドネシアへの銅銭供給を減少させたのやもしれない。東南アジア周辺では従来から、ビルマ沿岸部のペグーやタイ沿岸部におけるように、鉛片が現地通貨として使用されていた(Reid, 1993, p. 99; Wicks, 1992, p. 167)。そうした慣行も下地にして、鉛銭は銅銭の代替物として急遽投入され始めたのではないだろうか。ただし宋銭を装ってだが。

このように、東南アジアでは一五七〇年頃から銀の奔流が押し寄せ、その流入は直接に現地産品の買い付け手段に対する需要を、かつてなく膨れ上がらせることになる。その結果、貿易航路に従って、産地ごとに異なる卑金属現地通貨の支払協同体を形成させることになる。ここでは、現地通貨が貿易とストレートに結びついているため、中国や日本ほどには、明確に基準銭を形成する動きは生じなかった。しかし、そうした中でも支払協同体を統合しようとする動きが自生的に生じてくる。

一七世紀前半、スマトラのアチェーと、セレベスのマカッサルの両イスラム王朝は、オランダ東インド会社の交易拡大と手を携えながら、ジャワ海周辺のなかで勢力をたくわえていく。そうした過程で、両王朝がともに志向したのは、金貨使用を領内で採用し、自己の通貨を使った交易をするように商人たちを仕向けようとしたことである。だが、どちらも成功しなかった。商人たちは王朝の発行する金貨よりも、スペインのエイト・リアル銀貨での決済を志向したのである。アチェーの金貨 mas はスペイン銀貨に対する相場を下落させ、やがて機能しなくなる(Reid, 1993, pp. 106–107)。商人が金貨を選ぼうが、銀貨を好もうが、末端の生産者に渡される通貨は鉛銭などの銭貨であることに変わりはない。地域を越えた高い兌換性のあるスペイン銀貨への志向が、現地権力の財政にとっての受領性への志向をはるかに凌駕してしまったことに、ことの本質がある。銀の奔流の中での、現地権力による金貨保持は、彼らの独自の地域経済統合の志向を意味したが、胡椒などの輸出産品を抱え、大量の銀が流れ込んでくるこの地方では、敗退するしかなかった。

このインドネシアにおけるイスラム権力の金貨採用政策失敗の事例をみると、自ずと、日本の一七世紀前半に確立してくるいわゆる三貨(金・銀・銭)制といわれる貨幣制度の特色の一つが浮かび上がってくる。日本は早くから金を銀で購入する動きを見せているが(小葉田、一九七六年、一二五・一三三頁)、国際的兌換性の高い銀ではなく、金を蓄積し国内の決済用通貨としていったことが、環シナ海地域における日本の一つの大きな特徴であったのである。

6　環シナ海銭貨共同体の遠近

本章で環シナ海銭貨共同体と称したのは、銭貨を独自に使用する地域経済が並列している空間を指している。もちろん、同じ銭貨といっても、素材から見ると、銅銭であったり、鉄銭や鉛銭であったり、また様態から見ると、宋銭を模したものであったり、開元通宝あるいは洪武通宝の様をしたものを専ら使用する地域であったり、さまざまである。むしろ独自性を個々の地域経済が保有しようとしていることにこそ特色がある。だが、それでも、モルディヴ産貝貨が流通するベンガル湾経済などとは画された広域空間なのである。中国王朝と修交が明確に継続されていたビルマで、もっぱら貝貨が使われ、銭貨が流通しなかったように、それは、いわゆる朝貢関係のような外交関係とは異なる次元の存在であった。

貝貨と違う銭貨の特徴は、文様をもって差別化ができること、かつ金属製品であることから、それ自体を溶解・磨滅させることで、地方的加工を容易に施せることにある。また行論で示したように、中国沿岸と日本、東南アジアのそれぞれが、銭貨を需要する動機は必ずしも同じではなかった。だが同時に、ある地域での銅銭の動きは、驚くほど距離の離れた他の地域の銅銭需給に影響を及ぼすような連動性をもっていた。環シナ海の各々の地域経済は、銅銭という形で流動性を潜在的にではあるが共有していたということになる。

ただし、このことは、銅銭が主要に海を越えた貿易収支の決済の通貨として機能していた、ということを意味するのではない。中国から日本やジャワへ、あるいは一七世紀初めにおける日本からベトナムへ、といった銅銭の流れは、輸入側の強い需要に応えた一方通行的なものであり、すでに指摘されているように(東野、一九九七年、八一頁)、双方向的なものとはいえないからである。

ここにいう環シナ海銭貨共同体が通時的に、積極的に言及すべきほどの実体をもって存在していたわけではない。一三世紀すなわち南宋の時代より福建商人たちの海外交易は活発化しており(斯波、一九六八年、四三〇―四三五頁)、宋銭受領を共通項として、福建南部を基点に北東は江南から西日本へ、南はコーチシナからマラッカ、ジャワにいたる経済空間が形成されていた、とみなすこともできる。長くとれば、九世紀後半から一七世紀末まで存続していたということにもなろう。しかし、その存在が世界の状況の転換に積極的に関わったといえるのは、本章でとりあげた一六世紀から一七世紀前半にかけての限られた時期である。地域流動性を自律的に調整する支払協同体は、銀の奔流を迎えた一六世紀後半、銭貨をもって環シナ海一帯で顕在化する。[9]行政権力からは乖離した、その緩い集合体がここに環シナ海銭貨共同体と名づけたものなのである。

時期的には一五七〇年頃を境に、銀の流れとともに、東シナ海から南シナ海へ焦点が移るが、その動きが、どのように整序されていくかはなお混沌としたままであった。一七世紀前半、中国江南では低質な銀が銭を代替しつつあり、日本では領国独自の銀が存在し、さらに、朝鮮においても豊臣軍の侵攻と明軍の駐屯を契機として銀が流通しつつあった(韓、一九九二年)。当時の東アジアには、中央政府の管理を超越した、銀流通を共有するシステムを創出する可能性もあったといえる。だがやがて一七世紀後半になると、いくつかの収束の方向が示されはじめる。そもそも銅銭にしてからが、日本の寛永通宝の大量鋳造をはじめとして、朝鮮の常平通宝の本格鋳造、阮朝によるベトナム銅銭の大量鋳造、というように、行政権力と対応した銭貨の発行という方向へ一八世紀にかけて大きく踏み出し、もはや宋銭を共有する構造は過去のものとなる。

かくて、植民地化という形で国境設定を導入してくるヨーロッパ起源の世界経済、そしてその国境を浸透して地域経済のネットワークを延伸させてくる中華世界帝国、両者の狭間で貿易統制をもって対抗する日本・朝鮮・ベトナムという三つの方向性が分岐するとともに、環シナ海経済の同質性は後景に退くのである。東・南シナ海を囲むように、自律的な支払協同体が並立、繁茂する状況は、かなたにさっていった(10)。

ところで、第二章ですでにふれたように、日中朝三国ともに、一六世紀まで農村では米などの商品貨幣による取引が主流であったと思われる。しかし右の日本における寛永通宝、朝鮮の常平通宝、そして一八世紀中国の乾隆通宝の大量鋳造は、農村での商品貨幣取引を通貨取引へと誘導する。自国内の銅銭大量鋳造の時期は、一七世紀後半の日本、一八世紀後半の中国そして朝鮮と(李憲昶、一九九六年)、物価の長期的上昇の時期ともなった。この時期の日中朝には、綿業を中心とする商業的農業の進展など共通する面が多い。だが、以上の共通性にもかかわらず、貨幣制度において三者は、その岐を大きく分かつことになる。財政上の計算単位として銀両を設定しつつもほとんど銀が流通しなかった朝鮮、第四章のように、きわめて多様な計算単位を並立させながら、かつ銅銭とは相互に独立して大量の銀を流通させた中国。対して日本は、事実上、金を本位貨幣として、銀を単なる計算単位に「空位化」させ、銭貨を補助貨幣とする制度へと変容していくのである。

第六章　社会制度、市場、そして貨幣——地域流動性の比較史

1　貨幣と制度的枠組

本書で問題としてきたことは、つまるところ、貨幣の流通には空間性がともなうということである。すなわち貨幣はけっして無限の空間のうちに流通するのではなく、歴史上あらわれた貨幣には、一方で空間的にまとまりをもった流通をしようとする性向があり、それゆえにまたいっぽうで空間を越えて流通する貨幣も現れるということである。なぜ空間的なまとまりをともなうのかは、終章で論じたい。その前に、本章ではその空間性と社会制度上の要素との関連の有無を考える。

では、何を制度的要素としてとりあげるのか。第一に、底辺を支える経営主体、ことに小農たちの市場への参加の自由度である。何をつくり、どう働き、どこに売るのかといった際に、彼らの選択しうる幅の広さが、いかほどであるか、ということである。第二には、市場を支える媒介財、すなわち貨幣を共有させる仕組みである。伝統市場においては、媒介財も多様であり、同じ行政権力のもとでもさまざまな貨幣が流通しえたし、

また貨幣をもたない一見自然経済のようでありながら、実物が商品貨幣として機能していた場合もある。すなわち、きわめて多様な形態をとりながら、ある財を貨幣として認知する仕組みが、空間的に共有されていたのである。必要なことはその多様さの意味を読み解くことである。

小農の市場参加への自由度、媒介財の空間的共有の仕組み、この二つの指標を規準として、各社会を行論において比較していく。本書では空間的に共有されている媒介財の総体を地域流動性と称している。どのような小農たちが、いかなる媒介財を用いて交易していると、どんな空間性が生じるのか。小農たちの市場参加がより自由になると、貨幣のあり方も変わるのだろうか、あるいはその逆の因果はありうるのか。

まず、本書でこれまで支払協同体と表現してきたものの具体例をみてみたい。

2　自己組織化された地域流動性——伝統中国における小農と市場町

ある時代のある社会において、財・サービスの流れに何らかの空間的まとまりがみられるとする。そのまとまりが、権力の行財政の効力の反映であったり、あるいは商人たちなどの団体が何らかの閉鎖性を経済行為に与えていた結果であったとしよう。そうすると、いずれの場合であっても、地域経済とは広い意味での法的秩序を与えられることによって成り立つものということになる。ただ法的秩序を供与する主体が、領主などであるのか、ギルドなどであるのかが違うだけである。でもその空間的まとまりに、権力も団体も介在していないとしたら、いかに説明の論理をたてるのか。

権力も団体もまさしく介在させずに、市場の立地とその分布を説明しようとしてきた方法としては、経済地理学の中心地理論がある(Berry, 1967)。伝統農村における定期市に関して、戦前から中国などにおいての諸調査とそれに基づく研究により、数箇村ごとにもたれている日雇い市から、県全体に及ぶ家畜市まで、大小さまざまの市場圏が重なり合いながら分布していたことが明らかになっている。スキナーは、自らの調査にも基づいて、中国における定期市が規模による階層性を持ちつつ空間的に分布しているとの像を明示し、距離と人口密度と交通手段などから市場の立地と分布を説明する中心地理論の、伝統的農村市場の立地と分布の説明原理としての有効性を支持した(Skinner, 1964–65)。

だが、市の分布は必ずしも経済的営為の空間的まとまりの分布を示すものではない。そもそも、ある一人の小農にとってみても、売買する財により通う市が異なるという状況では、その中のどのような市をもってことさらに空間形成機能を有するとみなすのか、特定せねばならない。なるほど、スキナーが標準市場圏と名づけたように、小農たちが最も頻繁に通う定期市にはおおよその適性規模があったとはいえる。市という場での定期的な接触が社会的関係を築く契機なのだとすると、市場圏が事実上の通婚圏であったりするように(石田、一九八〇年)、社会的空間性が市をもって形成されるとみなすことはできるかもしれない。だが財の集散の動きに着目すると、定期市はあくまで流通のさまざまな節のどこかの一つであるにすぎないのである(二四〇—二四二頁)。財の流れをみるだけでは、ことさらに外と内を画するような経済的空間性を看取することはできない。

伝統中国は、近世日本と比較すると明らかなように、財・サービスの流通に権力や団体によって閉鎖性が与えられることが少なく、きわめて開放的な市場であった。ではその開放性の内に、地域経済などという空間を実体として看取することができるのか。以下に山西《さんせい》省太原《たいげん》県の事例をもって簡単に例示していこう[1]。

太原県城(現・晋源県)から西北へ一五キロほどのところに、黄陵《こうりょう》村という一〇〇戸ほどの村があり、日中戦争中に日本側によってではあるが、九二戸の農家の家計調査が行われている。それによると、九二戸中七八戸が農作業日雇いや土木作業などにより何らかの労賃収入を得ている。逆に支出の方を見れば、中位の規模以上の耕地を持っているほとんどの農家が農作業日雇いに支出しており、短期雇用を通じての小農間の労働力調整が常態化していた。労賃収入は男子労働力が多いほど増加する傾向にある。この地域は粟作一毛作が主流であるが、陽曲《ようきょく》県(現・太原市)向けの蔬菜栽培は重要な現金収入源となっている。またこの村では靴製造が主たる副業となっている。家族労働力の多い経営ほど、現金収入は多いが、蔬菜販売収入の多い家計は農業外収入も多いという関係になっていた。すなわち、労働力を多く有する家計ほど、穀物栽培以外の収入源に多角的に労働力を投入して現金収入を獲得していたといえる。(2)

ところで黄陵村では隔日で市集、すなわち定期市が開かれていた。農家が生産する粟などの穀物類がほとんど、この定期市で売却されていたのに対して、蔬菜類は太原向けに販売されていた、とされる。とすると、穀物生産に専ら頼る農家にとっては、定期市こそが依存する市場だが、多角的に家族労働力を投入する農家は、蔬菜や靴を購買してくれ、時には直接労賃収入を与えてくれる、より広い空間に依存していたことになる。つまり、小農たちには経営を多角化して労働力を活用し、より多くの現金収入を得ようとする性向があったことが認められるが、その実現のためには市集をはるかに越えた市場が対応していたのである。黄陵村の靴製造には七三戸の婦女子が従事し、陽曲県の靴商が材料を提供していたという。また太原県城の東南の赤橋《せききょう》村では豊富な湧き水を利用して、草紙を製造しており、この場合は草紙専業戸が多いともされるが、その販路は少なくとも、陽曲・太原両県を覆っていた。その他、太原県西部には採炭場があり、小農たちのなかにはその経営に参加するものもいた。

その赤橋村は、太原県城の外の四つの有力市場町の一つである晋祠鎮《しんしちん》に近く、村での意識されている物価というのは晋祠鎮の物価であった。晋祠鎮は一〇〇ほどの商店が軒を連ねているが、ここでは鎮の商店が発行する銭票《せんぴょう》が流通していた。晋祠鎮から数キロの距離にある太原県城でも、一九一〇年代前半には四〇軒ほどの商店がやはり銭票を発行しており、県城側の商会(商工会議所)が晋祠鎮の銭票発行を差し止めるよう県に求めるようなことにもなっていた(劉大鵬『退想齋日記』)。銭票は銅銭一〇〇〇文などを額面とする紙製通貨であり、形式的には兌換保証されていることになっているが、実際にはほとんど兌換されることなく流通していた。本来、個別の商店が自己の顧客に対して自己宛に発行したはずのものだが、事実上発行元にかかわらず、他の商店でも受領されていたのである。ただしここで重要なことは、銭票を額面通りに受領してくれる空間は限られていたことである。

一般に銭票は県を越えて流通することはないとされたが、この太原県の例が示すように、県の下の市鎮のレベルでも独自に銭票を発行し、やはり市鎮に物資が集散する範囲でのみ流通することになっていた。県という行財政の基礎となる単位でもなく、あるいは県が税役を最終的に割り当てる単位としての村でもなく、その中間にあって行財政的単位としての機能が弱い鎮が紙製通貨を共有する空間を支えていたのである(3)。こうした地域的紙幣の流通について次の二点が留意されねばならない。

黄陵村の家計調査でも明示されているが、小農たちの農作物、ことに穀物の販売にははっきりした季節較差がある。その収穫サイクルにともなう繁忙と閑散の較差に従って貨幣需要も硬軟の差が激しい。それに加え徴税にともなう貨幣需要の周期なども交わるのだが、銅銭は小農たちの各家計に散在しており、貨幣需給逼迫に対処して通貨を供給するような当局は現地に存在しないし、また集荷などにともなう金融を一手に引き受けるような業者もいない。そうした条件において、弾力的に対応した貨幣供給を可能にしているのが、こうした地域的な紙製通貨の流通であったと考えられる。赤橋村で穀物の相場といえば晋祠鎮でのそれであり、銭票という現地通貨によって支えられた相場とみなすことができる。ところが、赤橋村が副業として産出する草紙の相場は、穀物の相場の趨勢とは別に推移していたらしいことも、赤橋村居住の知識人劉大鵬《りゅうたいほう》の『退想斎日記《たいそうさいにっき》』によって明らかになっている(黒田、一九九六年)。銭票の維持する空間の物価動向は、より広い市場を前提とする商品の相場とは独立して動いていたのである。これが第一点。

第二に、銭票発行は、けっして特定の金融業者などのみが営むものではなく、穀物店や酒屋、雑貨屋などが、自由に参入しうるものであったことである。第四章で論じた、地域的な通貨を自律的に創造してきた歴史の延長にある。政府や商会などが規制にのりだそうとすることはしばしばあったが、現場を律していたのは、需要があれば新規参入者が現れ、過多となれば発行業者の淘汰が始まるという、自由放任の原則であった。政府はもちろん、商会のような商人の団体からの保証によるのでもなしに、自由に参入する業者たちによって現地通貨が形成されていたのである。

つまり、こういうことになる。小農たちは自分たちの保有する家族労働力を可能な限り多角的に活用して、より多くの現金収入を得ようとしており、その志向は彼らの日常空間を越えた広域の市場を前提にしてこそ実現されるものであった。ところが、彼らの農作物の販売は季節性を強く帯びており、それはまた貨幣需要の季節較差をもたらすが、貨幣需給の逼迫を調整する手段は、現地の商店の自由な現地通貨創造によって得られていた。

小農たちにおいても、商人においても、自由競争的に他業種に参入しあい、規制がほとんどないという状況にもかかわらず、流動性の安定を共有する空間が自然と形成されていたのである。(4) こうして、われわれは、伝統中国のうちに、権力によるものでも、閉鎖的団体によるものでもなく、ばらばらの経営者たちが地域空間をたしかに共有している場を確認することができた。このように地域的流動性を調節するために自発的に形成された制度的枠組こそが、ここまで支払協同体と呼んできたものなのである。

3　地域流動性の他律的調整——絶対王政期以前の西欧

前節では、伝統中国の農村部において、市場町を中心として、地域的な紙製通貨流通空間を形成していた事例をみた。それを承けて、本節では、同じく農村地域にある市場町を素材として、全く異なる仕組みで地域流動性の調整をしていた事例を示すことから、はじめることとする。中世末のイングランドのある市場町をとりあげて、前節の晋祠鎮と対照させた後、そこに浮き彫りにされる両者の差異から、さらに絶対主義国家形成以前の西欧における地域経済の一般的特徴を、伝統中国を鏡として映し出すこととしたい。ひとまず舞台を、一四世紀のイングランド、ロンドンから東北へ八八キロ離れたコールチェスターに移そう(5)。

一四世紀初めに住民約三〇〇〇人であったと推測されるこの町は、当時のイングランドの水準からしても、どちらかというと小規模な市場町といえた。だが、町から半径八マイル(約一三キロ)の空間における農産物売買は、その範囲内に他の市がないわけではないが、基本的にこの町でなされる傾向があったようである。一三世紀までは、そうした単なる地方における農産物交易の場の一つでしかなかったこの町にとって、一四世紀は変化に富む時代となった。ヨーロッパ大陸での毛織物市場の変化が、この町を毛織物の生産と輸出の町として様変わりさせ、当時のイングランドにおける一二の富裕都市の一つに数えられるまでに、一時は浮かび上がらせたからである。

コールチェスターは、法的には、国王から特権を付与された自治都市(バラ)であり、公民 burgess たちの選挙によって毎年改選される二人の執行吏 bailiff によって管理されていた。この町には恒常的な議会はなかったが、新しい規則の制定の時には、執行吏は事実上公民たちの同意を得ねばならなかったようである。

コールチェスターには特権的商人は存在せず、町内では公民ないしはその妻であれば自由に売買を営むことができた。外部の者が公民になるのも、二人の公民の保証のもとに、定められた加入料を払うだけでよく、形式的には開かれたものであった。しかし同じく町内に居住していても、公民と非公民とでは、単に執行吏選挙権のような政治的権利のあるなしではなく、経済行為における扱いにおいて明らかな区別がなされていた。公民は町の中で、非公民なら払わねばならない営業税なしで、商いをすることができたし、買いたい商品があれば、非公民に優先して購買できるような場合もあった(荒井、一九五九年)。一般的に、執行吏による諸規則の設定は、公民の非公民に対する優位性をもっぱらもたらす傾向があったとされる。

さて、コールチェスターの公民たちは自らの法廷をもち、独自に司法機能を果たしていた。その法廷にもちこまれた訴訟文書が残されているのだが、その中には数多くの債務関係の訴訟が含まれている。ことに一四世紀後半のものに債務関係の訴えが多くなっている。想定される住民数に比して、債務訴訟の頻度は高く、一三七〇年代後半には、少なくとも成人住民八人につき毎年一件の割合で、債務不履行などの訴えが法廷にもちこまれていた、とされる。

訴訟内容を形式的に分類すると、次のような諸点が特徴として浮かび上がる。第一に、比較的小額の債務の不履行が多く含まれていることである。一三八七年度のものでは、残されている六五四件のうち、五ポンド以上の案件も四九件含むものの、四五八件は一ポンドに満たないものであり、うち五シリング以下が二二六件を占め、一シリングに満たない案件ですら三四件含まれていた。四三五件と総数が減少した一三九八年度では、五ポンド以上が四二件とさほど変わらないのに、五シリング以下は八九件と激減しているから、債務訴訟の繁閑は零細規模の債務不履行の多寡によっていたといえるのかもしれない(Britnell, 1986, p. 108)。なお、一ポンドは子牛一頭で換算されていた案件があり、また一日の労働を半シリングほどにみなしているものもある。一ポンドなり一シリングの価値の大凡の目安になろう。

第二の特徴は、非居住者が訴えに関わっている案件が少ないということである。一三九八年度の四三五件のうち、外部に居住するものが訴主であるのは二五件、逆に外部居住者を訴えたもの二二件で、その他を含めても非居住者が関わっていたのは五七件と、全体の一三％にすぎない。裏返せば、法廷はほとんどコールチェスター住民同士の間の債務問題の処理に利用されていたといえる(Britnell, 1986, p. 107)。

形式的分類の結果をひとまずおき、債務の内容を見てみよう。一般的に、被雇用者は、賃金を雇用期間の終わりにまとめてもらうのが通常であった。たとえば、ある使用人は使用者の家に五週間半住み込みで働き、その後に一三シリングを受け取ることになっていた。また、小売業を営むものも、たとえば肉屋の類は、常連の顧客には掛け売りをしており、たとえばクリスマスなどを集金の期日としていたようである。つまり、日々の支払いよりもまとめての清算が多かったということである。そしていざ清算する時にも、代金相当の品物やあるいは労働で支払うことが、ごく普通に行われていた。すなわち、いずれにしろ、現金の受け渡しが頻繁にならないように回避されていたかのように見受けられるのである。

一四世紀は、コールチェスターにとって毛織物輸出を軸に商工業が発展した時期であるが、そうした事情とは無関係の他の地域でも一四世紀後半に債務案件が増大している。したがって、より一般的な状況が考慮に入れられる必要がある。イングランドは一三六三年から、地金の流出に苦しみ、鋳造額が減少している。法廷に持ち込まれた債務案件の増大が信用取引の増大を反映しているのだとすると、通貨供給不足が信用取引による現金取引の代替を促したとみなすことができる。ただ、コールチェスターの場合は、一三五〇年代から債務案件が増大しており、毛織物輸出の盛行を基軸とする貨幣需要増大が信用取引を膨張させていたとみなされている(Britnell, 1986, pp. 100-101)。ともかく、通貨供給減少によるのであれ、貨幣需要が増大したのであれ、地域における小口の信用取引の盛行が貨幣需給逼迫を回避させていたのである。(6)

しかもそれらの信用取引は、ほとんどが口頭で交わされたものであった。かつ、訴訟文書に現れるのは一対一の孤立した債権債務関係であって、特定の個人が集中的に現れることはない。ここに現れた信用関係は、質屋などの専門的金融業者を介さずに取り結ばれたものなのである。なお金融にかぎらず、業種の専門化はあまり進んでいなかったようである。たとえば、一三〇一年に町内で穀物取引をするものは少なくとも一九一家に上り、彼らは穀物取引のみに特化していたわけではもちろんなかった。

さて、コールチェスターの事例を、前節の太原県晋祠鎮ととりあえず比較しておこう。どちらも周辺の農村の生産物を集散する市場町である。かつどちらも町内での商取引を寡占するような商人たちは存在せず、業種の排他的分化もあまりおこっていない。そうした共通した条件のもとで、どちらも貨幣供給に弾力性を与える制度を地域として創出していた、といえるのだが、その方策が全く対照的なのである。

晋祠鎮の場合は、商店が紙幣を発行しあい地域的に流通させることで貨幣供給に弾力性を与えていた。銭票は、形式的には発行商店宛の定額約束手形と分類することができたが、事実上兌換は想定されておらず、銭票の発行は実質的には債権・債務には基づかない外部貨幣 outside money の創造であった。それに対してコールチェスターの場合は、居住者たちの間で信用取引を頻繁に交わすことで、通貨使用機会を節約するという方法をとっていた。こちらは商取引による資産の移転を住民の間の債権・債務として処理するという、内部貨幣 inside money の創造という方向に向かったのであった。

晋祠鎮の場合、銭票の流通を支える制度的裏づけはほとんどないといってよい。いっぽう、コールチェスターの信用取引は、明らかに、地域の法廷の司法機能が直接の支えとなっている。ただこの場合の法廷とは、国王の法廷ではなく、コールチェスター公民たちの法廷なのである。そこはけっして町居住者すべてにとって平等な世界ではない。顔見知り同士の口頭約束のみに基づく信用取引の盛行は、まず公民たちの団体としての効力が地域に及んでこそ、成り立つものであったのである。[7] 地域の内部貨幣形成の基礎にあるのは、この市場町の法共同体としての機能なのであった。

コールチェスターに見られた公民たちを軸とする法共同体形成は、他のイングランドの市場町にも共通するものであった。たとえば、イングランド南西部のエクセターの一四世紀の法廷文書を分析した研究からも、町の規則が非公民と町外居住者に対する公民たちの優位を保護するよう機能していたことが窺われる(Kowaleski, 1995)。

さて、中世末イングランド市場町にみられた、法共同体に基礎をおく信用取引の盛行という特徴を、イングランド以外の別の二つの事例から、西欧の伝統市場のあり方へと普遍化してみよう。

第一にあげるのは、同じ一四世紀にブリュージュで行われていた両替商たちの間の相互の帳簿振替である。ブリュージュは当時人口四万人を擁すると推定された北西ヨーロッパの金融の中心都市であり、コールチェスターなどと違って金融業の専門化が進んでいた。ブリュージュには十数店の両替商がいて、ここでの商人たちの間の取引は現金取引よりも、両替商に預金口座を設けた上での、帳簿振替による決済が上回っていたとされる。だがここでの振替は、かならず当事者たちが赴いての口頭によるものでなければならず、その慣行は商業手形の裏書きによる流通がようやく始まる一七世紀の、その初頭まで残存していた。一軒の両替商に預金口座を設けるのは平均七、八〇人、とさほど多くはない。全ての両替商は密集して店舗を構えており、商人たちはその一角を廻って決済をすませていたのである。そして両替商たちは、ギルドや市当局により帳簿の付け方など細かい規制を受けて振替業務を維持していた(De Roover, 1948, ch. 13)。

基本には両替商と顧客との一対一の口頭による契約があり、団体的規制が信用取引の広がりを支えているという点で、ブリュージュの金融業務の発達もコールチェスターの信用取引の延長線上にあることがみてとれる。留意すべきは、西欧中世の両替商たちにより発達させられ、そしてアムステルダムなどの public bank によって継続された銀行機構は、銀行券流通よりも、こうした預金振替に基づいて発展したとされていることである。

第二に関連する事例としてあげるのは、一六・一七世紀のフランスの地方における貨幣流通の状況である。ムーブレの著名な論考によれば、一六・一七世紀のフランスでは、新大陸の銀流入が当該時期におこっているはずにもかかわらず、農村での貨幣使用はほとんど稀でしかなかったという。といっても、取引は貨幣単位をもって行われるのだが、信用取引か相当額の現物をもって決済することが一般的であったのである。商人にしてからが、そもそも多額の現金を資産としてもつことはせず、帳簿振替や塩のような商品での決済ですましていたのである(Meuvret, 1971)。一六―一八世紀のフランス農村に残された遺言状からは、農業労働者への藁代金のようなものまでが信用取引で行われていたことがみてとれるが、重要なことはそうした関係が主として同一ないしは近隣村内で成立していたことである。ある事例では、そうした債権者と債務者の所在地の平均距離が三キロ、また別の事例は二キロあまりであった(Hoffman, 1996, pp. 71, 77)。囲い込みの進展するイングランドと小農の残存するフランスといったその後の歴史的推移の差にもかかわらず、限定された人的関係に基づく信用取引で流動性不足を補っていたという点で、工業化以前の両者の地域経済に共通点を見いだすことができよう。

以上から、中世末から近世初期にかけての西欧では、日常的取引において、貨幣はもっぱら計算単位 unit of account として現れ、実体としては信用取引か商品貨幣によっていたことが窺われる[8]。つまり、西欧社会はきわめて手交貨幣の日常使用を節約する志向をもった市場経済であったのである。

では、西欧では手交貨幣そのものはどこで流通していたのか。西欧中世で流通していた手交貨幣といえば、一般には、銀プレートから打ち抜いた銀貨であった。ビザンツ帝国やイスラム王朝そしてヴェネツィアなどの金貨が北上してくることもあったが、概して金貨が大きな意味をもつのは一六世紀をまたねばならない。ローマ帝国は都市民の日常的貨幣使用に供するために、零細額面の銅貨も発行していたが、中世においては永らく廃され、一四世紀から「ブラックマネー」と称される銅含有度の高い「銀貨」が流通しはじめるものの、銅貨が銅貨として発行されて西欧全般で日常的に流通するようになるのは一七世紀になってからである。

ここで問題となるのは、素材が何かということではなく、流通のあり方である。西欧中世における銀貨の流通には、次の二つの特徴がある。第一には、銀貨は日常的使用にはなお高額であったということである。このことは、第二章などで述べてきたのでここでは繰り返さない。第二には、基本的には、貨幣高権をもつ領主が各地におり、領主によって品位や重量を決められた銀貨がその地で流通していたことである(9)。外部の商人が銀を持ち込んだとき、領域内で交易するときは、現地銀貨に鋳造しなおされることが、求められた。また、領主が新しい銀貨を定めると、旧来のものは通用が認められず、鋳造所に回収されて再鋳造されねばならないことになっていた。実際には他領発行の通貨が流通し、使用禁止令にもかかわらず退蔵貨幣からそれらが発掘されたりしている(名城、二〇〇〇年)。しかしながらその場合も含めて、西欧中世の退蔵貨幣の場合、一カ所から出土する貨幣群の発行年が短い年代に集中していることが多い。それは、長期にわたる歴代王朝の銅銭が出土することの多い中華圏の場合とは対照的であり、通貨改変のたびに旧通貨が再鋳造に供されていたことをうかがわせる。

つまりこういうことになる。南欧の都市部では、近世初期にかけて零細額面の通貨を頻繁に使用する傾向が生じてくるのだが、西欧では貨幣そのものは領主と商人の使用に限定される傾向があり、銀貨の流通と一般民衆たちの日常的交換との間には乖離があったということである。であるからこそ、日常的交易の維持には上述のような信用取引の恒常化が不可欠だったのである。

ただし、領主の権能としての銀貨流通であれ、法共同体に支持された信用取引であれ、どちらも地域空間の流動性を他律的に管理しようとするものである点では共通している。こうしてわれわれは、前節で述べた権力にも団体にも依らずに地域流動性を調整していた伝統中国の事例とは、好対照の事例をみることができた。次の課題はこれらの両極端な事例に座標を与えてみることである。

だが、その前に一つ確認をしておかねばならないことがある。それは、信用取引の盛行という現象そのものは、けっして西欧世界の専売特許であったわけではないということである。むしろ同時代の西アジア社会の方が、より信用取引への依存度は高かったと思われる。一七世紀前半におけるシリアのアレッポやアナトリアのカイセリに残された法廷文書からは、やはり頻繁に信用取引がなされていたさまがうかがわれるのである[10]。カイセリの場合、コールチェスターの案件と比べて、全般的にやや高額の取引が多いような印象をうけるものの、それでも牛一頭以下の価値のものがほとんどであるとされており、かつ債権者・債務者とも一度名前が出てくるだけのものがほとんどで、専門的金融業者の存在が看取されない点など、共通する側面がある。

しかし、アレッポの場合は都市外居住者を債務者とする訴訟が過半を占め、カイセリの場合では、宗派を跨いだ債権が三割を超えていることが、みてとれる。そこでは法共同体を形成するような地域的効力をもつ団体の存在を見いだすことは難しい。オスマン帝国治下のシャリーア法廷に裁定されるこちらの方が、より開放的な構造のもとでの信用取引なのである。逆に、開放的ではなかったことにこそ、西欧の地域社会の特性が看取されるべきである。

4　地域流動性の座標

さて、前二節を通して、地域流動性の調整の仕方に、自律的な秩序にまかせながら現地通貨を創出するものと、他律的な秩序に依りながら貨幣使用を信用取引などに代替して節約するものとがあったことを、確認した。この二つの志向が世界的にみてどのように広がっているのかみてみよう。まず伝統インドとの比較からはじめたい。インドは人口や面積の規模からいっても、また多数の地域を為替決済網が結んでいたというまとまりの点からも(Habib, 1967)、西欧そして中国と比較するのに最適な対象である。結論からいえば、インドはこれまでに述べてきた二つの事例の双方の特徴をあわせもっているといえる。

まず、インドにおける銀貨(あるいは金貨も)のあり方をみると、中世西欧でのそれときわめて近似していることがわかる。銀を持ち込んだ商人たちは、各地の鋳造所で銀貨に改鋳しなければ当地で支払いにあてることができず、貨幣の改鋳がなされると、旧貨幣は回収されて再鋳造されねばならなかった(Singh, 1985, ch. 7)。また、都市間の公私の送金は専ら為替 hundi を使用し、両替商らによって為替の現金化は遵守され(Bayly, 1983, pp. 240–241, 378, 403)、地域内での流通への転用も可能だったようである。鋳造所を管理するのがムガル帝国などの地方長官であったという点が、鋳造権が現地の領主の権能に属していた西欧と異なるが、銀貨と為替についてはかなり類似していたといってよい。第三章でみたように、インド貨幣史研究者がその歴史を西欧中世と比定しようとするのは、ゆえなきことではないのである。

しかし、一度目を銀貨にも為替にも縁のない小農たちの日常的交易に移すと、状況は一変する。すでに検討したように、この水準の取引では、銅貨以外にも貝貨をはじめとしてさまざまな零細額面の手交通貨が使用されていた。中国における市鎮(晋祠鎮)やイングランドにおけるバラ(コールチェスター)に相似する規模の中心地をインドで求めるとすると、市場町 ganj である。一八世紀の北インドを例とすると、その市場圏は最大で周囲七マイル(約一一キロ)、擁する人口一万五〇〇〇人といったところであった

(Bayly, 1983, pp. 98-99)。一八世紀のインドにおける交易の発達は、この市場町の増加という形で現れた(佐藤、一九九四年)。多数の小農たちが自らの生産物をもって集まる市場町の増加は、同時に進行する銅貨や貝貨などの零細額面通貨の供給増大と並行する現象でもあった(Perlin, 1993)。

地域流動性を零細額面通貨のような形で客体化させようとするそうした志向は、権力とは離れた動きの結果である。第二章でふれたように、一六六〇年代に西部のグジャラート地方で銅貨不足が起こった時、アーマダバードの両替商たちは鉄製貨幣を自発的に創造し、地域の流動性不足に対処している。ただし、インドにおける商人は、中国よりは、カースト制と結びつく分、閉鎖的集団を形成しているとはいえる。だが、その集団が地域行政に関与する余地がない点では、西欧とは異なる。一六六九年のスーラトにおけるように、ストライキに訴えて裁判の結果に抗議し、現地当局に圧力をかけることはあっても、彼らの意志決定が直接に行政へとりこまれるような回路はもっていないのである(Habib, 1990; Singh, 1985, p. 236)。

右のように、インドの事例をみることによって、中世西欧のように権力によって銀貨が日常的交易の媒介財需要とは連結せずに流通させられることと、伝統中国のように権力を介在させずに日常的な媒介財を地域が共有することとが、同じ社会のうちに併存しうることがわかった。媒介財の共有のされ方と並んで、本章で比較の規準として掲げた、小農の市場への接近の自由度についても、インドでは、小農が主として農村市場に自ら赴くあり方と、商人が直接生産者に前貸しして移輸出向け商品を専らつくらせたり、あるいは収租権保有者が隷属性の強い生産者を使用して商品を生産したりするあり方の双方が混在している(Baker, 1984, ch. 3-4)。前者の場合は、零細額面の媒介財を希求する動機が強まるが、後者の二つは地域内での媒介財需要は軽減され、そのかわりに銀貨のような地域外決済に向いた貨幣の獲得に傾斜する傾向が生ずる。

そこで事例をもう少し広く世界全体から探していくと、小農たちの経営の自由度と農村市場の発達とは、ほぼ正の相関関係にあることがみえてくる。南米のボリビアで一九五二年の土地改革の成果を検証するために一九六六年に行われた農家家計調査は、その仮説の妥当性を支持してくれる。ボリビア北部の高原地帯では、いわゆるラティフンディオが支配的で、大規模な地主が多数の小農を使用して直営地を耕作させる経営をおこなっており、商品的生産物はほとんど、地主経営の商店のある首都か輸出鉱産物を産出する鉱山地帯へ直接送られ、農村市場のようなものは現地にはごくわずかで、農家の家計からの現金支出も非常に限られていた。農民は自己保有地でとれた草木を売るのも禁止され、羊を保有するのも五頭以下に制限される場合があるなど、現金所得を得るために自らの経営を多角化することをそもそも制限されていた。ところが、土地改革による小農たちへの土地分配は、彼らの家計における現金支出の増加をもたらす結果となった。

の乏しい左方向に、一六世紀以降の南米や東欧が、反対の右方向には中国が配置され、双方の要素が混じるインドは中間に位置づけられることになる。(12)

第3節で述べたイングランドの事例は、この横軸座標では、東欧・南米よりは自由度は高いが、インドよりは低いといった位置づけになる。だが、地域流動性の比較座標にはもう一つの座標が必要なのである。それは、通貨を創造して地域流動性を客体化していくという志向ではなく、地域内の債権・債務関係に閉じこめて内部貨幣としていく志向である。この志向が生じるためには、債権・債務関係を共有する団体と、その団体の地域的効力の強さが要件となる。

近世日本の事例を付け加えることにより、図11の比較座標の意味を補足しよう。近世日本は団体の地域的効力において比較的高く、かつ小農の市場接近においてインドよりも中国に近い、という位置づけになろう。次節で、より小農の自由度が高く地域通貨をより自律的に創造する伝統中国との対比をしながら、近世から近代にかけての日本の特色をみておこう。

5　地域的信用と地方銀行

幕藩制下での日本の地域経済を、本章で紹介した晋祠鎮などと比較しようとすると、すぐに想起されるのが藩札の流通であろう。受領性に空間的限界があること、また事実上不換紙幣であることなど、中国における銭票と共通するかのごときである。しかし、両者の性格には基本的な相違がある。藩札は基本的に藩という半独立権力が、強制的に受領させるものである。いわゆる後期藩札と呼ばれるものの場合、特産物の集荷・移出の特権を藩から得た商人が発行している事例が多いが、それでも地域経済の貨幣需要とは別に他律的に供給されるものである点には変わりはない。[13] 権力に依らず、その流通が自律にまかされている銭票とは似て非なる存在なのである。日本近世では、末期を除いて、地域が自律的に貨幣を創造するという状況は例外的にしか生じなかった。

小農経営について簡単に述べると、日本の方が中国よりは現金獲得の選択肢は限定されていたといえる。日雇いのように短期に余剰労働を売買するという点では、明らかに近世日本は伝統中国よりその比重が低い。それは主要には、日本の場合、村内の温情的関係が現金をともなわない短期労働の交換ないしは奉仕を恒常化させ、日雇い労働の需要を減じていたからである。[14]

ここで着目すべきは、その日本の近世村落が有していた融通機能である。村役人階層を結節点にして、村の中上層の家が比較的小口の金額を低利で融通しあうような機構が、村の中で作り上げられていた。歴史的には村規模の年貢未済立て替えが契機となって生じたものが多かったであろう。近年の在地金融に関する研究の進展は、それらが比較的小額の村内相互融通を中心として機能していた事例を提示している(牧野、二〇〇一年)。

城下町以外の在方《ざいかた》の町でも同様に積み立てをしていた事例もあるとされ、広がりのある現象であったと思われる(15)。すなわち、近世日本は村という団体的組織を契機とした内部貨幣を形成し、他律的な外部貨幣の供給の非弾力性を補完していたのである。

地域的効力を有する団体が、小農たちの経営の流動性獲得志向を限定しつつ、信用関係を内包する機能を有していたという、近世日本の事例は、上述の西欧中世末のそれが、けっして孤立したものではなかったということ、言い換えれば、小農経営の自由度と地域信用とには、ある程度のトレードオフの関係が一般的に成り立っている、ということを示唆しているのである。そしてこのことは、銀行業、ことに地方金融機関の発展に大きく関連してくるのである。

第3節ではもっぱら中世の西欧を検討したが、そこで明らかにした特徴が、中世とともに西欧から消え去ったわけではない。むしろ逆である。イギリスは一八世紀末においても、ことに地方においては、通貨の供給の非弾力性に苦しんでいた。ことに小額通貨は恒常的な供給不足にあり、ともすれば通貨の代替物として商店の手形や商品そのものを使用して取引する状態であったのである。スミスは、同時代人として、スコットランドのある村で、職人が貨幣の代わりに釘を持参してパン屋や酒場に行っているという事例をあげている(Smith, 1986, p. 127)。そうした中で各々の地域は、地方銀行 country bank の発行する銀行券を利用したり、あるいはランカシャー地方のように為替手形を小額の取引にまで使用するなど、それぞれが独自の調整方法をとって対応していた(Ashton, 1945)。

われわれは、法定通貨の非弾力的供給という事態に対して、地域経済が独自の調整方法を編み出すという現象の普遍性を、ここでも見いだすことができる。ことにここでいう地方銀行券の流通は、少なくとも一八世紀の乾隆年間までには遡って確認できる中国における銭票の流通と、類似するかのような印象も与える。だが、一四世紀にまで遡ってイングランドにおける地域経済の原型を確認したわれわれには、地方銀行券のその地域における受領が、地域内の流動性不足を内部貨幣という手段で切り抜けてきた手法の延長であることが、容易にみてとれるであろう。

北米については一切ふれられなかったが、次のことだけは紹介しておこう。北米は第二章のテンニネオの事例でみたような地方銀行が植民地期から強い。だが、一九世紀前半のニューイングランドの地方銀行においては、発券業務も預金業務もごくわずかな比重しか占めていなかった。それでどうやって貸付をしていたかというと、商業手形などの割引を通して行われていたのだが、それらは裏書行為をもって限られた地元の投資者の間を流通したのである。つまり銀行は、匿名的な顧客というよりは、空間的に限定された社会関係に依存して成り立っていたのであった(Lamoreaux, 1994)。こうした地方銀行が発達する前景に、やはり極端な通貨不足の歴史があった。一八世紀前半のマサチューセッツでは、金・銀貨が不足していたので、租税などを担保にした公的信用証券の発行がなされたが、それすらも通貨需要を充足させるにはほど遠く、職人たちへの給与支払いが買物券によりなされるようなことが常態化していた(浅羽、一九九〇年、二六四―二六五頁)。

明治以降の日本を見る際にも、工業化が途につく前に、きわめて多数の銀行類似機関が地方に生まれていたことに、われわれは着目しなければならない。一八八七年において、国立銀行一三八行、私立銀行二二一行、に加えて銀行類似会社と分類されたものが七四一行あり、銀行的機能を果たす機関が一〇〇〇以上にものぼっていた。(16)この他にも質屋・無尽の類が村を単位として多数存在しており、町や村のレベルで遊休資金のプールをもっているのが普通であった(朝倉、一九六一年、一八七・二八四頁)。このことは、近世日本の町や村の有していた融通機能と切り離しては説明できない現象であろう。明治期の資産家たちに、(17)多少リスクが高くとも地元企業に投資しようとする名望家的志向があったとされることも、歴史的文脈を同じくすると思われる。

では、地方銀行のようなものが自生する社会と、そうでない社会とでは具体的に何が違ってくるのであろうか。製糸金融ということにしぼって、日本と中国を比べてみよう。

貿易構成において生糸輸出への依存度が高かった点で、二〇世紀初頭の日本と中国は共通する。ちなみに一九〇〇年頃をとってみると、長野・群馬などから横浜へ出回る生糸は二〇〇〇万円ほど、無錫《むしゃく》など江南各地から上海へは二〇〇〇万元ほどとなっており、当時の為替相場からしてほぼ同規模の買い付け額であったとみなしてよい。

製糸金融はきわめて季節性が強い。小資本の製糸工場では動かせないような多額の繭買い付け資金を、短期間に調達しなければならない。その季節的な資金調達において、日本においても中国においても、売り込み商や銭荘《せんそう》(在地両替商)などによる、製糸工場への対人信用に基づく融通が重要な役割をはたしている。しかしながら短期とはいえ、上述のような当時としては巨額の資金を売り込み商や銭荘が自己資金から供与できるものではなく、それらの資金は貿易金融を営む銀行から得ているのである。

つまり銀行側からみると、自己資本に乏しく融通先としては信頼性が高くない製糸工場へ直接信用を供与するのではなく、製糸工場を顧客としている売り込み商らに信用を「卸し」、彼らが卸された信用を「小売り」するのにまかせ、リスクを転嫁していたことになる。政府系銀行などが、極端な季節性による金融の逼迫を緩和させるのに積極的な役割を果したことなどは、両国に共通する。しかしながらまた大きく異なる面ももっていた。

中国では繭買い付けの資金は次のように供与される。

在上海銀行　↓　銭荘　↓　製糸業者　↓　＊　↓　繭生産者

つまり農村から開港場《かいこうじょう》へと、生産物が原料生産から加工を経て輸出される流れと正反対の方向で、一直線に資金が流れていたことになる。ただし、その開港場から買い付け資金として流入する通貨(たとえば銀両)は、そのままでは繭生産者に受領されず、同じ国内でありながら、現地通貨(銀元や銅貨)に兌換されねばならなかった。しかもその現地通貨そのものの短期間での大量調達がしばしば困難となり、繭買い付けを抑制することもあった。＊の節はそうした現地通貨需給の自律性に基づく市場の分節性を示している(曽田、一九九四年、第二・三・四・八章)。

いっぽう、日本では次のような資金の流れとなっていた。

在横浜銀行　→　売り込み商人　→　製糸業者　→　繭生産者
日本銀行　→　地方銀行　→

日本の場合は資金の流れが立体的である。売り込み商の対人信用に基づいて製糸工場に供与された資金は、繭購入の後、一直線に貿易港へ反復するのではない。すなわち購入された繭はあらためて担保とされて、地元の地方金融機関からの新たな融通の条件となり、さらにその資金により購入された繭や製品代価勘定を引き当てにして、他地域の秋繭を購入するための他地域の金融機関からの信用供与をうける。

つまり諸機関の供与する信用の間に互換性が付与されているため、一度「卸し売り」された信用が生産地方で循環しているのである。こうして、売り込み商の組んだ信用貸しは短期融通の形式をとりながら、実質的には次の春繭集荷期までの長期融通と同様の働きをする。ここでは当然のごとく日本銀行券が末端にまで及び、貨幣的要因による市場の分節性は全く現れてこない(山口、一九六六年、序章・第二章)。

ここにわれわれは、信用供与の流れにともなう階層性の有無を、中国と日本の間に対照的に見て取ることができる。日本の製糸金融においては、諸機関の信用供与の間でいわば相互乗り入れが成り立っており、債権が流通しているのである。長期と短期、担保貸と信用貸といった形態上の差異はその流通に際しての仮装にすぎないかのようにさえ見える。中国やインドなどで広く見られた銀行と在来金融機関との二重構造とは明らかに質を異にする。

日中の差異の要因を考える時、やはり日本における地方銀行や銀行類似機関の密度に着目せざるをえない。それらが地方の遊休資金を現地に集約している構造になっていた。

そのように地域経済ごとに遊休資金の集約機構が機能していることは、二つの作用をもたらす。第一に、地域ごとの貨幣需給の季節的な逼迫に対して緩衝機能を自ずと果たす。第二に、地域外から供与された信用が、同質の新規として在来の資金在庫に上積みされることができる。なぜなら、中国でのように遊休資金が分散されていて核となる資金在庫がないなら、流入してきた外部からの資金はまた出ていくしかないからである。出ていかずに地域内にいったん分散してしまうと、回収すること自体に費用がかかってしまうことになる。

6　伝統市場の四類型

さて、本章の議論をまとめてみよう。伝統市場はどのように地域流動性を維持しているかによって、次の四つに分類することができることになる。現地通貨を創りだして流動性を保持するのが、第一のグループである。伝統中国が典型である。農村地帯の市場町では、現地商人が発行する紙製通貨が、何らの公的許可もなしに流通していた。

第二のグループは、頻繁に信用取引を使うことで流動性を維持しようとするものである。中世の西欧では債務者に債務を履行させるように法共同体が形成されていた。イングランドの市場町コールチェスターの事例では、一シリング以下の取引にすら信用を使う公民もいた。信用取引は地域流動性を領主間や都市間の銀貨の移動から独立的にさせていた。

第二グループは、いわゆる内部貨幣をその共同体の内で創造したのに対し、対照的に第一グループでは外部貨幣の現地供給を発展させたのである。現地通貨の豊富な供給は最初の事例における小農たちの地方市場への接近を容易にさせるものであった。

第三のグループは、兌換性のある貨幣とバーター取引の複合の事例である。近代初期のポーランドや現代のボリビアにおけるように、貴族、地主そして大商人たちが海外貿易に有効な金銀貨を蓄積するいっぽうで、小農たちは貨幣を使用することなしに、バーターで日用品を交換するのである。

伝統インドは第四のグループ、すなわち前三者の混合に分類される。ムガル期インドでは領主や金融業者たちの間の頻繁な銀貨の移動があるいっぽうで、農村部では、もっぱらバーターに依存する村落と、貝貨や銅貨のような小額貨幣が流通する地方市場に依存する村落とが並立していたのである。

近世日本の事例は、外見上は中国と相似する点が少なくないが、地域流動性に着目すると第二のグループに近い特質をもっている。年貢納入を請け負う共同体としての村は、成員間に融通関係を生じさせ、かつ村は団体として外部の商人から貸し付けを受ける単位として機能もしていた。

概して、小農たちがより頻繁に現地市場を利用するほど、伝統中国の場合のように、市場はより自律的に自身の流動性を自己組織するようになる。しかし、中国の事例は自由な市場経済が必ずしも工業化に向かうわけではないことを示してくれている。参入障壁が低く予測の難しい自由な競争の場からよりも、[18] むしろ貨幣使用の制限と地方共同体の内での融通が、西欧でも日本でも、地域工業化のための資金蓄積を準備したことに気づくのである。[19] 以上の結果は、国民経済を培養器として発達した資本主義経済とは、個々の社会成員の自由度の高い市場参加から生じたというよりは、ある種の制度的制約を触媒として萌芽したということを示唆する。

第七章　本位制の勝利——埋没する地域流動性

1　一国一通貨原則の歴史性

今日では、一国内に一つの通貨が排他的に流通するということが、原則であり当為となっている。中南米のいくつかの国のように、国内通貨に対して国内で流通する米ドルが額において上回るような場合もあるが、それでも国内通貨は一つである[1]。米ドルの国際流通にしても、諸国通貨間の決済に便を与える基軸通貨として機能を果たしているわけで、それ自体は一国一通貨原則を補完こそすれ対立するものではない。だがこの原則が原則として普及したのは、きわめて現代的な事象なのである。第一章で紹介したマリア・テレジア銀貨の流通は、一国一通貨原則にはよらない通貨流通が第二次大戦期にまで根強く残存していたことを示してくれる。実際一九世紀には、同銀貨やメキシコ銀など大量の貿易銀が国境を越えて流通しており、その環状回路の節々に結びついた地域経済は独自の通貨を保持しつづけたのである。第六章でみたような、現地の通貨需給逼迫を緩和できるほど地域信用が十分に発達した社会は別として、地域的な独自通貨を保持する利点が、現地の人々にとって、必ずしも消失したわけではなかった。アジア・アフリカといった世界経済の「周辺」の側からとらえなおすと、一九世紀末からの国際金本位制の形成とは、そうした一国一通貨原則に対置される第二の道を、最終的に埋没させる過程にほかならなかった。それは、国境内部で、流通する通貨の間の関係が対称化する過程でもある。その様相を以下にみてみよう。

2　小農経済と在来通貨の変容

第一次世界大戦前の二〇年間は、ロンドンを中心とする貿易の多角的決済が急激に発展した時期である。そのことはいっぽうでスターリング・ポンドを基軸とする国際金本位制の成立をもたらし、いっぽうで国際貿易の持続的な発展をもたらした。ことにこの時期の貿易拡大は、農産物輸出に有利な価格比で進んでいったことに特徴がある。それにともない、東アジア・南アジアでは目に見える形で通貨に変化が起こった。それは伝統的な現地通貨の市場からの退場である。徐々にではあったが、中国・朝鮮・ベトナムの孔あき一文銅銭やタイにおける貝貨は着実に新しい通貨に転換されていった(Robequain, 1944, pp. 137–146; Ingram, 1955, pp. 149–151)。とはいってもアジアもけっして一様ではなかった。いっぽうでインドやマレー、フィリピン、インドネシアなどでは、本国通貨と現地通貨をリンクさせた通貨制度とされたのに対し、そのいっぽうで中国とベトナムがポンドとの変動相場を保ち、一九三〇年代にようやく事実上リンクするといった相違が生じている。

ただ、国際金本位制が成立した一九〇〇年頃から、紙製通貨の受領が始まる、ないしは普及が深化するという点はほぼ共通していたのである。開港場での外国銀行券の限られた流通と、第四章、第六章で紹介した銭票のような受領性がごく限定された紙製通貨をのぞくと、基本的に金属貨幣に拠っていた中国で、省政府の官銭票が広汎に受領されはじめるのもこのころからであった(黒田、一九九四年a、第七章)。またインドで植民地政府紙幣が、以前からすでに相当の発行額を数えていたとはいえ、小額面紙幣の発行により地方の末端にまでゆきわたりはじめたのも二〇世紀にはいってからである。そしてそれらの現象はより広い範囲で共時的に現れた。

中国では商品流通の変動は、何よりもそれらを調達する通貨の流通の変動をともなった。小農生産物への需要の伸びは、零細な一文額面しか代表しない銅銭を過少にさせ、一八九〇年代半ばより銭不足現象を蔓延させる。その農産物を調達するための現地通貨不足が、二〇世紀に入って、一〇文額面の銅元と一〇〇〇文額面の官銭票を受領させる動機となった。農産物輸出が好調な地域では、官銭票が従来からの銭荘振出の銭票を駆逐するようになる。その結果、開港場を吸引力とする省政府紙幣の広域通貨圏が分立するようになって第一次大戦を迎えることになる。だが大戦による対欧州貿易の中断と上海中心の工業化は、通貨にも変化をもたらす。それは袁世凱銀元とそれを兌換貨とする中国銀行券の流通となって現れた。中国銀行券は当初は発行支店所在地でのみ、金属貨幣の季節的需給逼迫の緩和手段として受領される地方通貨にすぎなかったが、やがて省政府の官銭票を駆逐し、一九三五年の国内通貨統一の素地を作ることとなる(黒田、一九九四年a、第九章)。

インドでも輸出の発展は、農産物を散在する小農から調達するための通貨供給増大を促した。一九〇〇年度末には二億八九〇〇万ルピー(一八六〇万ポンド)と一八九二年度末の二億七一〇〇万ルピー(一八一〇万ポンド)とさほど変わらなかったルピー銀貨総流通額が、以後増加を続けて一九一一年には五億七四〇〇万ルピー(三八三〇万ポンド)となり、また政府紙幣の総流通額も一九〇〇年一九〇〇万ポンドから一九一一年三六五〇万ポンドに増大している(竹内、一九七八年)。ことに紙幣供給は繁忙期と閑散期の較差が明瞭で、追加的通貨に対する季節的需要に対応していたと指摘されている(Keynes, 1971a, pp. 38–39, 邦訳四〇—四二頁)。その政府紙幣は小額通貨が中心で、主要な州に対応した紙幣発行局より供給されたのであるが、当時は管轄圏外では法貨としては認められず、兌換に際しては割引をうけた(Keynes, 1971a, pp. 28–29, 邦訳三一—三二頁)。小額紙幣を地方的に供給したことが、輸出農産品を抱える小農に受領されやすくしたと考えられうる。

ただし中国と違い、一ポンド＝一五ルピーで固定された金為替本位制のもとでの通貨供給であり、そのかぎりでは国際収支に従属せざるをえず、自律的な供給には限界があった。(2)

東南アジアでも同様の傾向が現れる。二〇世紀のタイ政府紙幣とインドシナ銀行券の流通残高は表5のように推移している。

二〇世紀初頭からの紙幣流通残高の着実な増加と第一次大戦後の急増がみてとれるが、その背後にはタイにおける貝貨、インドシナでの銅銭の、市場からの退場が進行していたのである。そして両国とも輸出向け米作の進展がみられ、収穫された米の集荷・移転が貨幣需要と密接に関係していた。

このように輸出農産品の代価として小農に手交される通貨が変化したのは、アジアだけではなかった。(3) 表6のように、英領西アフリカ全体の貿易額も大戦前の一〇年間で三倍強となり、それにあわせるかのように、英国スターリング銀貨の発行額もやはり三倍強になっている。一八九四年の英領西アフリカ銀行創設以降、一九一〇年までに五〇〇万ポンドのスターリング銀貨が西アフリカに吸収され、以前のインドのようであったとされる。(4) ただしインドと違い、鋳造はロンドンでなされたのであるが、より以上の違いは、この英国銀貨がごく一部でしか受領されていなかったことである。

そもそも一九世紀の西アフリカの伝統的商取引において、貨幣は幾重もの階層に分か

表5　20世紀初期東南アジアの紙幣流通

年	タイ政府紙幣流通残高(百万バーツ)	インドシナ銀行券流通残高(百万フラン)	インドシナ銀行発券準備(百万フラン)
1903	3.5	40.2	31
1908	14.8	57	65.7
1913	26.1	86.5	71.2
1918	59.7	174.4	60.6
1923	91.7	831.1	324.6
1928	135.3	1841.1	708
1933	114.3	956.4	822.5

出典）Central Service of Statistics, Siam, 1939, pp. 322–323; 権上，1985年，376–377頁

表6　英領西アフリカにおける英銀貨供給

年	英スターリング銀貨発行額(ポンド)	年次	英領西アフリカ貿易総額(千ポンド)
1886–90 平均	24,426		
1891–95	116,323		
1896–1900	257,090		
1901–05	262,786	1903	9,793
1906–10	666,190	1908	14,564
1911	874,850	1913	30,479

出典）Mcphee, 1971, pp. 236–237

れて流通していた。その一番基底にあって日常的な売買に使用されていたのは、インド洋で採取される貝貨であった。第三章でベンガルの事例をみたように、ここでも貝貨は微細な額面しか代表しないので穴をあけてつなげ、高額取引や遠隔地への運搬に耐えるようにしていたが、そうした取引には貝貨よりボトル詰めジンや時には奴隷が使用された。貝貨と奴隷の中間の規模の取引は銅線 cheetham、小合金蹄鉄 manilla といったような金属類が使われた。ヨーロッパ商人との交易はマリア・テレジア銀貨やメキシコ銀貨などで決済されたが、それらの額面と小農が用いる貝貨のそれとは較差が大きく、中間媒介に様々な手交貨幣とも商品貨幣とも区別のつかないものを介在させねばならなかった、ということである(5)。上述の英国銀貨はたかだか最も表層の諸銀貨の中に参入し、ラゴス周辺で受領されたにすぎなかった(Mcphee, 1971, pp. 233)。

英国は在来貨幣を駆逐しようとし、一九〇三年には青銅鋳貨を輸入、それが額面が大きく受領されずとみるや、一九〇八年に一ペニーニッケル貨、一〇分の一ペニー貨(穴つき)を導入し、一九一一年には南部ナイジェリアで真鍮棒と manilla の非貨幣化を宣言するが、代替は遅々として進まなかった(Mcphee, 1971, p. 238)。事態が変化したのは、大戦中からの英国向け農産品輸出の猛烈な伸びが深刻な貨幣不足をもたらしてからであった。それまで流通していたマリア・テレジア銀貨のような外国銀貨は駆逐され、在来貨幣もなお流通するもののおされ気味となり、一ペンス、二分の一ペンス、一〇分の一

表7　1935年のナイジェリアにおける貨幣流通額推計(単位ポンド)

西アフリカ銀貨	1,348,318
西アフリカ合金鋳貨	7,276,567
西アフリカニッケル青銅貨	653,064
西アフリカ紙幣	717,295

出典) *The Nigeria Handbook*, 1936, p. 73

ペンスのニッケル青銅貨を従えた、二シリング、一シリング、六ペンス、三ペンスの合金鋳貨が幅をきかすようになる。一九三五年六月末の流通額推計では表7のようになっている。

紙幣は一〇〇%準備を原則にロンドンの西アフリカ通貨局が発行するが、貨幣需要にあわせた弾力的な発行にはほど遠かった。総じてインド以上に国際収支に規制されて通貨供給に弾力性が乏しく、そのため折りを見て貝貨などがその後もしばしば復活することになった。

このように、独立性の高い小農が地方市場を繁栄させていた社会でも、彼らの需要にあっていた独自通貨が徐々に、スターリング・ポンドのような基軸通貨や植民地本国の通貨との兌換性が高い新通貨に代替されていった。ただしその過程は、一本道に進んでいったわけではなかったのだが。

3　紙幣と兌換性

アジア・アフリカと違い、ラテンアメリカでは、紙幣自体は多くの国で一九世紀前半からかなり受領されていた。その流通の様態は一様ではないが、ある傾向がうかがえる。

たとえば一八九〇年代前半をとってみれば、ブラジルでは銀行発券額が急増し、ブラジルの通貨ミルレイス milreis の対ポンド為替相場は下落傾向にあった。それはコーヒー農場主たちにとっては、通貨膨張により輸出を刺激しつつ、コーヒーの国際価格の低迷による損害を大衆に転嫁させる手段として機能した(Furtado, 1963, p. 193; Levy, 1991)。同様にアルゼンチンでは同じ頃、不換紙幣が増発されて紙幣ペソの対ポンド為替相場は低落傾向にあった。やはりそれは結果的に、農産物輸出の低迷による損失を国内でのインフレにより農産物生産者に転嫁させようとする農場主などの利益に沿ったものであった(Ford, 1962, pp. 94–95)。

ところがアルゼンチンでは、一八九八年頃を転機として輸出農産物の価格趨勢は上昇に転じ、状況が変化する。有利な交易条件のもと、為替相場を安定させるため事実上ポンドへリンクした通貨制度となる。ブラジルでも一九〇〇年の信用恐慌をきっかけとして、厳格な発券準備が法定されるようになり、極端なほどその発行が制限される。その結果、ミルレイスの対ポンド為替相場は安定するようになる。ラテンアメリカ諸国にとって、国際金本位制の形成とは、交易条件好転に対応した高い国際兌換性と、それにともなう外資の安定的流入を意味した。

アルゼンチンについて少し詳しくみてみよう。輸出拡大はやはり、通貨供給の拡大をともなった。図12のように国内通貨たる紙幣ペソの発行額は、ほぼ貿易額に追随した軌

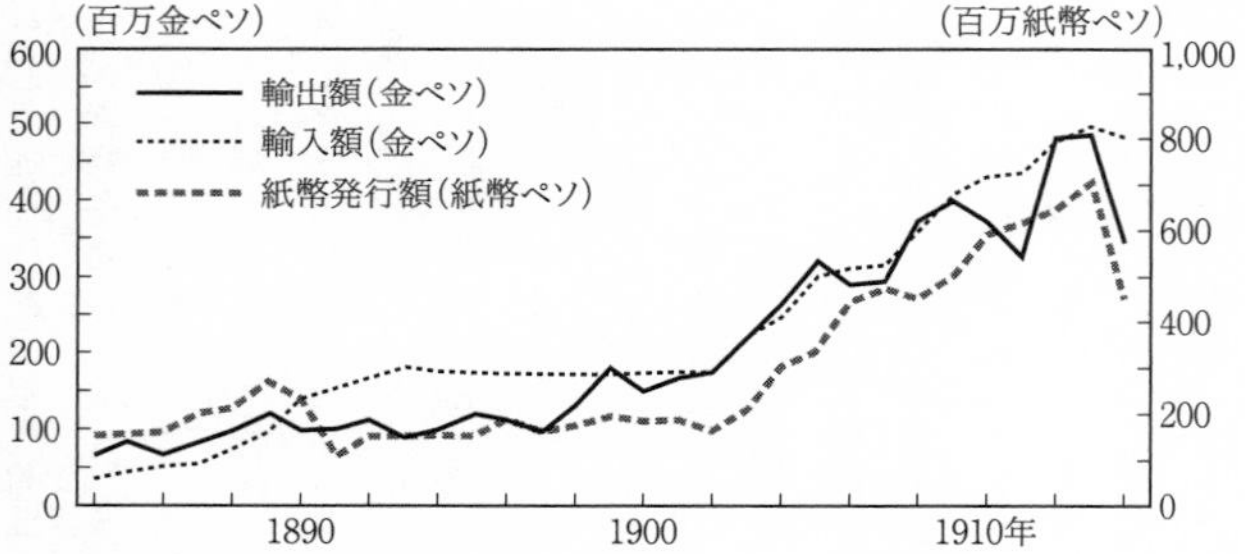

出典) Ford, 1962, p. 195

図 12　アルゼンチンの輸出入額と紙幣発行額の推移

跡を残しており、一八八四年から一九一四年までの紙幣発行額と輸出額の相関係数は〇・九四五、一九〇一年からに限っても〇・九一一と高い値を示している。この時期の輸出貿易は紙幣ペソによる農産物調達により実現されたのである。

この紙幣ペソについては次のことをおさえておかねばならない。一八八一年までのアルゼンチンは、各州が独自の通貨をもち、ボリビア、ペルー、チリなどの外国通貨も流通しており(Ford, 1962, p. 93)、その点で、ちょうど省政府紙幣とメキシコドルをはじめとする各国銀元が錯綜して流通していた第一次大戦期までの中国の、本書でいう競存貨幣の状況と類似していた。それに対して一八八二年に幣制改革をおこない紙幣ペソへの統一に成功し、外国通貨も排除したのである。この紙幣ペソの特徴は、対外通貨たる金ペソに対する比価が変動相場制であることを基本としていたことと、金支払いが内陸部では拒否されることもあるのに対して国内の流通通貨として高い受領性を獲得していたことである。そのため、一八九五年まで貿易の不調を受けて紙幣ペソ相場は下落をつづけたのだが、それが地主や輸出関連業者の利益につながったので、放任された。しかし九六年からは輸出好転による為替高となり、寡頭支配層はその条件がつづく限りで固定比率を容認したため、大戦前は固定相場で推移した(Ford, 1962, p. 94)。

アルゼンチンは、ロンドンのアルゼンチン募債とイギリスの対アルゼンチン輸出額との間に相関がみられるように外資依存傾向が強く、また代替産業がないため輸入品需要の価格弾力性が低く(Ford, 1962, pp. 67, 159)、何よりも農産品輸出への依存度が高いなど、従属的特徴も強い。しかし、いっぽうでオーストラリア・ニュージーランドと違いアルゼンチンは、外国銀行が金も外国為替もさほど保有しておらず自国銀行の独立性が強く、また紙幣ペソも国内需要に合わせて発行しうるため、スターリング残高が銀行準備と外貨準備を形成する先の両国ほどは、対外準備減少が国内信用にさほど影響しないという特徴ももっていた(Ford, 1962, pp. 133, 150)。

このように東は中国から西はアルゼンチンまで、原料作物輸出の増大にともなってそれらの買い付けのために通貨不足が生じ、通貨供給が増大させられるという現象が二〇世紀初期に共時的に現れたのである。供給のあり方に差異が認められるが、大量の供給を通じて、伝統的に農産物流通を支えてきた在来の現地通貨が変容させられて、紙幣流通が浸透し始めたという点では共通している。

ただし、いきなり紙幣が無条件に受領され始めたのではない。中国における一文銅銭から当一〇銅元、西アフリカにおける貝貨からニッケル貨への転換にみられるように、日常的流通手段の高額面への事実上のデノミが進行しており、紙幣はそれらの兌換幣として受領されていくのである。したがって、これらの紙幣の流通には当初二つの条件が必要とされた。それはあくまで現地通貨を補足する手段として流通していくのであるから、兌換保証を地域的に限定したものとして入らざるを得なかった。小額面紙幣に比重を置いた発行で、その上で兌換を確実にするため、高い水準の兌換準備を要求された。このことは各地域経済の通貨需要の季節的変動に対応して、兌換準備をより集荷地に近い地点に分散して形成しなければならないことを意味した。実際、これら原料輸出国のこの時期の紙幣準備は、世界経済中枢における準備率より劣ることはあっても、個々の社会の歴史的文脈からみると高かった(6)。

小農生産物の世界経済中枢への大量調達は、在地の価格水準を中枢のそれへと接近させることとなり、それは事実上のデノミと紙幣の追加的供給に媒介されて伝達されたのである。その結果、銅銭や貝貨のような伝統的現地通貨は市場の表舞台から退場していくのであるが、反面、それらの通貨が支えていた地域経済固有の季節変動に、新しく参入した紙幣も規定されざるをえなくなっていた。

ともあれ、小農生産物の輸出吸引を通じて、その逆方向への紙幣の浸透、そして事実上のデノミにともなう伝統的現地通貨の退場が、世界同時的に進行していく。この過程で、一国一通貨制度は急激に市民権を獲得することになり、自律的な支払協同体を事実上無国籍の貿易銀が結ぶなどという志向は急速にかすんでいく。第一章のマリア・テレジア銀貨の紅海周辺での流通は、その残滓である。

なお、脱現地通貨の速度を比べると、在地金融機関が未成熟であった西アフリカでは緩慢であり、ラテンアメリカはその輸出に傾斜した歴史的性格ゆえに一九世紀においてすでに進行していたとみるべきであろう。アジアの小農経済はその中間に位置する。

4　脱現地通貨化と恐慌

さて上述のように、原料供給基地として世界経済の「周辺」に位置づけられた諸社会が、ことに伝統的小農経済の脱現地通貨の過程を通じて、逆に、中枢に対して通貨在庫の分散形成をせまるという構図ができあがっていたとすると、国際金本位制についてのこれまでの理解も見直しがなされねばならないであろう。この時期に世界的規模で連鎖的に起こった信用恐慌についても、別の解釈が可能になる。最も深刻な打撃を各国経済に与えた一九〇七年の恐慌を素材に考えてみよう。

まず経過を確認しておきたい。第一次大戦前の時期の他の恐慌と同じく、発端は合衆国であった。話は前年の一九〇六年に始まる。この年の八月、ユニオン・パシフィック社の配当金が突然上がったのをきっかけとして、ニューヨーク株式市場は投機に見舞われ、それは銀行の準備に緊張をもたらし、平常時では三〇年来で最高の利率水準を現出することになる。合衆国財務省は救済のため、銀行の金輸入資金として政府余剰資金を預けること(国庫金預託)になり、九月には三六〇〇万ドルものニューヨーク向けの金がヨーロッパ市場で契約される。しかしこの金移動は、ヨーロッパ市場に緊張を波及させることになる。イングランド銀行の準備は減少し、一八九九年のボーア戦争時以来の五—六%という、一八七三年以来では三度目の高利率を一〇月にはつけさせることとなった(Noyes, 1909, p. 357)。エジプトでの棉花買い付け資金の移転が重なったことが、この引き上げには関わっている。(7)

ロンドンバランスを背景にしての国際的短資移動が投機を過熱させていたのであるが、従来はこの信用膨張の方ばかりが着目され、農産物調達資金の移転による逼迫については、たまたま豊作であったから、というように偶然的要因として処理されてきたが、これこそが、国際金本位制が小農経済を連結させたことがもたらした、もう一つの必然的所産であったのである。

上述の信用不安はいったん解消したかにみえたが、翌一九〇七年には、ハンブルク、アレクサンドリア、東京、サンチアゴと、信用不安が世界中をかけめぐる(Noyes, 1909, pp. 360–363)。やがて再び秋を迎えて、巨額の金融手形やアメリカ証券がロンドンにももちこまれるが、海外の収穫用資金需要と重なり、一挙に信用は崩壊したのである。ごく一部の例外を除き、それまで拡大を続けてきた各国の貿易額は縮小し、それはあらゆる生産に影響を与えた(8)。インドも例外ではなく、一九〇八年は大戦前で唯一の貿易額減少期として記録されることになる。

この頃アルゼンチンやイランの紙幣発行高も減少し、インドでも紙幣が流通から還流しているが、そのインドでは一九〇七年秋から翌年冬にかけて大量の金も流通から引き揚げられていることが確認されている(Keynes, 1971a, pp. 96–97, 邦訳一〇一―一〇二頁)。このことはインド経済のロンドンへの金融的従属性を表しているのであるが、しかし見方を変えると、引き揚げ可能な金がいかに大量にインド市場に固定させられていたかを示すものでもある。

一九〇八年以降、各国はいっぽうで金の確保にしのぎを削るようになると同時に、いっぽうでさまざまな形態で紙幣発券の弾力化につとめ、準備保持の重荷を解消しようとする。そもそも最大の金保有国の合衆国にしてからが、準備金が個別銀行に分散されていると批判されていたのであるが、恐慌を機会に緊急通貨発行制度を設けるなどの措置を施し、穀物収穫期に見られたニューヨークから国内各地への現金移動は低位になったという(須藤、一九八五年、一九八七年)。

中国の場合、金そのものの循環から最も自由な立場にいたわけであるが、それでも一九〇七年秋の貿易金融を担っていた東盛和の破産による上海・営口の信用恐慌を皮切りに(倉橋、一九八〇年)、以後頻繁に形を変えて信用恐慌に見舞われるようになる。ゴム恐慌のように国際的な投機の波は、金もしくは金為替本位制を採用していなくとも押し寄せてきた。ただし、そもそもの信用供与が地域的であったために、恐慌も地域的なものにとどまったことに留意しておかねばならない。

二〇世紀初頭に成立した国際金本位制は、これまで述べたように現地通貨をポンドに連結させたことにより、かえって農民に手渡す資金の季節調整のための弾力的対応がむずかしくなり苦しんでいた。紙幣普及はその緩和手段となるはずだが、実際には厳しい兌換準備を、しかも分散させながら形成したうえでの地方的流通にとどまっていた。加えて一九〇七年恐慌を典型かつ画期として、信用不安は兌換準備としての金の囲い込みを各国に促すようになっていた。国内では実質的に大量の銀使用経済であるインドのルピーが、一対一五でポンドと固定されていることは、中国のような銀使用経済にも影響を及ぼさざるをえなかった。一九〇七年以降中国で開港場での地域的信用恐慌が続発するのも、一連の現象と考えうる。

ではその後はどうなったのであろうか。そうした不安定な基礎の上にありながら、第一次大戦後も現地通貨価格での農産物価格は上昇をつづけた。それにみあっただけの通貨需給の弾力性を確保するには、もはや流通の末端分節に位置する在地機構の信用膨張によるしかなかった。それは第一次大戦後の一九二〇年代前半に絶頂を迎える。第六章にみたような遊休資金の地域的集積を促すような構造にはなっていないので、農産物輸出の増加は在地金融機構の短期信用供与を膨張させざるをえなくなっていた。南インドの無尽nidhi(Baker, 1984, pp. 276–318)、中国の両替商たる銭荘、コーチシナやビルマの信用組合と形態はことなるが、二〇年代前半に極度に膨張した点は共通している。コーチシナでは一九一三年には一〇万ピアストル足らずだった相互信用組合への貸付が、二〇年代に急増し、三〇年には一五一〇万ピアストルになっている。これは実質的にはインドシナ銀行の地主に対する信用供与の受け皿として機能しており、銀行資金は地主の手により小作農民に「小売り」されたのである。そのいわば「卸売り」のインドシナ銀行にしてからが、第一次大戦期までは、七割以上の発券準備を保っていたのが、大戦後は三分の一足らずの準備で銀行券流通残高を急拡大させている。同様にビルマの農業信用組合も一九二〇年代が最盛期となった(Robequain, 1944, pp. 170–172; Cheng, 1968, p. 274)。

世界恐慌勃発に先立つ二〇年代後半、すでにアジア各地の在地金融は不振に陥りはじめていた。中国でもインドでも、現地通貨価格でみた場合輸出農産物価格のピークはやはり二〇年代半ばにあり、恐慌後のデフレ循環が始まる前から低落傾向が見え隠れしていた。それを反映するようにnidhiの資金収集能力は衰えはじめ、上海や漢口の銭荘も二四年の信用恐慌を境にして経営状況が悪化していく。

世界恐慌が文字どおり世界規模の恐慌となった点について、世界経済の中枢にばかり着目するのではなく、二〇年代の農産物輸出経済の潜在的金融危機との因果関係を考慮する視点は、これまでにもあった。しかしそれは、もっぱらラテンアメリカなどのモノカルチャー型輸出経済が、ブラジルのコーヒーの場合に見られたように、輸出産品価格低迷を外資借入による滞貨維持で切り抜けようとした点に着眼が限られていた(Kindleberger, 1986, ch. 4)。しかもそうした事態は一九世紀末からすでに生じており、それだけで世界恐慌の前提とするのは無理がある。

しかし本章のような視点からアジア・アフリカの小農経済に着目することにより、市場ならびに通貨の重層性を越えることにより、信用連鎖が延びきってしまっていたことを看取することができる。こうした角度からみなおすことにより、われわれは帝国主義論でもない、従属理論でもない、中枢をも相対視しうるような、別の世界経済認識を獲得する道を開くことができるのである。

終章　市場の非対称性

1　貨幣需要の季節性と通貨の非還流性

ここまで本書は、農業社会において貨幣需要の大きな季節較差がある、また手交貨幣はそもそも取引需要に合わせて還流するわけではない、ことに小農の需要に合った零細額面の通貨ほど還流しにくい、といったことを前提にして歴史事象を説明してきた。ここまで紹介した事象群そのものが、これらの前提を傍証しているのだが、二〇世紀になってからの調査統計により、ここであらためて確認しておこう。

表8は、第六章でとりあげた中国の山西省太原県の黄陵村での農家の月別農産物販売額を示す。一月から四月までの間には全農産物売却額の四・三%しかさばかれないのに、麦の刈り入れから粟の収穫の時期に当たる七月から一〇月までの間に七〇・〇%が売られている。こうした農産物売却の季節的偏差は、当然農村における貨幣需要に大きな季節較差をもたらさざるをえない。またこの較差は、農産物の購入側の貨幣需給にも関係するはずである。収穫期に都市から農村へ農産物買い付けの資金が流れ、それが都市部

表 8　月別農家販売額(山西省黄陵村，1939 年，単位元)

月	穀　物	野　菜	計	村内販売	太原向け	庭　先
1	0	20	20	0	20	0
2	0	0	0	0	0	0
3	24	7.5	31.5	16.5	0	15
4	57	0	57	42	0	15
5	0	0	0	0	0	0
6	17	100.8	117.8	3.75	70.75	43.3
7	115	103.3	218.3	126.25	48.75	43.3
8	214.5	99.67	314.17	192	122.17	0
9	90.7	369.97	460.67	137.2	275.17	48.3
10	377.52	401	778.52	409.02	269.5	100
11	15	70	85	15	70	0
12	297.4	149.67	447.07	284.9	132.17	30
計	1,208.12	1,321.91	2,530.03	1,226.62	1,008.51	294.9

出典）黒田，1996 年

での貨幣需給逼迫をもたらすことが容易に予想されるのである。表9は山西のとなり山東省の済南での季節別の市中金利を示す。おおまかなものだが、秋から冬にかけての利率の高さが明らかにみてとれる。

小額面通貨の非還流性については、農業の規定性が強く、かつ統計そのものへの信頼性が高いという点で、第二次大戦前のインドを事例とし、表10のように示すことにする。一九一九年から三七年の間、年平均で四〇〇万ルピー相当の小額通貨(一ルピー未満)が還流せずに民間に新たに滞留していることがわかる。同じ期間にルピー銀貨が、年六二〇〇万ルピー平均で回収されているのと対照的である。しかも図13の月別統計をみてみると、収穫期の秋にかけての時期に需要が高まり市場に流れていき、夏にかけて回収される、という季節性がはっきりわかる。この統計の発行者のインド準備銀行は、ルピー銀貨を小額通貨が代替したのだと解釈している。月別統計では、季節変動の波動は小額面通貨とルピー銀貨ではほとんど一致しており、両者への需要の変動は相似しているとみなしうるから、代替した可能性も考えられなくはない。しかし、一九一四―一八年にはルピー銀貨も還流せず滞留しているのに、やはり小額通貨は滞留しており、この解釈と矛盾する。すなわち、ルピー銀貨の動向にかかわらず、小額通貨はほぼ一貫して流通残高を

表 9　月利季節変動(山東省済南市)

春	夏	秋	冬
1	0.8	1.8	1.5%

出典)『中外経済周刊』84,「済南之金融機関与通貨」

表 10　インド小額通貨の年次未回収額(発行額－回収額，単位千ルピー)

1909-13 年平均	6,087
1914-18 年平均	10,027
1919 年	21,371
1920	－4,759
1921	－569
1922	2,125
1923	3,249
1924	4,794
1925	2,228
1926	1,008
1927	3,872
1928	4,262
1929	1,220
1930	－6,621
1931	1,957
1932	832
1933	6,360
1934	4,670
1935	2,096
1936	9,907
1937	8,507

出典) Reserve Bank of India, 1938, p. 48

出典）Reserve Bank of India, 1938, p. 49

図 13　インドにおける小額通貨未回収額の月別推移

増加しつづけたのである。つまり、この表10の小額通貨滞留値は小額通貨自身の滞留傾向を示すとみてよいのである。

さて、貨幣需要の季節性と小額貨幣の非還流性をあらためてここで確認した。序章では、もっぱら、諸貨幣の間の相場に複数の評価がありうるということに着目した。だが、歴史は、通貨がひとつしか供給されていなくとも、受領する側がそれらを差別化し複数にしてしまうことがあることを示している。第四・五章の銅銭流通の二重化の事例に示されたように、貨幣需要の多様さが通貨自体の実体を分裂させることがしばしばみられた。こうした事態は、銅銭の世界のみにみられたのではない。銀貨にもっぱら依っていた中世前期のイタリアにおいて、地域内で通用する銀貨の貶質化に伴い、地域外との交易に供される銀貨との間に、二重構造ができる傾向があったという（森本、

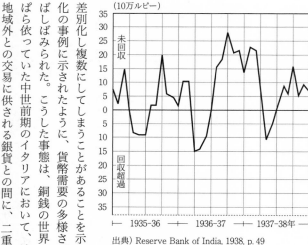

一九九八年）。また朝鮮で流通した布通貨においても、政府の指定するやや幅広の布に対して、地方市場で幅の狭い布が現れて、統一性を指向する王朝を悩ませた。その構図は銅銭における官銭と悪銭の関係にあまりに相似する（須川、二〇〇一年）。

これらの事例は、通貨流通の二重化がその通貨の特殊事情により生じたのではなく、それらのことは、序章でふれたように、むしろ、市場自体に通貨を分裂させざるをえない非対称性がそなわっていることを、示唆している。

2 「財の交換」と「時の交換」

一般に、演繹的に貨幣を論じようとするものは、違った物を持つ者どうしが、自分の持つ物とは違った物を欲するという初期条件を想定し、そこから貨幣の生成を導き出そうとする（Jones, 1976; Iwai, 1996; 安冨、二〇〇〇年）。そこでは、欲しい物を持つ者を探し出す探索費用を削減する解として貨幣が描き出される。甲・乙・丙の三者がいるなら、米を持つ甲は布を欲し、布を持つ乙は鉄を欲し、鉄を持つ丙は米を欲するという、所有と欲求の品目上の行き違いが設定される。n人ならn種の財が想定されることになる。しかし、歴史的現実から出発してそこから説明する論理を抽出しようとする本書は、生成の論理についても、そうした条件を設定しない。

本書では、前節のように、小農の売買する空間を基底にして重層的に積み重なる市場を主たる対象として考察してきた。それは大多数の歴史的現実に合致していたはずである。ところが、基底に想定した小農の集まる市場などでは、いろいろな財が取引されてはいても、取引規模に着目するならば、かなり少数の財に取引が集中した内容になっている。すなわち穀物や塩、衣類といったものが、定期市などにおいてかなりの部分を占めるのは洋の東西を問わない。したがって、違った物を持つ者が、自分の持つ物とは違った物を欲するという条件を設定することは、けっして現実の交易の一般的様態を代表しない。むしろ誰もが似たような物を持ち、似たような物を欲している、という方が歴史的現実には近い。

ではそうした近似した在庫を保有する主体同士の間でなぜ交易が起こるかというと、それを欲し、また逆に自己の在庫を処分したがる時間に差があるからである。甲も乙も丙も米をもち、また米を欲しているが、探索すべきは財の種類ではなく、財を得ることができる時である。ことに前節に確認した農業社会における大きな季節性は、米なら米の得やすさを、時によって大きく変化させてしまう。

甲はt時に米の在庫が不足し、乙は(t＋α)時に同じく不足し、丙は(t＋β)時に不足するとする($0<\alpha<\beta$)。この場合二つの解決策がある。一つは、甲、乙、丙が互いに認知した関係であり、自発的な相互の信頼関係か、あるいは他律的に外在要因によって、三者の間に信用が成り立つ場合である。この場合、米は丙→甲→乙とわたっていく

が、その反対方向になにかが渡される必要はない。こうした関係はどうしても閉じた関係にならざるをえず、甲↓乙↓丙↓……↓甲と循環回路が増大していくのには限度がある。理論から接近するものは、時間差を埋める行為を、この閉じた関係による信用に限定してしまう。

だが現実の歴史においては、在庫を処分したい時と獲得したい時との間のこの時間差を埋める仕組みがもう一つある。それも第一の場合のような閉じた人間関係によらずに。ここでは、甲、乙、丙……はよく知り合った関係である必要すらなく、ほとんど匿名的な関係に近い。だが彼(女)らには共通項がある。それは、自分の在庫を同じ場で処理しようとしていることである。ただし、その場には特性があって、ある季節には多量の在庫が現れ、ある時期には少量しかないなどといった周期がはたらいている。彼(女)らはそうしたその場の特性についての知識を共有している。米の収穫前のある時期に在庫を処分してもよい甲と、米を欲する乙がいたとする。甲は、乙との間に収穫後に返してもらう約束で在庫を渡すという二者間の貸借を結ぶこともできる。しかし、乙でなくとも、収穫後に過剰になった在庫を処分したいものが、丙でも丁でも戊でも、不特定多数のものがその場に確実に現れることをお互い知悉している。この条件において、甲↑乙↑丙↑……↑甲、という回路がすでに潜在している。乙から甲へ米の代わりにわたされる「何か」は、米の流れとは逆方向へ手交され、その場の中で循環することになる。その

「何か」は、乙の甲に対する約束のしるしの珍しい貝殻であったかもしれないし、乙がたまたま持っていた葉煙草数枚かもしれない。その葉煙草は、その場で在庫を処分したがっている者たちの間では、ある量の米を表すものとして転々と流通しうる。同じ場をぐるぐるとコイル状に回転するのである。ただし、その場に無関係の者にとっては、ただの葉煙草として消費ないしは交換されるべきものにすぎない。

さて、本節の最初に述べた、甲・乙・丙がそれぞれ米、布、鉄を所有し、かつ互いに行き違いの欲求をもっている設定と、甲・乙・丙が同じ米を持ちながら、消費したい時が違うという設定とでは、すなわち財そのものの交換から貨幣の生成を説明する前者と、時の交換から説明する後者とでは、それぞれに親和する市場像が大きく異なってくる。

「財の交換」論の方は、米を生産するものがそれを布と交換するというように、生産と交易とがはっきり区分される社会像に親和する。市場は社会の分業の結果としてのみ生成する。それに対して「時の交換」論の方は、同じものが米をある時は保持し、ある時は売却するわけであるから、自給と交換との境目が可変的なものとなる。「財の交換」論を保持して、現実の歴史に貨幣の発生を探そうとすると、同じようなものを生産する同一社会内からの発生を説明できないので、別の特産品を生産する「社会」あるいは「共同体」間での発生を想定せざるをえなくなる。それに対して、「時の交換」論の方は、むしろ同じようなものを所有しあっている者同士の間での交換そして貨幣の生成の説明になじむ。伝統社会の内部における交易を考えるには、後者の方がより多くの便を供するにちがいない。

また「財の交換」論の方では、距離あるいは空間は問題とならない。米を持ちながら鉄を欲する者が、いかなる場所にいようが探し求められねば、永久に所有と欲求の一致はみないことになる。だが、「時の交換」論の方はそうではない。時は距離と互換しあう。ある時、たとえば(t＋α)時に米が欲しい乙にとっては、(t＋α)時に米が余るが一〇〇キロメートル離れたところにいる戊よりは、少しずれた時に米が余るが一キロしか離れていない所に居住する丁の方が、実際の交換相手として好ましい。「時の交換」の方は空間が問題となるのである。

しかも時は平坦に流れるのではなく、波動をもって流れる。その波はさまざまに現れるのだが、もっとも基底を構成するものは、収穫にともなう波である。前節で示したように、ほとんどの生産者は収穫後、余剰の生産物、たとえば米をもち、そしてそれらを売れるものなら売ろうという動機を共有している。彼(女)らにとって、来年もまた、同じ時期にあまった米を売りたがるものであふれるであろうことは、意識していなくとも、いわば織り込まれている知である。今年自分が手放した米の代わりに得た「買うことができることを示す」何かは、特定の閉じられた人間関係の間の信用などによらずとも、来年また誰か米を手放したいものに引き受けてもらえる確率が高いことは、共有された認識となる。「時」の交換といっても、はるか未来になって果たされるかもしれない「時」との交換ではなく、次の一年のうちにかなりの交換がなされるであろうものなのである。

ただし、この「市場《いちば》」における交易は、匿名的な行いではあるものの、無空間・無時間の中で行われるものではない。定期的にこの市場に集う多数(けっして無数ではない)が、売買の波動についての知識を共有しあいながら維持されている交易なのである。この市場はけっして閉じた排他的空間をともなうものではないが、かといって無限の彼方から生産者が集まるのでもない。

表8のように、その経済的営為に大きな季節較差を内包した農業社会においては、すべての生産主体は在庫保有者として現れる。長期の目的のための保蔵を無視しえたとしても、彼らは収穫期から次の収穫期までは在庫保有者たらざるをえない。彼らは地平上にただ漠然と散らばっているのではない。偏りをもって、多数のかたまりとして存在している。そしてその偏在さの核が、在庫を処分しあう場となってあらわれる。分散した在庫のクラスター(かたまり)こそが、貨幣を生成させるのである。

そしてその「市場《いちば》」空間における交易を媒介する貨幣は、その財そのものとしての評価によるのでもなく、誰かの強制によるのでもなく、受領され、人々の間を転々と流通する。本書で繰り返し紹介してきた、自律的な現地通貨はこうして成立する。消費する時を保留しあう人々の空間的かたまり、これが現地通貨の受領性を支える基本構造となっている。転々と手渡される「モノ」そのものの価値や公私の強制力は、その流通を補助する要因にすぎない。そして、この生成は、太古のある時に一度だけ生ずるようなものではなく、本書でみたように、歴史上繰り返し、起こってきたことなのである。ある時は、薄っぺらな私鋳銭として、時には塩の包み紙、あるいは、紙巻きタバコの形をとって。

ただし、「かたまり」を括る規模は、その大小において可変性がある。この場を市場《いちば》と考えるなら、図14のような広狭さまざまな市場空間が重層的にかさなる中で、どの規模の市場《いちば》で手交貨幣の回路が自生するかは、賦存条件により排他的にきまるとみるよりは、他の社会的・制度的条件に依存するとみた方が史実に合致するようである。では、大小さまざまな市場空間たちの間の関係について、次に考えてみよう。

3　市場階層の不整合

ある農民にとってみれば、一口に市場といっても、売るないしは買う物によって別の場を示すことがあり得る。たとえば、自分自身の余った時間を売るすなわち日雇いをする、ないしは農繁期に自分が雇うのであれば、村ごとに毎朝橋のたもとなどで開かれる短工市へ集まる。余った穀物を売るのであれば、数日おきに少し離れた村で開かれる定

表11　山東省鄒平県11定期市における商品来源（単位元）

	25キロ以内	25–50キロ	50–150キロ	150キロ以遠	計
機械製品		250	2,805	(i) 8,745	11,800
手工業品	(ii) 9,190	(iii) 1,850	955	(iv) 3,575	15,570
農産品	(v) 36,705		(vi) 6,775	(vii) 7,195	50,675
計	45,895	2,100	10,535	19,515	78,045

特徴的商品…(i) マッチ，綿糸，洋布（機械織布）　(ii) 土布（手織布），靴
(iii) 帯，筆　(iv) 錫箔　(v) 穀物，野菜，家畜
(vi) 煙草　(vii) 茶

出典）章，1957年，319頁

期市へ赴く。そこには近在十数村から人が集まってくる。だが家畜や副業の靴などを売ろうとすると、もっと賑わう鎮や県城まで出かけることとなる、といったように。江戸期の日本の農民よりも移動や市場活動の自由度が高かった伝統中国の小農であれば、彼にとっての市場空間は小さい円から大きな円へと重層的に重なるものとして存在していたとみてよい。

表11は、一九三三年の調査により、山東省の農村部の定期市で売買される商品の来源の空間的分布を示したものである。各定期市はおおよそ五キロ以内の居住者を集めている。(i)―(vii)に示したように、ある広さの空間とある商品群とが特定の対応をすることがみてとれる。このことは、財によって、優先的に需給が調整される空間が異なることを示唆する。(v)の穀物を例にとってみれば、輸入も含めた米や小麦の長距離交易はもちろん併存するのだが、黄陵村の調査が示すように、身近の定期市に集まる範囲内での需給関係が、黄陵村に住む人々にとって、

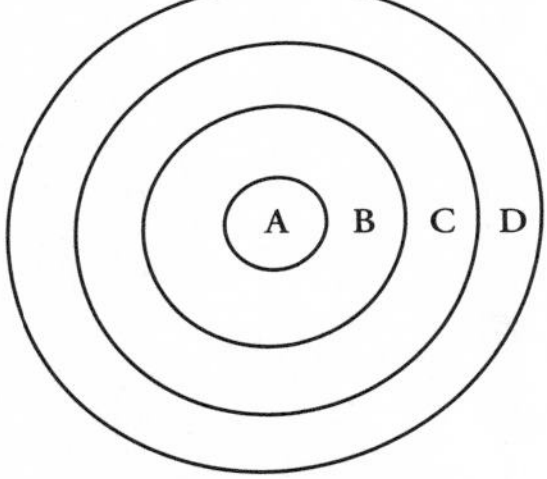

図 14　市場空間の水平的配置

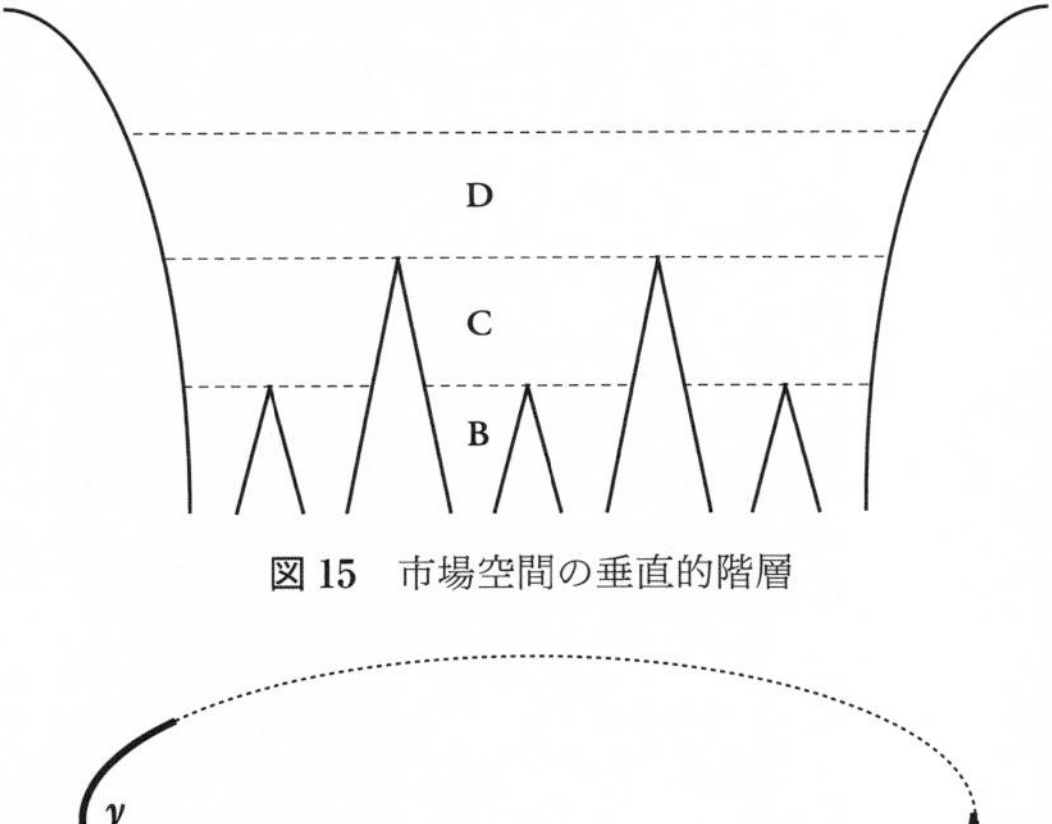

図 15　市場空間の垂直的階層

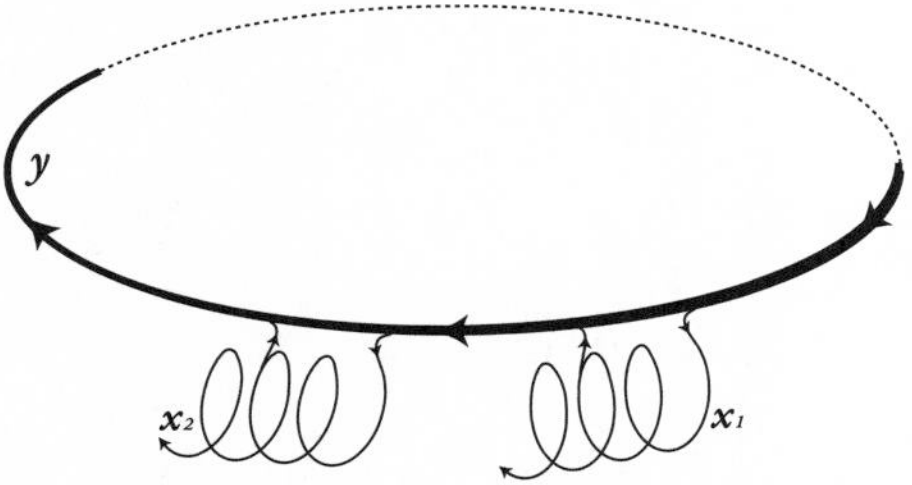

図 16　現地通貨(x)と地域間決済通貨(y)の連結

彼らの穀物売買の相場を形成するもっとも規定的な要因となる。

山西省太原県と山東省鄒平《すうへい》県の事例から、その空間のおおよその関係を図示すると、図14のようになる。中心の最小のAは日雇い労働の集まる範囲を示す(1)。水平的に認識すると、そこから、外へ市場空間B、C、D、が同心円状に広がっていくかのごときとなる。これを、穀物のBを基底にして上方向へC、Dと重なる階層的な構成として、図15のように垂直的に認識することもできる。

この伝統市場の重層性そのものは、これまでも指摘されてきたことである。伝統中国に限れば満鉄などの諸調査が指摘しているし(天野、一九八四年)、スキナーはより広い文脈でまとめた像を提示している(Skinner, 1964-65)。この同心円は重ねていくと上海、漢口のような大貿易港の集荷範囲にまで及ぶことになる。同時にこの円の大小は、そこで主として扱われる財の奢侈品、日常品といった別にもおおよそ対応し、使われる通貨も、高額面の通貨が多い場と、零細額面のそれが多い場との別としても現れる。これは、西欧中近世について、ブローデルが、日常的取引に使用される銅貨など卑金属通貨が使用される場面と、金銀貨がその範囲を越えて使用されるのとを弁別したことと対応する(Braudel, 1979, ch. 7)。

しかしこうした同心円状に各級市場が階層をなしている像は、同時に重大な誤解を招きやすい。その誤解とは、奢侈品交易・高額面通貨の多い上層市場と、日常品・零細額面通貨の多い下層市場との間の垂直方向の転換が、摩擦なしに円滑になされているとみなしてしまうことである。本書が示唆してきたことは、この間の転換はけっして円滑にいくものではなく、上向転換と下向転換とが非対称になりうるということなのであった。ここでは序章ですでに指摘した二つの要因が作用する。あらためてみてみよう。

第一に、貨幣需要の変動特性が市場階層によって異なるということである。季節性の強い穀物、たとえば粟の売買を主要部分とする市場空間Bと、季節性が弱い家畜や靴が売られる市場空間Dとでは、その貨幣需要の変動特性は異ならざるをえない。問題はその空間範囲がずれるため、同じ手交貨幣で二つの階層の市場の貨幣需要に応えようとすると、いっぽうの需要が他方の供給を脅かしかねないことである。この緊張を緩和するためには、季節性の強い方の階層の市場に相当な貨幣保蔵が準備されていないといけない。

第二に、下層市場ほど日常的財の取引の割合が大きくなり、零細額面通貨の需要が高くなる。ところが、上層市場から下層市場へと通貨を散布すると、額面が小さい手交貨幣ほど下層に届き、そしてそれらが上層市場へ還流する程度は低くなる。つまり小額面通貨に関し、下層市場ほど需要が強くなり、上層市場ほど還流しないため供給が不足するという傾向をもたらすことになる。本章冒頭に示したインドの小額通貨統計は、このことを支持してくれている(2)。

この二つの要因は、貨幣を統一的に維持するよりも、競存的に複数の通貨を保有することに合理性を付与することになる。そしてそれは階層ごとに通貨を自律的に保有する傾向を生じさせ、その結果、通貨の間の交換に非対称性が現れることになる。自律性をもつ現地通貨の循環と、それらを上位で結ぶ地域間決済通貨の循環との関係は、図16(二四一頁)のように、二つの異なる回転運動を連結させたものとなり、回路の間の転換は摩擦なしにはすまされないのである。

第三章では、諸貨幣が競存する社会の方が、それぞれ独自の季節変動をもつことにより、総体として、単一貨幣に依る社会よりも多量の通貨を必要とすることを示した。ここでは、その両者の違いを可視化させてみよう。市場空間B、C、Dにおいて、貨幣需要がそれぞれ、図17のようにX、Y、Zの波動をもって変化すると仮定する(ただしこの波動そのものは現実を反映したものではない)。空間Bに居住するものたちにとって、一つの選択は、X、Y、Zに対応する貨幣を分けてしまうことである。そうすることで、他空間の貨幣需要の変動に影響されず、Xの波動にあった貨幣供給を安定的に保持することができる。同じことは、Cの空間で家畜をもっぱら扱う業者にとってもいえるかもしれない。

もしこれを一つの貨幣で対処しようとするとどうなるのだろうか。最も単純に、B、C、Dの平均的取引規模が同じだとして、X、Y、Zの波動を合わせるとφのような不

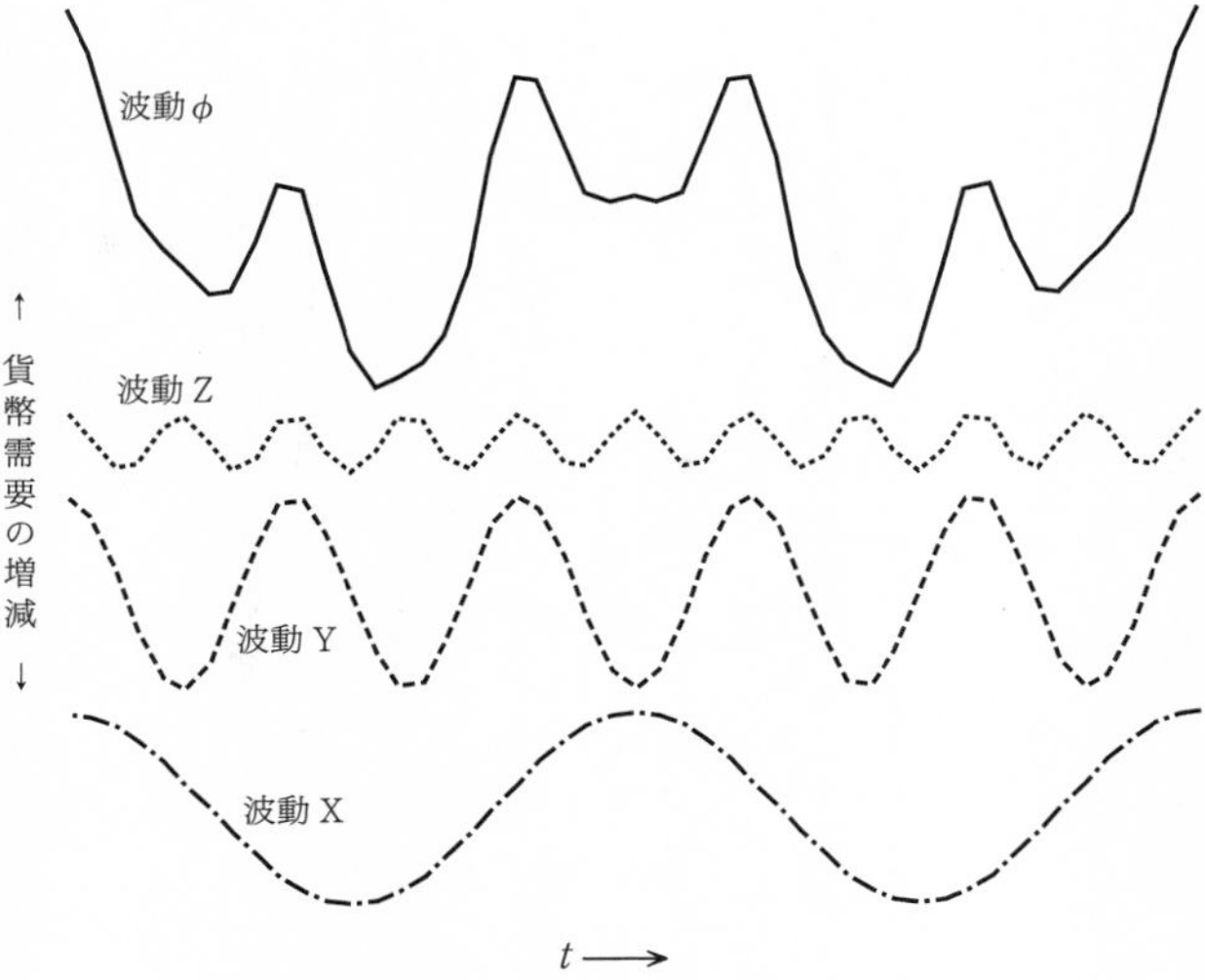

図 17　競存貨幣と統一貨幣の波動

規則な波動となる。[3] 第三章でふれたように、需要波動の振幅が大きいほど通貨を保蔵する傾向が強くなるとするならば、この波動の合同は、波を相殺することで振幅の総和を減少させているのであるから、φに合わせた単一通貨の導入は通貨供給を節減することを可能にする。

　しかし、そのためには、この不規則な需要に弾力的に対応できる通貨供給を可能にする機構が必要である。ところが、通貨、とりわけBのような末端市場で流通する小額通貨の還流性が低いから、そうした弾力的仕組みを構築するのは容易ではない。そこで第六章では、通貨そのものに依存しない、地域信用の発達こそが、単一通貨の下支えとなることを、示唆したのである(4)。

4　市場の水平的連鎖と垂直的統合

一〇〇文の額面の通貨一枚が一文通貨一〇〇枚と互換される社会Aと、三〇枚に割引されるなどして互換されない社会Bがあったとする。言及してきたように、これを通貨当局の強制力の強弱の差に起因するものとみなすのが、もっともわかりやすい説明である。だが第七章までの事例を知った読者であれば、通貨の間に絶対比率を設定することがいかに難しいか、すでに理解しているであろうから、むしろいかなる条件があれば絶対比率を実効化しうるのか、という問いに興味を示すにちがいない。

一〇〇文の額面の銅貨、とはでたらめに示した架空の例ではない。一八四〇年代、江戸幕府が実際に一〇〇文額面の天保通宝《てんぽうつうほう》を発行しているのである。その素材価値は低かったにもかかわらず、一〇〇文の額面どおり通用している。おなじころ、対太平天国戦争中の清朝政府は、財政補塡のため各種高額通貨を発行している。だが、それらは額面どおり受領されず、市場では通用しなかった。

日本と中国の違いはこれだけではない。同じ銅銭と秤量銀を使う社会でありながら、一八世紀後半からある重要な差が生じてくる。中国の場合、銅銭と銀の比価は地域差もともないながらたえず変動するのが常であった。日本も当初はそうであり、大坂の銭相場などは明治維新まで変動しつづける。だが地方では、一八世紀後半から事実上藩ごとに安定する。西日本の場合、匁銭《もんめせん》といって一匁の銀に対する銭比率が藩ごとに八〇文なり七八文なりと固定してしまう（藤本、一九八四年）。同時に、秤量銀そのものがほとんど流通しなくなり、匁は急速に計算単位化していく（岩橋、一九九九年b）。

匁銭も一八世紀前半までは、同じ藩内でも多々併存し、一つの土地売買文書の支払額に複数の匁銭が併存して書かれることもあった。しかし一八世紀末にむけてそうした併存は消えていき、各藩にそれぞれ一つの匁銭慣行が支配的になっていく（楠本、一九九九年、三一一―三一五頁）。一七七二年の南鐐二朱銀《なんりょうにしゅぎん》発行により、金銀比価も事実上固定化するが、一八世紀後半、ことに田沼期（一七六七―八六年）は諸通貨の間の互換性が急速に高まった時代なのであった。重要なのは、この通貨における変化が、市場そのものの変化とも並行していたことである。

前節のような階層的市場構成において、財の需給調整の場としては、農村の定期市が最下層に位置づけられるのは首肯されるであろう。その定期市の趨勢において、日本と中国は近世以降全く異なる趨勢を示す。表12は一九世紀なかばにおける日本と中国の間の中心地階層分布の比較である。中国の人口が日本の一三倍ほどとされているから、ほぼ城下町に該当する中小規模都市において日本の方が厚みがあるのに対し、定期市の広がりにおいて中国が勝ることが明らかである。だが、決定的な違いはむしろその趨勢にある。中国は二〇世紀前半まで定期市は増加をつづけている。第七章で述べた世界経済の流れを受けた農産物市場の活況も要因であったろう。その全体の数は一九世紀半ばの倍の五万となったと推測される。また、表13のように、一八世紀から一九世紀にかけても一般的に増加傾向にあったとみてよい。

それに対し日本は減少の趨勢にあった。明治以降定期市は衰え、新潟の特定地域を除いてほぼ消滅する。だが重要なことは、その趨勢が工業化とともに生じたのではなく、すでに明治期以前から始まっていたことにある。端的な例としては、信州上田藩の事例

表12　日中中心地階層比較

人　口	中　国	日　本
1,000,000 人～	1	1
300,000～999,999	9	2
30,000～99,999	100	20
10,000～29,999	200	60
3,000～9,999	1,100	250
～3,000	6,000	400
定 期 市	24,000	1,000

出典）Rozman, 1973, p. 102

表13　中国における州県平均の定期市数の推移

年	山　東	河　北	山　西
～1735	15	10	6
～1795	20	12	7
～1861	23	13	
～1911	29	14	8
～1949	42	21	8

出典）Rozman, 1982, pp. 106-107;
喬編, 1998 年, 331 頁

が挙げられる。一七世紀初めの上田には、少なくとも戦国時代からつづく五つの定期市があったことが記録されている。だが、藩領内外をしきる関所の設置、城下町への商業機能集中といった過程を通じて、定期市は消えていき、一八世紀初めにはわずかに馬越《まごえ》の市ひとつが残存するのみとなっていた(大石、一九七五年、第二章)。ただこれは早い事例のようで、概して定期市が衰退傾向に入ったのは、やはり田沼期からだとされている(伊藤、一九六七年、二二三—二二七頁)。

国内市場の統一などということを論じる際、これまで意識されてきたのは水平的な統一であった。あえて画像化するなら、いわば複数の並列していた市場空間が国内関税撤廃などで合体するというような像であろう。しかし、市場空間の各階層の上下の垂直方向の関係については重視されてこなかった。本書が貨幣の諸相を通して示してきたことは、上層市場同士のいわば水平的な連鎖の強さと、上下層市場間の垂直的な統合の強さとは区別されねばならないということなのである。

むしろ上層市場の間の水平的連鎖の強さは、上下層市場間の垂直的統合を犠牲にすることもありえた。第一章、第二章でみたところの、マリア・テレジア銀貨や日本銀元の大きな環状回路は、結ばれる地域市場の水平的連鎖の強さを物語ると同時に、それぞれの地域の下層市場の強い自律性を暗に示してもいた。

つまるところ、本書の含意は、定期市のような、小農たちの在庫処理の場であり基底

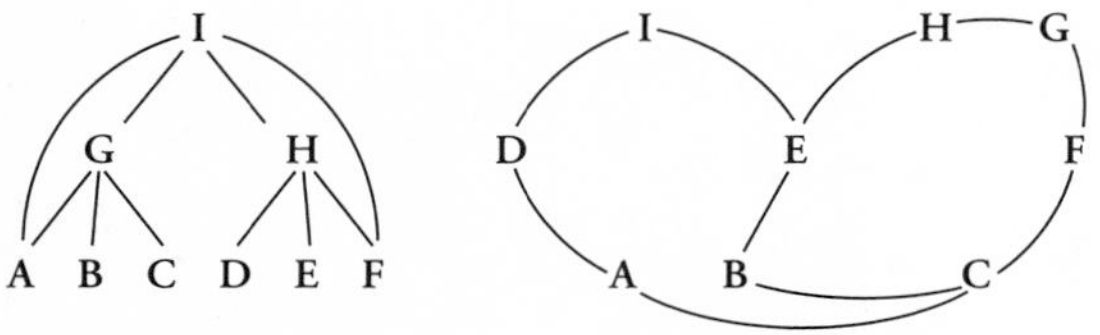

α 束ねられた市場群　　β 連なった市場群

図 18　市場の水平的連鎖の類型

に位置する市場空間の自律性をいかに制御するかに、諸市場間の関係も大いに依存しており、そのことが国民経済の構造を特徴づける、ということなのである。

上記の論理は、もっぱら下部の市場内で流通する現地通貨と、上位で市場間を結ぶ地域間決済通貨との間の関係を説明するものである。だが地域間決済通貨のみにかぎっても、その関係の持ち方により異なる市場関係が生まれうる。市場の水平的連鎖の多様性についても考えてみよう。

仮に、図18のように、財が集散する同じような規模の中心地が九地点存在し、相互間の強い財交換関係が一〇あるとする[5]。その関係の持ち方が、αのように集約的に束ねられるのか、βのように環状に連なるのかでも、各地点を結ぶ通貨のあり方が大きく異なる。αの方は、交易が増大するにつれて、I地点で通用する一つの通貨に統合される可能性が高い。それに比して、βは二つの通貨がそれぞれ環状の回路をつくる。その回路が重なるB、C、E地点の市場では二つの貨幣が競存することになろう。そこでの二つの通貨の間の相場は、その通貨の素材価値や、在庫数量の比率よりも、それぞれが担う回路での貨幣需要の波動に影響されるに違いない。

ここまで述べてきた、市場間の垂直的統合の強弱や水平的連鎖の多様性、といったことは、まさしく社会の制度と関わる。財政構造、為替など送金のありかた、などのことが、市場の構造と密接にかかわることをかつて指摘した（黒田、一九九四年a）。しかし、社会制度と経済とを有機的にとらえようとしてきたこれまでの作業は、どれもこうした視点を欠いていた。制度学派の流れに強い影響を与えている著作においても、貨幣や市場は、均質で対称的な手段や場としてとらえられている（North, 1990; 青木、二〇〇一年）。貨幣や市場は、外在する制度的要因との関係において論じられるのみで、貨幣と市場そのものに制度を組み込んだ解釈はなされてこなかったといえる。それゆえに貨幣や市場構造の多様性を説明する工具をもちえなかったのである(6)。

では、本書は、貨幣と市場の多様性を、どのような要因の構成から説明しようとするのか。それは、次の四点の組み合わせにおいてである。どれも、社会構造、そして通貨当局の行財政のしくみと大きくかかわる。

一、在庫をもつ人々の割合、あるいは高い自由度をもって自己の生産物を処分しうる階層の広がり。その広がりが広いほど、「空間的かたまり」は凝縮し、現地通貨需要を支える。伝統中国、そして地域差はあるもののインドのベンガルは、その広がりがきわめて広く、定期市の隆盛をもたらす。

二、それらの人々の間の社会的関係の開放度。村落共同体のように強い規制をともなう場合、「時の交換」が市場《いちば》を介さず、直接的な人間関係に基づく互換によって果たされる途が開かれる。逆にそうした規制の少ない社会では、市場《いちば》への依存は強くなり、現地通貨の生成を促す。

三、通貨を供給する機構が大小いかなる額面のものを供給するか。小額面の通貨を大量に供給する社会は、それらが還流せず基層レベルの市場に滞留し、現地通貨の需給の自律的な調整を促すことになる。

四、地域的通用性の高い現地通貨と、地域を越えた通用性を持つ互換性の高い通貨との関係をいかに設定するか。

たくさんの小農が自由に在庫を処分しうる条件があれば、定期市が発達し、その取引規模に見合った小額通貨が創造され、人々は貨幣と市場に依存した資源配分のなかで生活していくであろう。それは現地通貨の自律性を高めることになるが、行政的に設定された国境内での、均質で対称的な貨幣と市場の創設には、向かわない。身分解放、市場参加、貨幣取得、信用制度の普及、などといった動因を、線型的に経済発展に結びつける発想では、現実の諸国民経済の個性を説明するまでにはいたらない。

今日流布する社会科学は、一国一通貨の国民経済を自明のこととして構築されている。

なかには、グローバリズムの観点からそれを相対化しようとする言説もあるが、それらも国別ないしは地域別の市場間の水平方向の関係を論ずるものばかりで、垂直方向の関係に着目するものはない。

だが本書のように、市場そのものの重層性を見据えることにより、貨幣の見過ごされてきた特質を目の当たりにすることができる。それは、貨幣は流れるべきものであるがゆえに、逆に流れすぎないようにも設計された存在だということである。水平方向の可動性を過剰にもつと、必ずそれを制御しようとする垂直方向の力が現れるということでもある。歴史はそうした事例に満ちあふれている。米ドルの受領性がきわめて高くなってしまった今日だからこそ、受領性を空間的に制限した文字通りの地域通貨、本書のいう地域流動性の変種が登場するのも、歴史の必然なのである。

補論　東アジア貨幣史の中の中世後期日本

1　常識の非「常識」

二一世紀初頭のある日、日本列島のどこかで、あらかじめ計画された公共工事のついでかあるいは突然の土砂崩れの補修作業中か、土中から甕が予期せずして掘り出されたとする。蓋を開けてみると中には古めかしい銅銭が大量に入れられている。調べてみると元豊通宝《げんぽうつうほう》だの永楽通宝《えいらく》だのといった中国の年号を鋳込んだものばかり。一一世紀を中心とする北宋の年号が一番多いようであるが、比較的大きさはそろっており銭面の文字も見にくいことはない。中には九七枚くらいがそろって束になっているものも見つかる。

と、ここまでは実際に起こってきたしこれからも起こりうる客観的な事柄であるのだが、それらから何を読みとるかは観察者の知見に依存する。「わざわざ土に埋めたのだから、戦乱などで緊急に埋めたのだろう。埋められた時期は、最新の銭が一五世紀初めの永楽銭なのだから遅くとも一五世紀半ばまでだろう。中国の銭を貯めておくとは、日本の政権に法貨を通用させる能力がなかったか、中国王朝の影響力が強かったか、どちらかなのではないか」といったように推論する研究者がいても不思議ではない。

無理のない推論のように聞こえるが、すでにここでは、地中に埋めるのは非常事態であり、また外見の立派な銅銭は中国王朝自身が発行した当時の法貨である、といったことが暗黙の前提になっている。しかし、こうした前提はすべて現代の常識によって構成されているのであって、埋めた同時代人の認識と合致しているかどうかはたしかではない。別にここで同時代人の「心性」などというものをもちだそうというのではない。考えられるべき別の可能性を検討せず、現代の常識から当然のごとく引き出された前提を疑うことなく推論してしまっていることの危うさを、指摘したいのである。

まず、土に貨幣を埋めるのは非常事態なのだろうか。もし非常だというのなら、では日常はどこに蓄えておくというのだろう。鍵に守られた金庫が普及しているとでもいうのか。よしんばそのようなものがあっても、かえって財宝のありかをわざわざ教えるようなものではないのか。そもそも当時の常態がどうであったかを考えずに非常だとみなすことが、推論する際に踏むべき重要な階梯を飛び越してしまっているとはいえないか。

同時代人たちにとっての常識は、それが常態であるゆえにことさらに記述されないことが多い。それをわざわざ書き留めるのは異邦人たちである。一六世紀末にジャワに到来したオランダ東インド会社の艦隊の日誌は、金銀貨などを地中に埋めときどき掘り出して日干しするという現地の習慣を記述している(1)。一九世紀末から二〇世紀初めにかけてエチオピアの地方を見聞した記録には、同じく通貨ないしは財宝を地中に埋めて保蔵する習慣が書かれている。一九三五年の上海商業貯蓄銀行の資料は、山西省の大徳通という伝統式為替銀行についての営業調査の中で、「北方では土匪が多いので豊かな農家はその銀行の為替を土塀の中に隠していた」と記している。(2)もし、自分たちの常識に固執した当時の西欧人や日本人が、なぜ土中に隠すのかと現地の人々に聞いたなら、他のどこがより安全なのか、と逆に問われたことであろう。目をひとたび日本列島の外に開き広く類似の知見を求めさえすれば、土の中に財貨を埋めることが非常事態だという推論には、頑丈な金庫や銀行預金、そして何よりも治安の良さを当然視する時代の認識が投影されているだけで、特段の根拠がなかったことに気づかされるはずである。

近年、茨城県東海村の中世遺構において、民家の床の人為的にこねられた黒土中から少なからぬ枚数の銅銭が発見されている。(3)枚数や分布の具合からして、たまたま遺失して土中に残ったとは考えられない。同遺構からは悪質な銭貨も見つかっているが、その人為的に混ぜられたとみられる銅銭には含まれていない。ということは何らかの選別が働いていたことになる。まともな銭貨がまとまって隠されているということはこれらの傾向は、甕などに入れられた形で発見される大多数の大量備蓄銭の事例と同様のものと看取されるる。右の山西省の農家の事例を知っていれば、同様の行為であると容易に看取できるはずである。すなわち、良質の銭貨を選んで土中に保蔵しておくという行為は、冒頭に例示したような一括大量出土銭の事例を頂点として、相当広いすそ野をもっていたと考えることができる。

つまり、土の中に保蔵されること自体はよくあったむしろ常態なのであって、それを取り出すことができないまま現代において発見されることが非「常態」なのである。特に戦争、内乱、災害に見舞われた地域に保蔵貨幣が意図せず残されるのはけっして不思議ではない(もちろん緊急時に埋めたこともあったであろう)。

さて、それではその甕に蓄えられた銭たちはいつごろの時代まで活用されていたのか、が当然次に問われるであろう。言い換えると、所有者がいなくなるなどして遺失の状態になったのはいつなのか、と。埋められた銅銭の銭面には年号が鋳込まれているのであるから、たしかにその情報に頼らない手はない。しかしそれにしても、一五世紀初めの年号をもつ永楽通宝とならんで七世紀初鋳の開元《かいげん》通宝がかなりの割合で含まれていたりするのだが、そうすると八〇〇年前の唐代中国で鋳造された少なからぬ量の銅銭が、つい最近同じく明代中国で鋳造された銅銭とともに室町前期の日本の地中に埋められたのであろうか。

発行年が数年からせいぜい一〇年以内の銀貨がかたまって見つかることの多い西欧中世の埋蔵貨幣と比較した場合[4]、東アジアでの埋蔵貨幣の特徴は発行年が数百年にわたる例が少なくないことにある。それは貨幣発行高権を有する王や諸侯が再鋳造の指令のたびに旧通貨の通用を禁止した西欧と、歴代の古銭の並行流通を是認した東アジアの貨幣制度との違いを反映している。しかし、だからといって遺構から見つかる銅銭がその銭面の示す時代に鋳造されたという保証はない。次節で明らかにするように、歴代の「古銭」がまさしく一五—一六世紀に中国で鋳造されていることを、同時代の史料が示してくれている。中国王朝の幣制は歴代古銭の使用を容認する設計であったがゆえに、開元通宝や北宋銭のように人々になじみの深い古銭が後世に私鋳されることは、そもそも避けがたいことであった。私鋳された古銭にも精美なものから薄小なものまで幅があったと記述されており、また官鋳の銭貨でも財政難の時には粗悪なものが発行されたことがあったのであるから、「精美であれば正式に発行された通貨であり、そうでなければ私鋳銭」というような外観と出自を対応させる区分は危うい。

銭面の年号は実際に鋳造した時期を反映しているはずだし、立派な外観は公式通貨である証左であり、それらが埋められていたのは戦争など何か非常事態によるものだ、というのはすべて現代の常識に基づく類推である。それらは、現代人には抵抗なく受け入れられる解釈であろうが、銅銭を埋めた当時の人々の行為を説明するのにも有効である保証はどこにもない。また、通貨を受け取る人々にとっては、鋳造された真実の年代や実際の鋳造者そのものではなく、その年号も含めた通貨の外観自身の方こそが重要であるという事例は、世界史上には満ちあふれている。たとえば、紅海沿岸で重要な通貨として流通したオーストリアのマリア・テレジア銀貨は、一七八〇年の銘のまま二〇世紀半ばまで鋳造されつづけた(5)。開元通宝を受領した一六世紀前半の日本列島の人々にとって、それが真に七世紀の中国王朝が発行したものであるかどうかは何ら問題にならなかったであろう。

さて、貨幣の素材価値でもなく額面の数値でもない外観に意味があるとすると、それに従って選別が行われる可能性が生じる。撰銭《えりぜに》はその典型的な事例である。その貨幣の選別にかかわって、歴史上の貨幣に関する重要な非「常識」な常識をもう一つあげておこう。貨幣供給が増加するとそれによって建てられている物価は上昇する。他の条件が所与ならば、少なくとも下がることはない。これを疑うものは少なかろうし、さすがにこれは歴史上においてもほぼ真の命題であるようだ。しかし、その裏の命題、すなわち貨幣供給が減少すると物価は下がる、は同じく真なのだろうか。言い換えると、貨幣供給と物価を正の相関でとらえるフィッシャーの貨幣数量説、公民の教科書にも登場する常識が、史実において通用するのかということなのだが、実際のところ、通貨の突然の供給不足が物価の下落ではなくむしろ高騰の原因として記述されている事例は少なくないのである(ただし、長期の貨幣不足は同じく長期の物価を下げこそすれ上げることはない、とはいえそうである)。

通貨不足の中でも、通貨一般というより、日常的に使われる小額通貨の不足は都市民の反発を招いた。たとえば劣位な銭貨がはびこりはじめた地方で、行政長官がその使用を禁止したとする。すると日々の売買を生活の糧とする小販売者たちがそれを不服として従わないのである。通貨の制限は物価をむしろ上げるだけで、暮らしにくくさせるだけだという論理が史料に垣間見られる。もし物価が実際に下落するなら、都市の消費者でもある彼らは抵抗しなかったであろう(6)。

良質な通貨ではなく、充分な量の通貨の供給こそが日常の取引を安定させるのだとしたら、そして限られた条件のもとでは劣位な通貨の受領こそがその充分な量の確保の現実的な方策なのだとしたら、薄弱な無文銭のようなものにも充分に存在価値があったわけである。しかしそうした無文銭は資産として保蔵するには適さない。あえて地中の甕に入れて蓄えられるのは立派な銭面をもった精銭である、というのはまた自然である。こうした差別化は、貴金属と卑金属の間だけではなく、似た素材の銭貨の間でも生じたのであり、またその差別化はたぶんに地方的色彩を帯びたものであった。先のジャワの事例でも、銭面のしっかりした銅製の「万暦《ばんれき》通宝」は埋められたが、鉛製の「咸平《かんぺい》元宝」はそうした特権に与《あずか》らなかったようである。

こうした通貨の差別化は、現実の(仮想のではなく)貨幣そして市場のある重要な性質を反映している。歴史上の現実の市場における売買は、同じ通貨のみでは効率よく媒介されなかったのであり、いくつかの通貨の組み合わせこそが取引を安定的に成り立たせていたのである。その組み合わせにおいては、貨幣たちの関係は代替的ではなく、補完的に現れる。ある貨幣にとって容易な働きが、別の貨幣では困難であり、その逆もあり得る。場合によってはある貨幣で別の貨幣を買わねばならない。同じ市場で売買しているのに。それは、国内単一の貨幣体系——そこでは小額通貨が補助貨幣として本位貨幣に従属している——に慣れた者の常識とはおよそ違う世界である。現行の政治経済学は本位貨幣に基づく単一の貨幣体系を前提にして登場したが、つい一〇〇年少し前まで人類の過半は、補完的な貨幣制度の中で日々の取引を成り立たせてきたのである(7)。人口に膾炙した「悪貨が良貨を駆逐する」が通用するのは、貨幣たちの関係が代替的な場合である。補完的な場合の方が多い歴史の現実においては「良貨」はせいぜい後景に退くだけで、貨幣たちの組み合わせ方が変わったととらえる方が適切である。誰それの法則として知られる割には、これもまた史実の解釈には不適切な常識なのであった。

貨幣にまつわる、実は根拠がない常識はその他にも多々あるのだが、とりあえず下記三点の、史実に適合しない「常識」に注意しながら、物質資料と文献資料双方をふまえて中世日本の貨幣流通が東アジアの中でどのように位置していたのかを明らかにしていこうと思う。

① 銭面の文字情報は、その銭貨の実際の鋳造年代を示すとは限らない。つまり後世に鋳造された可能性がある(もちろん初鋳年代より前ではないという保証にはなるが)。

②　たとえ銭面の文字通りの時代に鋳造されたのだとしても、鋳造者はその王朝とは限らない。同時代の私人、別の政権が鋳造しているのかもしれない。

③　官制の銭貨は立派な外観を有し、私鋳はみすぼらしい、という傾向はある。しかし、だからといって立派な銭貨は官制で、みすぼらしいのは私鋳と決めつけるのは危険である。

日本の中世遺構から発掘される埋蔵銭の八割が宋銭であるが、北宋代の年号を銭面にもつことがその銅銭自身が北宋代に鋳造されたことを証明する、という「常識」が成り立たないということからまずはじめよう。

2　明代私鋳の北宋銭、開元銭、そして永楽銭

鈴木公雄が最も総括的に整理したように、日本列島での一括出土埋蔵銭の八割は北宋の年号をもつ北宋銭である。(8) これは中国における出土状況とおおむね合致するし、(9) 文献から想定される中国王朝による銭貨鋳造の規模の歴史的推移とも矛盾しない。しかしだからといって、一五―一六世紀においてもなお日本で大量に流通していた宋銭が、真に銭面の文字が表示する一一世紀に鋳造されたものだという保証はない。

顧炎武《こえんぶ》撰『天下郡国利病書《てんかぐんこくりへいしょ》』所収の『漳浦県志《しょうほ》』は、一六世紀の同県では宋銭の「盗鋳伝用」が行われていたとし、嘉靖《かせい》三(一五二四)年から元豊銭が鋳造・使用され、同七

年からは元豊銭が廃棄され元祐《げんゆう》銭が、同九年からは元祐銭が廃棄されて聖元《せいげん》銭がと、対官憲対策にめまぐるしく変えるが、同一三(一五三四)年から崇寧当三《すうねいとう》銭と熙寧折二《きねいせつ》銭に変えた後は、万暦《ばんれき》三(一五七五)年まで約四〇年間変更がなかったと、具体的に銭面の北宋年号を挙げて記述してくれている。これらの銭種は日本の中世遺構で発見されるものの上位と合致するし、また一六世紀末と見られる堺の模鋳銭の範型としても採られている銭種である。しかも、漳州府所属各県のなかでも県ごとに銭の使用・不使用がわかれ、銭使用地域でも相場に差があり、「詔安(県)の銭が極精で、漳浦(県)のものは之に次ぎ、龍渓(県)のものは極悪だが用いられている」と、銭の質にも差があるとも記述している。「極精」と評された銭貨がどの程度精美であったのかはわからないが、私鋳銭といえば劣悪な外観を連想するのはいましめるべきなのである。

この福建の宋銭私鋳の記述を知った上であれば、次の南京近くについての記述にも類似する印象を受けるであろう。『江浦《こうほ》県志』は当地の流通貨幣について、一五世紀では明銭と開元通宝が流通していたが、一六世紀にはいるとほぼ開元通宝一色になったと記す。しかも比較的立派な開元通宝が流通していた県から、極小の開元通宝が見られる南京近くの地域まで、地方ごとに種差があったという(10)。この記述から、ある地域には大振りの開元通宝が唐代から伝えられ、そう離れていない別の地域では小振りの開元通宝がたまたま一六世紀まで残った、と解釈するものがいるだろうか。一五世紀よりも、時代が後の一六世紀に開元銭がより支配的になったとの推移からしても、銭貨不足の中、各地が独自に別々の大きさの「開元通宝」を私鋳したととらえるのが最も整合的であろう。すなわち一六世紀前半の中国は、当代の明朝の銭貨ではなく、歴代王朝の年号を鋳込んだ「古銭」が跋扈する世界となったのである。この先祖返りのような現象は一五世紀末に急速に進んだようである。というのは、一四九〇年ごろ江南の陸容《りくよう》の随筆が、若い時には洪武銭を見たのに近頃はまったく見かけない、というように記述しているからである[11]。つまり、宣徳(一四二六―一四三五年)以後万暦(一五七三―一六二〇年)以前の明代中期は、公式の通貨供給がほとんどなされず、地方的偏差をもった歴代古銭の私鋳銭が支配的になった時代なのである。私鋳するときにその対象となったのはそれ以前からもよく見なれた銭貨、すなわち元豊通宝などの北宋銭や開元通宝などであったのは至極当然のことであった。受け取られやすいという点でも、私鋳の咎めを少しでも遠ざけるという点でも。

もちろん、明代中期の中国で流通した「古銭」がすべて明代の私鋳銭であり、真正の宋銭などは含まれていなかったと主張しているわけではない。北宋の王安石《おうあんせき》の新法の前後の銭貨鋳造額は空前絶後であり、元豊通宝などの最盛期の鋳造額は年六〇〇万貫(六〇億文)、北宋全期積算でおよそ二億貫にのぼったとされる[12]。その巨大な蓄積の一部が一六世紀にかけて復活したことは充分想定できるし、掘り出して使用に供される宋銭という記述が明代後期にも残されている。[13] それら掘り出された古銭と新鋳「古銭」との市中での割合は知る由もない。ただ、いかに銭面が上手く模倣されていても、四〇〇年前の本当の古銭とごく最近鋳造されたものとでは、その外観の差は隠せなかったようである。明代に現れた出来たての古銭もどき、そのとまどいは「新銭」「新鋳」という言葉をもって表された。[14]

この「新銭」、一四八〇年にかけての時期に急激に北京あたりで出回りはじめたようである。次節でとりあげる、大内氏による日本における初めての撰銭令が出される直前であることを憶えておいてほしい。ではそれまで北京で流通していた通貨は何かというと、当然とはいえ、明銭であったようだ。ただし特に永楽銭であったようである。一四五六年の『明実録』[15] に、北京において「永楽のみを用いてその他を用いず」という上奏が載せられている。明朝による南京工部宝源局での鋳銭について、洪武・宣徳・弘治・嘉靖の四種のみと一六世紀末に回顧されている記事が残されているから、[16] 永楽九(一四一一)年に浙江・江西・広東・福建の四布政司に鋳銭を命じたとの記事が残されているものの、[17] 実質的に永楽銭は遷都を行った永楽帝の下、北京で主として鋳造され、ことに当地近辺で出回っていたのかもしれない。ただしここでいうのは官による正式の鋳銭である。当該の一四五六年の上奏は、江蘇で永楽銭が私鋳されそれらが北京に持ち込まれはじめたことを問題としている。

その後も私鋳銭が北京に流入することによる弊害はたびたび実録などの史料をにぎわすが、一四八〇年にかけて貨幣政策上の焦点となったのは、私鋳一般ではなく、「銭を揀《えら》ぶ(揀銭)」弊であった。銀一両に対して銅銭八〇〇文で安定していた比価が一三〇〇文にまで低下したといわれるほど、大量の偽造銅銭が北京に持ち込まれたようである。日々二〇―三〇文を得て生活の糧としている都市民にとって、銅銭の価値低下は死活の問題であったかもしれない。だが史料が指摘している市場を混乱に陥れた原因はその私鋳銭流入による銅銭比価の下落ではなく、商人たちが「銅銭を選揀」しはじめたことであった。では何を選んだかというと、「洪武・永楽などの銭」を「挑揀して用いず」「数を加えて折算」しはじめたのである(18)。流入する偽造銅銭の方を抜き取ったのではなく、既存の明銭を保蔵するかあるいは数倍に加算して用いるようになったのであった。当局が重大な問題として禁止せねばならなかったのが、私鋳銭の流通ではなく、民間による選別行為の方であったところに、他の時期とは異なるこの時期の際立った特徴がある。

なぜ、選別が問題になったかというと、それが穀物をはじめとする物価の高騰をもたらすと認識されたからであった。劣悪な私鋳銭が出回って「悪貨が良貨を駆逐した」結果の物価騰貴ならば私鋳銭禁止という政策が打ち出されねばならないはずなのだが。もちろん劣悪にすぎる銭貨の使用禁止は相変わらず謳われたが、一四八〇―一四八一年の明朝の対策は、輪郭がはっきりしたものなら選んではならない、つまり逆に受領せよとの奨励であった。選別が流通を滞らせそれが諸物騰貴の原因となっているという認識による。歴代の古銭は、形さえ整っていれば、あけすけに言えばたとえ私鋳だろうと、通用すべしと宣言したと同じである。

通貨の選別は流通通貨総量を減らしこそすれ増やすことはないだろうから、貨幣流通量の縮小が物価騰貴をもたらすという、一見奇妙な因果関係になっている。だが、その奇妙さは、物価と貨幣量を正の相関でとらえる貨幣数量説が、貨幣供給量と取引規模を独立の変数であって相互に依存しないと仮定していることからくる誤解から生じたものである。貨幣供給の急激な縮小を伴う変化が商品の出回りをそれ以上の速度でくじくという状況を想定しうれば、何ら奇妙な現象ではないし、明朝の政策も時宜にかなったものであったことになる。この一五世紀末の北京は決して孤立した事例ではない。たとえば一六世紀前半福建省莆田《ほでん》県で、地方官が銭貨の斉一さを維持したいがために私鋳銭を統制しようとすると、そうした制限は取引を困難にさせるので都市民たちが反対した、という事例なども同様のものと考えられる(19)。同時代人たちは彼らの歴史的条件に基づいた彼らなりの合理性をもって理解していたのであり、むしろ、われわれの常識となっている貨幣数量説の方が、貨幣の中立性、というかなり強い仮定のもとに立てられていることに気づかねばならない。

この一五世紀末を境にして、前述のように、明銭が消え宋銭など「古銭」が闊歩する世界に中国はなっていく。次節で述べるように、より正確には、幾種かの銭貨に階層化されて流通していくことになるのだが。ではなぜそのようなことが明朝中期に起こったのだろうか。あらためて確認しなければならないのは、宣徳以後万暦以前の一世紀半というのはほとんど公式の鋳銭が行われなかった時期だということである。理由の一つははっきりしている。銭貨の鋳造に費用がかかりすぎたからである。もちろん費用というのは相対的なものであるから、一文の官銭を薄小に設定して鋳造発行したなら費用を下げることはできた。だが、そうはならなかったところに銅銭を中心として発展してきた東アジアの貨幣制度の特徴がある。千年以上にわたって一銭(四グラム弱)から一銭二分の重量の銭貨が発行され、受領されてきたことを、王朝は無視できないのである。ことに北宋以後の王朝においては、一一世紀に天文学的な枚数が鋳造された青々しい良貨の蓄積は無視するには巨大すぎた。かりに五分(二グラム弱)の重さの官銭を新鋳しても、現実の市場はそれを受け取らないか、あるいは一文として受け取っても既存の古銭を二文や三文に換算して使用することであろう。したがって、創業期であった洪武期から永楽期を経た後、明朝が本格的に鋳銭を開始するには、費用を度外視してでも発行する動機がなければならない。事実、明代で初めて本格的に鋳造された一五七五年初鋳当初の万暦通宝は、その精美さが謳われると同時にはげしい私銷(溶解)にみまわれた。(20)

ただし銅銭を本格的に官鋳しなかったという点では、北宋以後の諸王朝はみな同じでである。金や元のようにあからさまに銅銭の使用を禁止しないまでも、北宋を継いだ南宋ですら鋳銭には積極的ではなかった。明が先行する王朝と異なったのは、鈔《しょう》(紙幣)を流通させられなかったことにある。紙幣について本章で述べる余裕はないが、ともかく明朝中期は宋以後において最も公式の通貨供給の乏しかった時代なのである。明朝財政は一四三〇年代の金花銀を嚆矢に銀使用に傾斜していくが、民間の取引は、よく引用されてきた丘濬《きゅうしゅん》の上奏にあるように、銀を使う地域もあれば、米や布を使う地域もあるし、貝貨を使う雲南の事例もあるなど地域的特色が際立っていく。(21)そうした中に銭を使う地域もあったという状態であったのだが、ではなぜことさらに明銭が消えていったのか。それには明代特有の銭需要の地域的偏りが関わっていた。

一四五三年寧波《ニンポー》着の遣明船の船長の一人であった楠葉《くずは》西忍《さいにん》は、当時の北京の銭相場が銀一両＝一〇〇〇文であったのに対し、南京は二〇〇〇文、寧波は三〇〇〇文であったと記している。(22)この時期はまだ後述するような銭貨の階層化は進んでいないから、この違いが銭貨の質によったとは思えない。だとすると、いかに運送費用のかさむ銭貨とはいえ、この高低差は銭貨の移動をもたらすに充分なはずである。はたして一四六〇年代から一四八〇年代にかけて、前述のように北京は新鋳の銭貨の流入に見まわれる。注意しなければならないのは、銭需要の偏りがこの時期だけのことではなかったことである。一世紀以上後にも、北京の銭相場が銀一両＝銭六〇〇文なのに対し、南京のそれは一両

＝一二〇〇文であるとの記述が残されている。[23]しかしこれほどの格差はその後の清代では知られていないから、明代に特有のものであったとみてよい。では何が、この時代の北京周辺の銭需要を高めていたのか。

先述のように、明代中期においてはそもそも銭使用そのものが限られた地域でのみ行われていたわけである。その中において、大運河から北京にかけての地域では一貫して銭が流通していた。[24]それはすなわち軍が駐留する地域でもある。兵糧支給の困難さを屯田制による自弁で回避する方策はたびたび浮上するが、現実的解決策にはならない。兵士が駐留する地域は同時に日常的な売買のための通貨が需要される地域でもあった。明初において軍への兵糧供給は江南からの現物輸送を原則にしていたが、一四三三年の金花銀導入後、現物の直接分配支給から徴収された銀での支払いに比重が移る。だがこの銀支給は特定の地域における銅銭需給を逼迫させることになる。

最大の銀受領者は兵士たちであったが、彼らは同時に銅銭需要者でもあった。一六世紀末の史料になるが、北京駐在の団営の兵士は四月と一〇月に銀で給料を支給されるのだが、銀が多く銭が少ないため「売銭行戸」に不利な両替を強いられ、たとえば五銭(〇・五両)の銀を得ながら四銭あまり相当の用にしかならない、との記事が残されている。[25]ちなみにこの団営が創設されたのはやはり一四五〇年代なのだが、北京とその周辺に駐在する兵士たちへの銀による俸給支給は、すなわち恒常的な強い銅銭需要をもたらしていたのである。明朝が彼らへの銅銭供給をできないでいるかぎり、銀納化が進むほど北京周辺での銭需給は逼迫し、宋代の巨額の鋳銭を中心的になった東南沿岸部との間で銭相場の南北格差が生じることになる。そうした状況において、安価な原料銅をまとまった量で南部のどこかの地域が獲得できたなら、おもむくところは明らかである。はたして銅は日本からもたらされた。勘合船であれ倭寇であれ。かくして一五世紀後半から、北方の銭需要は巨大な磁石となって銅銭の北流を創り出す。需要に応えるべく作られた銭貨が流通を容認されていた歴代の「古銭」の様態をしていたことは、私鋳者の立場に立てばひとつの安全策なのだが、結果的に明銭の消失をもたらした。本来の古銭も含んだ雑多な銭貨の大量の流入は、次節で述べるような地域差をもった銭流通の階層化をもたらすことになる。しかも中国内だけではなく環シナ海一帯をまきこんで。

本章の主たる目的は、その銭貨流通の地方的階層化が東シナ海沿岸で共時的に起こったことを明らかにすることなのだが、次節でその具体的な進行過程について述べる前に、永楽通宝について流布している説、すなわち永楽通宝が中国国内で使用されるためではなくもともと日本など海外へ下賜するために鋳造されたという解釈が成り立たないことを、ここで明らかにしておきたい。(26) もともとこの説はひとえに、中国本土での出土例が少ない永楽通宝が日本でよく出土するという事実から類推されたものであり、特段の史料的裏付けをもったものではない。これまで紹介した史料で充分明らかなように、地方布政司に鋳銭を命じており、[27]また一五世紀末まではたしかに永楽通宝が北京周辺では流通していたことを、まず強調しておこう。それが一六世紀にかけての「宋銭」流通の流れの中で消えていったのであって、明朝がことさらに永楽通宝を選んで海外にもたらそうとしたわけではない。

永楽銭の中国国内での流通を確認した上で、ここで考えるべき問題は二つある。第一に、一五世紀初めの永楽期からしばらく経た後に、一五世紀末までの日本と中国の史料に現れる永楽通宝が何者であるかということ。第二に、一六世紀前半には中国はもとより日本でもほとんど史料に現れない永楽通宝が、一六世紀後半から突如日本の関東を中心に再び現れるのは何を意味するのか、である。

まず一五世紀について考えてみよう。そもそも上述のように一五世紀前半においてすでに明朝は鋳銭に消極的であった。それに対して室町幕府側が明銭の提供を望んでいたことは明らかである。消極的な中国側に日本側の要求に応えさせるには、何か有利な条件をもたらすしかない。それは日本側からの銅の提供であった。上述の江南における私鋳永楽銭の記述は日本の朝貢船到着の直後であり、私鋳を可能にさせているのは銅価格が下落したからだと記されているが、その中国側史料に記される江南での銅価格は、中国側に買い取られた日本銅の価格として日本側史料が記しているものと一致している。[28]つまりこれを単なる偶然の一致として片づけるのは、その方がむしろ不自然であろう。

日本銅の到来こそが中国での鋳銭を誘発しているのである。

一四五四年に明朝が日本側の朝貢品の代価として「新銭」三万貫を渡したとされる[29]。既述のごとく南京で万暦以前に鋳造したのは洪武・宣徳・弘治・嘉靖の四種の銅銭のみである、という回顧が後にあり、永楽銭は鋳造されなかったとされている。ではどこから新銭は来たのか。永楽九(一四一一)年に鋳銭を命じられた四布政司の中に浙江布政司が含まれており、日本側史料はこの新銭が寧波へ「杭より至る」と記しているから[30]、それが事実を反映しているなら、杭州の鋳銭局に特別に永楽銭を鋳銭させたととるべきかもしれない。しかし同時に中国側の史料上で確認されるのは、既述のように、まさしくこの時期に永楽銭を模した銅銭が江南で私鋳されていたということである。この時日本側が入手した永楽銭には、みずからが持ち込んだ銅を使って鋳られた私鋳銭が相当含まれていた可能性がある。なお同じ「新銭」と記されていても、一四九九年に日本側が「新銭即ち悪ければ」、「旧銭永楽銭」を求めたとする記事におけるそれは、上述のように、もはや明銭の様態をしたものではなく、新鋳の「宋銭」であったにちがいない[31]。

そもそも一四〇八年、一四一一年の永楽通宝鋳造、一四三三年の宣徳通宝鋳造が日本の勘合貿易の第一期ならびにその再開直後に行われていることからして、日本銅と明朝の鋳銭との呼応関係が推測されもするのだが、一五世紀中葉から後半にかけて日本が勘合貿易を通じて入手した銭とは、自らの持ち込んだ銅から公私に鋳造された永楽通宝の一部であった可能性が高いのである。ただしそれは、本来の公式の永楽通宝を明朝が日本など海外への下賜のために鋳造した、などということを意味しない。中国側が希求する原料銅の重要な供給者たる日本が同時に銅銭の強い需要者でもあったことの、いわば経済的な帰結なのである。(32)

いずれにしろ一五世紀末には永楽銭を含む明銭は中国国内から消え、もはや日本側には渡らなかったはずである。ところが日本での永楽銭出土のピークは一六世紀後半の遺構からである。博多ですら過半の永楽銭はこの時期の遺構から見つかっている。(32 bis)一六世紀後半に関東を中心に史料にも現れる永楽通宝とは何なのであろうか。第二の問題につろう。

そもそも一五世紀を通して中国から流入する永楽通宝は、官鋳であれ私鋳であれ、大内氏など西日本の諸大名や商人の手を通して通用ないしは蓄積されていたはずである。銅銭のような小額額面通貨は、一度散布されると、集め直して他所へ移転させるなどということは極めてむずかしい。一五世紀に西日本で流通した永楽通宝が、集められて一六世紀半ばに関東に輸送され突如現れるなどという想定は、収集する費用と輸送する費用の両方を考えるとおよそ成り立ちがたい。

出土する永楽銭は相対的に様態の良いことで知られているが、様態が良ければ官銭、悪ければ私鋳銭という対応関係はもともとあてにならないことはすでに述べてきた。それよりも永楽銭の出土状況について着目すべきは、満遍なく見つかる出土数上位の北宋銭と違い、妙に特定の地層にまとまって出土する傾向がある点である。堺、松山など、一六世紀後半の地層で永楽銭がまとまって出土する事例は東日本に限らない[33]。これを、一五世紀初めに中国で鋳造された真正の永楽銭を各地で撰銭した結果と考えるのは、その状態に至るまでのさまざまな手間ひまを無視しないと成り立たない仮説である。高い需要があるなら、分散したものを集めるより、新たに供給した方が費用はむしろ安くすむ。だからまとまって特定の時期の地層で見つかる、との仮説の方が経済的にはかなう。そうすると、最も自然な推論は日本での永楽通宝鋳造である。

はたして、つい最近茨城県東海村の村松白根《むらまつしらね》遺跡から、永楽通宝の枝銭が発見された。まぎれもなく鋳銭の最終工程を示している。現場は港からさほど離れてはいないので他所から持ち込まれた可能性も否定できない。しかし、中国江南(あるいは福建)での鋳造現場からこの枝銭がはるばる関東にもたらされたなどという偶然を想定するより、関東で永楽通宝の様態をした銭貨が鋳造されていた物証とみなすのが自然である。枝銭の化学分析の結果も日本での永楽銭鋳造の存在に肯定的である[34]。

同じ明銭の洪武通宝の日本における模鋳銭は、いわゆる加治木《かじき》銭にみられるように、九州南部において一六世紀後半には相当流通していたようであるから、永楽通宝の模鋳銭が東日本などにおいて同じく鋳造され流通していたとしても何ら不思議はない。一六世紀後半の『多聞院日記』に現れる撰銭対象としての「新銭」について、江戸期の『三貨図彙』の著者草間《くさま》直方《なおかた》が「水戸の永利手、隅州の加治木銭」のようなものとして、国内私鋳銭と比定していたのには耳を傾けるべきであろう[35]。

そもそも永楽通宝の四文字を銭面に有しているからといって、われわれの目の前にあるそれらの銅銭が、史書に記された永楽六年や同九年に中国の鋳銭局で製造されたものである保証はなかったのである。つまるところ、鋳造場所が中国の江南や福建といった東南沿岸部であれ日本の国内であれ、今日われわれが目にする相当数の永楽通宝は、永楽年間より後に非公式に鋳造されたものと見なした方がよいということになる。

3　階層化する環シナ海の銭貨——悪貨は良貨を駆逐せず

一四七八年に日本は勘合船を明に派遣している。上述の一四八〇年に至る時期の北京における「新銭」流入と明銭保蔵という事態を思い出してほしい。有名な大内氏による撰銭禁令はすぐ後の一四八五年のことである。本章は、これまでも議論のある当該禁令の条文の解釈そのものについて何かを付け加えることを意図しているわけではない。もうすでに中国本国で「新銭」がはびこりはじめ明銭が民間で抜かれるようになった事態を経た上で、特定の明銭の使用に関わる禁令が日明貿易の当事者である大内氏から出された、という時系列上のつながりに注意を喚起したいのである。

このころまではこれら「新銭」の出所はまだ江南、すなわち文字通りの「なんきん」であったかもしれない。だが一五世紀末から一六世紀初頭にかけてはもはや江南ではなく福建が「新銭」の主たる供給元になる(36)。一四八六年にベトナムで撰銭禁令が出されているのも偶然ではなかろう(37)。そしてこのころから銭貨の流通における階層化現象が、東シナ海の両岸で同時並行的に進行していくことになる。その雑多さを反映して、中国では「新銭」(38)のほか「鉛錫《えんしゃく》」、「薄小」、「低銭」、「倒好」、「皮棍《ひこん》」など様々な呼称があったようである。日本において中国での「新銭」に最も対応した呼称は「今銭」でおそらくあったろうが、「新銭」という記載も少なくない。前節で述べた『多聞院日記』での事例のように「新銭」が特定の銭を指していたと推測できる場合も少なくないが、「おおかけ」、「うちひらめ」、「なんきん」などと同様、中国における呼称との実際の対応関係は明らかではない。そもそも中国史料での「新銭」が時代によって永楽銭であったり、宋銭であったり、後には万暦通宝であったりするように、同じ言葉が同じ銭貨を指すとは限らないのは当然である。だが、九州北部でさまざまな銭貨呼称が現れるようになるのが延徳年間(一四八九—一四九二年)とされるように(39)、そもそもこうした銭への多様な呼称が同じ地域に併存する事態そのものが日中同時並行なのである。

　室町幕府による初めての撰銭禁令が出されるのが一五〇〇年のことであり、東寺が西国の荘園に対して「悪銭」を送らないようにとの指示を初めて出したのも同じ一五〇〇年のことであるから、(40)遅くともこのころには、九州にとどまらず京都においても流入中国銭の多様化が社会的問題となっていたのであろう。上述のごとく、この一五世紀末から一六世紀初めの中国、ことにその沿岸部で、明銭が消え宋銭が(場所によっては南京附近のように開元銭が)主たる流通銭貨となってきたことを証言する記録がのこされている。

繰り返しになるが、明代中期の人々が使用していた宋銭が当時鋳造された「新銭」ばかりであったとは限らない。北宋は、二世紀足らずの間に三億貫(三〇〇〇億文)という史上最大の鋳銭を行ったのだから、当然その蓄積は一六世紀にもあったはずである。既述のように、古い宋銭を掘り返して使用する、という記事も一六世紀末には確認される。しかし、中国の貨幣政策において、歴代の古銭の流通は、ことさらに排除するものではなかったのであるから、真正な古銭が流通しているだけなら、当局も、そしてそれを受領する人々も問題とはしなかったはずである。問題なのは、見た目に新しいぴかぴかの「古銭」であった。

前節で、福建省南部の『漳浦県志』が、鋳込む年号をさまざまに変えながら宋銭が私鋳されていたという記事を載せていることを紹介した。漳浦は漳州府に属し、後期倭寇の拠点となる月港《げっこう》を擁する龍渓県の隣県である。『漳浦県志』に記されるその私鋳の初年は一五二四年だが、同じ福建省に属するが北部沿岸に位置する莆田県についての記事は、それより以前の遅くとも正徳年間(一五〇六―一五二一年)初めには、この漳州から模倣宋銭が当地に流入してきはじめた、と記している。しかも、『漳浦県志』は一五三〇年頃元祐銭を私鋳したと明記しているが、『莆中銭法志』が、莆田の人々が正徳初めよりも後になって「字様」で銭を選びはじめ、その抜き取られたものの例として元祐通宝を明記しているのも偶然の一致ではあるまい(41)。福建南部から北へ向かって模倣宋銭はたしかに流出していたのである。

一五一七年に科挙試験のために北京を訪れた董穀《とうこく》が、「板児」という「低悪之銭」二枚を一文に数える習慣を初めて目にするが、故郷(浙江、海塩県)でもやがて普及し、いつのまにか二枚を一文ではなく「如数」、すなわち一枚を一文として数えるようになったと述べている(42)。他の史料ではこの二枚をもって「好銭」一枚に当てられる銭貨を「倒好」と呼んでいる。ただここで注意しなければならないのは、それら新鋳のものを「低銭」と呼んでいるのであって、かならずしも薄小であるとは記述されていないことである。つまりあからさまな私鋳であることを示唆する新しさゆえに低く評価されているのであって、より後にはびこる私鋳銭のように、かならずしも素材価値の低さのためではなかった。

やがて「倒三」、「倒四」との表現のごとく、「好銭」一枚に対して三枚、四枚の比率をもって当てられるような銭貨も流布しはじめる。しかしおおむね一六世紀の第1四半世紀においては、「好銭」は七〇〇枚＝銀一両だが、「中銭」は一四〇〇枚＝銀一両、というような一対二、せいぜい一対四止まりの階層化にとどまっていたとみてよい。[43]これは中国の状況だが、西日本でも同じ頃、[44]精銭と並銭に比率をつける「和利」などと呼ばれる慣行が地域差をもちながら現れてくる。しかしこれもおおむね一対三や四を超えないものであった。

しかし中国では嘉靖年間、すなわち一六世紀の第2四半世紀から後半にかけての時期に、流通する銭貨の多層化がより進行する。雑多な私鋳銭流通に手を焼いた明朝は、一五五四年に当代の官銭と歴代の「上品」の銭を七〇〇文＝銀一両とし、以下、一〇〇〇文、一四〇〇文、二一〇〇文といった区分に整理しようとする。しかし当時の市場ではそれらの比率をはるかに下回る三〇〇〇文や七〇〇〇文をもって銀一両に当てるような「蕩劣」な銭がはびこっていた。先の「倒三」「倒四」どころか、基準銭一枚に対して「五六至九十」枚が当てられるような低質銭が当たり前に見られる状態になっていった。[45]

この銭貨のさらなる多層化は中国だけではなく、確実に同時代の日本においても進行していた。一五五九年の東福寺領である周防国得地保《とくじのほ》の正税米売却帳簿で、精銭一枚に対して三枚に比される「新銭」と一〇枚に当てられる「南京」が混在しており、一五六〇年の伊勢大湊文書では、銭貨は一対二から八まで数種類にわけて記帳されるようになっていた。そもそも有名な一五六八年の織田信長上洛直後の撰銭禁令自体が、銭貨流通

を一対二、五、一〇の四階層に秩序づけようとするものであった。(46)

残念ながら、この時日本で精銭一枚に対して一〇枚に当てられた「うちひらめ」や「なんきん」の様態を確かめる手段はないし、また中国側で「裁鉛剪紙之濫極」と嘆かれた下層の銭貨との対応関係も定かではない。しかし、一六世紀第2四半世紀から後半にかけては、日本各地の遺構からの無文銭や鉛銭の出土が際立つ時期でもあり、(46bis)おおよそ文献において最下層の銭として表現されたものと重なるものだったとみて大過はあるまい。

以上のごとく一五世紀末から一六世紀後半にかけて、中国沿岸部と西日本は偶然ではすまされない銭貨流通の同時並行的な変化を共有していた。そもそも、明朝独特の体制によってもたらされた中国国内の銭貨需要の地域的偏差が、私鋳も含めた古銭を南部から北流させる構造的背景となっていた。しかし銅供給がなければ私鋳しようにも採算に合わない。古銭を溶解して新銭を鋳造した場合もあろうが、日本銅の到着地が私鋳の拠点になるのは理の当然と言えた。当初は遣明船の到来する江南、そしてやがて非公式貿易、すなわち倭寇の拠点たる福建南部へと私鋳の中心は移る。重要なのは日本自身が強い銅銭需要をもっていたことである。福建から新旧の「古銭」をはるばる北京へ運ぶより、舟山《しゅうざん》列島から東へ舵をとって九州に搬送した方が販売者にとっては風の便が良いかもしれない。

福建と西日本を結ぶ非公式貿易は一五四〇年あたりから新たな段階を迎える。一度ならず述べてきたことなので贅述はさけるが、輸出されはじめた石見銀が福建経由で江南の絹などと交換されはじめ、それまでにない規模の私的交易が東シナ海沿岸を結びつけはじめる。「極精」から「極悪」まで豊富な古銭の品揃えをもつ貿易拠点漳州がその輸出を加速させるとともに、日本、中国ともに銭貨流通のはげしい多層化を共時的に経験することになる。(47)

さて、こうした銭貨流通の多層化はただ混乱した印象のみを現代のわれわれにあたえがちだが、けっして通貨の流通が無秩序だったわけではない。むしろ、貨幣たちの間に補完的な関係が成立していることを可視化してくれているともいえる。西日本において、精銭と並銭のどちらをどの比率で換算して年貢納入で使うか、といったことは常に騒擾の原因となったが、地場の市などでは並銭が行使されていても、遠隔の地域から木材なりの商品を購入しようとすると精銭が不可欠であったりしたように、(48)貨幣たちの間にはそれ相応の分業的関係があった。ここでは悪貨と良貨は競存しているのであって、けっして「悪貨が良貨を駆逐する」世界ではなかった。言い換えると、貨幣たちは代替的であるよりむしろ補完的な関係にあった。

刹那的な取引を媒介するための通貨、資産として保蔵しようとする通貨、地域を超えた決済に用いられる通貨、この三者が分かれて併存して現れる場合もあるし、重複する場合もある。並銭と精銭だけが併存するような場合は、精銭が後の二つの機能を担っていたことになる。簡単にいってしまえば、貨幣に異なる需要があるが、供給が非弾力的(しかも異なる程度で)である場合、それぞれの需要に対応する複数の通貨を競存させることが合理的な選択となる。一七世紀後半の莆田県などは、清朝の銭を日常の取引に遣いながら、宋銭などを素材価値から過高評価して資産蓄積の手段とし、遠隔地との交易では銀が決済の用をなしていたようである。当時の莆田の事情を記す年代記は、特定の銭を基準銭として通用銭と差別化する合意が県城の商人たちの合議によって変えられていく様を記述してくれている(49)。官の規則に依存するのではなく、かといって商人の間に厳格な団体が確立しているわけでもなく、その時の状況に依存しながら補完的な関係にある複数の通貨の間の関係についての合意を成り立たせていくあり方は、二〇世紀初めになっても中国では基本的には変わらなかった。筆者はそうした通貨受領に関する合意を共有する関係を、銀両制度研究における宮下忠雄の表現を受け継いで、「支払協同体」(英語では currency circuit)と呼んだが(50)、一五—一六世紀東シナ海沿岸を覆った銭貨差別化にからむそれぞれの地域市場の自己組織的な様相は、この概念とよく親和する。

如上に述べてきた中世における日本と中国の銭貨流通の共時性については、小葉田淳がつとに指摘していながら、その後長い間その重要性が看過されてきたが、明清経済史研究者である足立啓二の、日本の銭貨は中国の「内部貨幣」であったとの一九九一年の問題提起以降、再び注目されるようになった。日本史研究者の注意を喚起したという点において足立論文の意義はいまなお色あせるものではない。しかし、明朝の銭法の混乱がそのまま日本に及んだという撰銭現象についての足立の解釈は、そもそも明朝自体が銅銭への依存が低い政策をとっていたし、中国における人々の銅銭受領は明朝の権威とはほとんど無関係であったのだから、中国における銅銭流通の性格と、日中の貨幣現象の間がどう連関しているのか、の両方の把握において不適当であった。つづいて大田由紀夫は、中国王朝の銭使用禁止と日本における銭遣いの浸透の共時性を発見し、中国王朝の銭法に依存した日本の銭受領という足立論文に相反する現象を呈示した。この指摘の意義も高く評価されるべきだが、供給側の側面にのみ着目したため、そもそもの日本側の需要の強さを解釈に入れ損ねていた。これまでの研究に共通しているのは、政治権力との関係を通じて市場の現象を論じようとし、市場がそれ自体としてもちうる多層性に着目しようとはしなかったことである。それゆえ、混乱した様相の背後にあるところの、銭を差別化するということの内在的な意味を明示するにはいたらなかった(51)。

4　分岐する近世東アジア

中国東南沿岸部は一五四〇年のあたりから疑いなく空前の規模の銀流入に見舞われた。その銀が主たる産地である日本の石見から福建漳州へと至る海路の重要な経由地が、浙江寧波沖合の舟山列島であった(52)。おりしも一五四六年という年に、その舟山列島の中心地である定海で日本人が下船し、その折りの買い物リストを残してくれている。注目すべきはすべて銀建てで代価が記されていることである。「米・塩之代」として九六文目(匁)七分五厘を使ったとあるのはともかく、焼餅に三分、蜜柑に四分とあり、かなり小口の買い物まで銀建てで記帳されていることが目につく(53)。もちろん、記帳されていることが、実際に一グラム前後に秤量されて銀が手渡されたことを意味するとはかぎらない。つまり実際には銅銭などを手渡していた可能性もある。しかし明代中期の銅銭供給不足という時代背景と、そして何よりも日本銀の重要な通り道にあったという地理的条件を考え合わせると、このリストは実際の売買を反映していたとみてよかろう。安易な比較をすべきではなかろうが、一四六八年の遣明船のことを記す『戊子《ぼし》入明記《にゅうみんき》』に記される「渡唐御船色々下行註文」が貫文建てなのとは対照的である。やがて、一七世紀にかけて中国沿岸地域はこの銀遣いに傾斜していき、塩交易の中心都市たる揚州、新安商人の本拠の徽州《きしゅう》などは、一八世紀まで銀を日常でも切り遣いして交易する慣行が残ることになる(54)。

ただし銀の主たる流入経路には大きな変更が生じる。一五六七年前後の非公式貿易(倭寇)の拠点の明軍による制圧と、七〇年代後半からのフィリピン経由のポトシ銀流入が、東シナ海から南シナ海へと主要経路を南下させたと考えられるからである。西日本商人と福建商人との交易は、漳州三彩が交趾《こうち》産とみなされたことに端的に示されているように、東南アジアでの出会い貿易の形でやがて再開されるが、日本銀がここで一旦行き場につまったことを考えると、国内で産出されながら通貨としての流通が不思議なほど顕在化していなかった銀が、一六世紀末から国内交易の代価として史料に現れ出すのは偶然とはいえないのである(55)。

中国国内での銀遣いの普及が、上述の銭貨流通の多様化によって促進された面があることは間違いない。『常熟県志』などのように、以前は銭貨を資産として貯めていたのに、近頃は銭貨をもっぱら普段の買い物に使って、そのかわりに銀を貯めるようになった、と記述する事例が現れる(56)。つまり、銭貨を基準銭と通用銭に差別化していく補完関係と、銀と銭貨の間で分業化させていく補完関係の二つの趨勢が併存していたことになる。前述の一七世紀後半の莆田に見られた清銭—宋銭—銀という三層構造はその折衷である。なおこの莆田の事例で宋銭が素材価値よりも高く評価されていたことは、資産として保有されるという基準銭の機能が、その素材価値よりも、むしろそれ以上に取引者たちの合意に依存していたことを示す。

一八世紀にかけての穀物備蓄と組み合わせた大量の銅銭の公式投入の結果、中国ではやがて銭そのものの多層性は薄れていく。その結果、通貨の主たる補完関係は、銭貨の間や、銭貨と穀物などの商品貨幣との間ではなく、秤量銀と銭貨の間で形成されることになっていく。もちろんその間に中南米鋳造の銀貨(「銀元」)が割ってはいったりしてさらに多層化したりもするのだが、支払協同体の多様化の主役は銭貨ではなく秤量銀に移る。秤量であるのに多様化とは一見奇妙だが、実銀を特定の係数(兌)で割る虚銀両という中国独特の Imaginary Money(実体を伴わない単位貨幣)が各地、そして各業種で繁茂していく。(57)

多様化が進む銀両制度と異なり、清代の銭貨流通は歴代の王朝下におけるほどの多様性はなくなっていく。もちろん銭貨使用の地域慣行が解消され斉一化したというわけではない。たとえば清代の北京を中心とする河北ならびに山東地方一帯では、銅銭一枚を二文と数える「京銭」慣行が支配的となり二〇世紀にまで残るが、その淵源は一六世紀初めの時期に遡るとみて大過なかろう。(58)上述の「板児」や「倒好」の場合のように基準銭一枚＝通用銭二枚の割合での交換が長く続いた後、その階層的流通が解消されて人々による銅銭の差別化が過去のものとなっていく中で、基準銭一枚を二文とする慣行の方だけが残ったのであろう。

このような中国の趨勢と比べると、同時期の日本は近世にかけてかなり異なる方向に通貨流通を変えていったと言わざるをえない。そもそも銀を輸出しながら一六世紀中葉においては銀を通貨としてはほとんど用いず、地方市場の大半は、銭貨の間の基準銭と通用銭という補完関係をもって取引を成り立たせていた。その日本にとっても一五六〇年代後半は大きな転機となる。

一五六〇年代後半に西日本一帯でおこる土地売買などからの銭遣いの消失、同時期の東日本での永楽通宝の基準銭としての登場、といった現象は、それまで基準銭として機能してきた精銭の動揺によるものとしてくくりうる。これまで筆者が繰り返し論じてきたことだが、一五世紀後半から続いたはずの良銭も含む中国銭の流入の停止がそれらの引き金であった。それまでの精銭とは違う、明白な模鋳銭の一括出土が一六世紀後半地層にみられるのは偶然ではない(58bis)。そして、この基準銭の動揺は、それまで戦国期を通じて進行した貫高に基づく知行統一を不可能にする。一五七〇年代の越前での織田政権の丈量検地の過程などは、民間における銭流通の変化と検地における米石建て専一化との因果関係を示唆する。つまり、銭と米とが並行通貨として機能していた状態から基準銭を引き算して残った解が石高制であった、ということになる(59)。

豊臣秀吉の朝鮮侵攻戦争による日本、中国双方の銀による軍資金支出という事情にも後押しされて、一六世紀末から一七世紀初めにかけて、朝鮮も含む東アジア一帯には、計数銀貨(つまり硬貨)でなく、世界的に稀な秤量銀使用が流行する。しかし朝鮮国内では多量の銀が流通することはなく、実質的に計算単位としてのみ機能することになっていく。日本では一七世紀前半でこそ各種の領国銀が流通したが、(60)幕府の指定した商人の運営する銀座の吹いた丁銀に統一され、やがて流通銀は斉一化する。

一一世紀後半の宋銭の大量鋳造以降、東アジアではこれに匹敵するような規模の金属貨幣供給は行われなかった。与えられるのではなく、交易者たちがみずから通貨を創り出したり、あるいはまた撰びとったりすることの方が常態化していく中で、北宋銭や開元銭の模倣が東アジアで広範囲に受領されるのは不思議なことではなかった(61)。しかし、一七世紀半ば以降の海外貿易制限と前後して、日本における寛永通宝、朝鮮における常平通宝、といった自国銭貨の大量鋳造が開始され、中国銭の東シナ海をまたいだ流通の条件は失われる。一七世紀後半のいわゆる長崎銭(海外向け模倣宋銭)の東南アジア輸出、一部の寛永通宝の銭不足の中国沿岸部への将来という中世とは逆方向の事態は生じるものの、銭貨を補完的に組み合わせた多様な地方的通貨使用慣行が東シナ海を超えて連なるという状況は、その主役たる宋銭とともに消え去っていった。なお、ベトナムでは宋銭流通が一八世紀にも残るが、一七四〇年からの自国銭である景興銭の大量鋳造により、やはりその役目を事実上終えることとなる(62)。

事実上の金本位制度下の補助貨幣となってしまい、実際の地方市場での取引においても藩札などにその主役の座を奪われるようになっていく江戸期の銭貨とは違い、今なお日本のあちらこちらで発見される甕に入れられた様態のそろった中国「古銭」たちは、自らの認知しうる範囲で共有された合意に基づいて、中世の交易に従事する人々が、多様な需要に応じた貨幣をみずから組み合わせ使用していたことを伝えてくれているのである。中国と比べると、寺社や領主といった収租権をもったものたちの影響力の強さは際立つが、広義にとれば、かれらもまた状況に依存して貨幣の組み合わせを変えていく交易従事者の一部をなしていたともいえる。

あとがき

本書は、歴史的経験より貨幣の何たるかを帰納する試みである。しかし歴史的といっても、ここでとりあげたような現象が歴史の彼方に過ぎ去ってしまったわけではない。シンガポールには、市中に諸国貨幣を両替する業者があちこちにあるが、一九九八年三月末に筆者が訪れた時には、一〇〇米ドル紙幣と二〇米ドル紙幣とでは、その現地通貨シンガポールドルへの交換比率が五対一ではなく、別々に相場が掲げられていた。どの両替屋も一〇〇ドルを高く評価していたのである(ただし二〇〇二年三月再訪時にはみられなくなっていた)。これはまさしく、額面についての貨幣の非対称的現象であり、序章で注記した一元銀貨が一角銀貨一〇枚と等価で交換されない現象と相似する。

また、八〇年代エリトリアでの人類学者による調査では、エチオピア内戦による混乱の中、農村部の人々がマリア・テレジア銀貨を使用していたとの報告があったという。信用の揺らぐ政府発行の通貨よりも、かつてより共有していた貨幣受領のための回路に依存することの方が選好されたのである。

この回路が、非常に短いものの明瞭に見て取れるのは、次のタイのアユタヤにおける一〇〇円硬貨流通の事例である。二〇〇一年九月アユタヤを訪れた高橋廣太郎氏によると、観光客向けの露天商が数十人おり、彼らの間で一〇〇円硬貨が流通していたというのである。彼らの主要な顧客は日本人観光客であるが、現地通貨バーツの小銭を持たない日本人から、二〇バーツのかわりに一〇〇円玉を代金として受け取っていた。そして彼ら露天商が飲食をするときは、その一〇〇円を二〇バーツ相当に換算して授受していたというのである。為替相場は一〇〇円＝三六・五バーツであるから、日本人観光客とアユタヤ露天商との関係においては、土産物や飲食に使われるバーツが明らかに過高評価されていることになる(この情報は安富歩氏の教示による)。

つまり貨幣の回路、そして非対称性は、今もなお生成しつづけているのである。対称的な構築物の地下におしこめられてしまってはいるが。

なお、近年広がりつつある、イサカアワーのような「地域通貨」と、本書で論じた現地通貨との差異について言及しておきたい。前者の様態は多様であるが、住民たちの間での相互のサービス提供を担保するものとみてよいのであるならば、それは本書の第六章で述べた村や町の団体的効力に依拠した内部貨幣に相似する面がある。中近世の村や町と現代の地域社会とでは、さまざまな相違があるが、何らかの社会関係に依存する点では共通する。対して、現地通貨の方は、財の方のストックの偏りに依拠するものであり、保持者の間の社会関係にはよらない、外部貨幣である。伝統社会において、外部貨幣指向の社会と内部貨幣に向く社会とに分岐があったように、「地域通貨」創造の成否にも当然社会ごとの差異が現れるであろう。いずれにしろ、貨幣ないし市場と、社会ないし制度とは、共依存的にしか理解できないのである。

以下に、章ごとに一応関係する初出文献をあげる。かなりの改稿をほどこしたため、原型をとどめているのは第二章、第五章、第六章のみである。

序　章　書き下ろし

第一章　書き下ろし

第二章　「貨幣が語る諸システムの興亡」『岩波講座世界歴史』15、岩波書店、一九九九年。"Another Monetary Economy: The Case of Traditional China", A. J. H. Latham and H. Kawakatsu (eds.), *Asia Pacific Dynamism 1550–2000*, Routledge, 2000.

第三章　"Concurrent Currencies in History: Comparison of traditional monetary systems between India and China", *Proceedings of the XIII Congress of the International Economic History Association*, Session 15 'Global Monies and Price

Histories, 16th–18th Centuries,' Buenos Aires, July 2002.

第四章 書き下ろし

第五章 「一六・七世紀環シナ海経済と銭貨流通」『歴史学研究』711、一九九八年。

第六章 「伝統市場の重層性と制度的枠組――中国・インド・西欧の比較」『社会経済史学』64-1、一九九八年。

第七章 「「周辺」からみた国際金本位制の特質――中国貿易を比較基準として」中村哲編『東アジア資本主義の形成――比較史の視点から』青木書店、一九九四年。「アジア在来金融からみた二〇世紀初期の世界経済」『歴史評論』539、一九九五年。

終　章 "Seasonal Fluctuation, Multi-Layered Market and Monetary Diversity: How to Make or not to Make a Single Domestic Currency", *Proceedings of the XIII Congress of the International Economic History Association*, Session 22 'Comparative Analyses of Economic Performance across Eurasia in Age of Early Industrialization,' Buenos Aires, July 2002.

第三章は「貨幣・金融を中心とする近代世界システムにおけるインドと中国の比較」(特定領域研究A「南アジアの変動」一九九九―二〇〇〇年)、また第一章は「アジア・アフリカにおける貿易銀流通とその終焉についての比較史的研究」(萌芽研究、二〇〇二年)の研究課題で、それぞれ科学研究費補助金を受けた成果でもある。

本書が扱う領域は私の能力を超えた広さであり、当然ながら、本書の内容は多くの既存研究に依存している。しかし、紙幅の都合上、参考文献目録に掲げえたのは、原則として本文と注に直接引用したものにかぎられてしまった。また、邦訳書の出所頁注記は、貨幣そのものをあつかった文献の場合にほぼかぎらせていただいた。これらの点については、ご海容を乞うしだいである。

独りよがりな表現に流れがちな私の文章を、岩波書店の杉田守康氏には、少なからず是正していただいた。にもかかわらず、可読性を、という編集部の要請に応ええたか否かについては、はなはだ心もとない。表現の不行届きが、実のところ、構想力の乏しさの現れであった、というようなことにならないことを、今は願うのみである。

二〇〇二年一一月

黒田明伸

増補新版あとがき

残念なことに、私は母語である日本語での学術的著述を一〇年以上ほとんどなしていない。本書執筆当時から、普遍的な議論の場でこそ、ここで主張した貨幣に関する理解の当否を問われるのであるから、英語で著述することで、国際的かつ学際的に、既存の理解に対して挑戦する以外にないと考えていた。しかしながら、私の乏しい英語能力からして、日頃から英語で考えるようにでもしなければとてもまともな著述をできそうにもなかったから、母語での執筆から遠ざからざるをえなかったのである。本書出版後、ありがたいことに、多くの出版社から単著執筆の誘いをうけたが、お応えすることができなかった。この場を借りて、非礼をおわびしたい。

今回の増補にあたり、補論として入れた「東アジア貨幣史の中の中世後期日本」は、この間の数少ない日本語著述の一つである。日本史に関わる研究はやはり日本語でなければという判断がはたらいたとともに、原載『貨幣の地域史――中世から近世へ』の出版（岩波書店、二〇〇七年）が、日本銀行金融研究所での研究会でお世話になった鈴木公雄氏追悼のためであったという事情による。

世界の学者たちが常識としていることの根底を問う気概をもって、英語で発表そして著述をしはじめたものの、現時点で、私の議論に賛同してくれている研究者はけっして多いとはいえない。だが、少なくとも、日本国内でとは相当異なった知見、反応を得ることができたことだけはたしかである。以下、本書の内容が海外でどのようにうけとめられ、それを受けて私の理解がいかなる方向に発展してきたかを述べておきたい。

中国史を中核として研究してきた私であるが、欧米の学術誌に初めて投稿するに際してあえて選んだ題材は、本書第一章でとりあげたマリア・テレジア銀貨の紅海地域での流通であった。欧米の論者たちになじみやすい対象をあげて論じることで、率直な反応を引き出すことができるのではないか、との私なりの期待があったからである。行論とは対立する「貨幣は統一された方がよいに決まっている」との主張から始まる査読意見があったものの、旧版出版後に得た知見を大幅に加えて、論文は *Financial History Review* から公刊された(Kuroda, 2007)。

幸いにして、アフリカ経済史研究を主導するGareth Austinなど欧米のアフリカ研究者たちが、すぐさま興味を示してくれた。多様な通貨が並存する植民地期アフリカ各地の貨幣状況の意味を十分に説明できる理論をもたなかったため、錯綜しているようにみえる背後に貨幣間の相互補完の構造がある、との私の議論は、一つの解として受けとめられたのである。西アフリカをフィールドとする人類学者で、現在米国科学アカデミー会員でもあるJane Guyerは、その後の私の英語論文にも着目し、同アカデミー紀要の会員就任論文において、私の一連の仕事を貨幣の多元性に焦点をあてた先駆的研究として紹介してくれている。

ところで、本書の副題は「〈非対称性〉をよむ」である。「よむ」としたのは貨幣に関わる非対称な現象について論じる、との意味であった。その現象の背後にある構造を説明する用語としては、貨幣間の補完性(中国語では互補性)complementarity among monies がふさわしい、と思い至ったのは旧版刊行後しばらくたってからである。世界規模の比較を進めるにつれ、人口に膾炙した「悪貨が良貨を駆逐する」というような代替的な関係は必ずしも現れず、世界史上の貨幣現象はむしろ補完的関係に満ち溢れていることが明らかになってきた。しかし古今東西の事例に一人でとりくむことはとうてい不可能であるから、必然的に、視点を共有できる世界各地の研究者との協同を模索することとなる。二〇〇六年のヘルシンキでの第一四回世界経済史学会にて部会「歴史における貨幣間の補完性」を主宰したのを皮切りに、日本学術振興会、文科省、トヨタ財団、東京大学の支援をうけて、これまで一五回の国際集会を国内外で開催してきた。

ヘルシンキ大会提出論文の一部をもとにして、ヨーロッパ銀行金融史協会が後援する*Financial History Review*で特集号「多元的貨幣」を編んだことは、これまでとは違う分野からの関心を集めるきっかけとなった。二〇一〇年一二月パリ第一〇大学に客員教授として招かれ、経済史研究者Patrice Baubeauの主宰で、社会人類学Keith Hart、経済学Jean Cartelier、Vincent Bignonが討論者となって、私の貨幣理解について議論するワークショップが開催された。ことにCartelier氏とのやりとりを通じ、サーチ理論系列の貨幣理解など、経済学の主たる潮流と切り結ぶ糸口を見つけることの必要性を認識させられたことは重要であった。

理論研究者との議論は私の理論的枠組みのあいまいな部分を明らかにしてくれるが、私の理解に実質的な深化を促してくれたのは、自分にとって未知の史実の学習である。本書に興味をもってくれた日本近世史研究の木下光生、荒武賢一朗両氏らにセミナーに誘われ、それまで疎かった英国近代初期と日本近世史とを勉強してみたことは、新たな視点をもつ契機となった。Craig Muldrew、多和田雅保氏らの地域研究を通じて学んだのは、地域内信用に驚くほど依存した住民間の交換の状態である。小額通貨と最寄りの市場に依存した中国農村との対照は、「匿名的通貨」と「指名的信用」との二律背反的な交換のあり方、という新しい比較基軸を私にもたらした。

かくして、現地取引需要にこたえる小額通貨と地域間決済を担う高額通貨、という機能的分業をX軸、取引に高い自由度を与える通貨による匿名的関係と確定性が高い信用による粘着的関係、という相反志向をY軸として、世界貨幣史の中で組み合わせることを構想するようになった。本書図11で地域流動性を位置づける二つの座標として示した、地域の団体的効力の強弱と小農の自由度の高低を、相反する匿名的通貨か指名的信用かという一つの軸に統合したのである。財政、土地制度なども背景にした社会関係が貨幣のあり方を規定しているだけではなく、貨幣システムが社会のあり方を規定もしていると、より鮮明に認識することとなった。

この双方向認識をもとに、工業化前の中国、日本、英国の間の比較を題材にして、匿名的通貨と指名的信用との代替的関係を論じた論文を *Socio Economic Review* に投稿する。同論文は公刊されるが、査読にあたった理論経済学者たちとの厳しいやりとりは有益であった。この対照にすぐに興味を示してくれたのが著書 *The Social Meaning of Money* で知られる社会学者 Viviana Zelizer である。同著は、完全に代替的なはずの現金を、わざわざ分別して特定用途ごとに支出する二〇世紀初期米国大衆の振るまいを明らかにして注目された。本書の歴史的視角からみると、価値尺度、通貨、国家の間の同一化が進み、人々が通貨を差別化する手段と機会を消失してしまった結果と位置づけなおすことができる。取引の自由度を高めるのが通貨の最大の効用であるが、相互に代替的ではない複数の需要に対して、異なる通貨の供給を準備するのは、道理ある行為なのである。

では、なぜ同じ通貨ではすまないのか。旧版でもすでに述べられてはいるが、通貨は必ずしも循環せず滞留する傾向がある、という命題が、私の貨幣研究の根幹にある。需要ごとに滞留する度合いが異なるから、異なる通貨を用意することに便が生じる。

この認識を支えてくれたのは、一つには、現実に世界各地で出土する数多くの埋蔵あるいは遺失貨幣の存在である。Mark Blackburn(故人)、Georges Depeyrot、Joe Cribb、Helen Wang、櫻木晋一などの諸氏を通じ貨幣考古学から学んだことははかりしれない。

一方で、この方向に沿って私の思考を進めてくれたのは、通貨の流通を流体としてとらえる視点である。異なる環境を通過する通貨には異なる粘性が働き、異なる程度で通貨の滞留が生じるのは自然なことなのである。このように、流体力学の枠組みは現実の通貨の振る舞いをうまく叙述させてくれる。渋滞学という視角を生み出した西成活裕氏との対話は、私のこの確信をさらに深めさせてくれた。かつて私は、価格差・賃金格差が継続する中華帝国の構造を「非均衡型市場経済」と表現したが(黒田、一九九四年a)、流体力学にならい、粘性がはたらくことで経済的営為を結ぶ流線が異なる速度で分布しているもの、と考えるとわかりやすくなる。

結局のところ、旧版出版後、貨幣に関わる理解としてより明確になった点をかいつまんでいえば、下記のごとくである。

(一) 匿名的に取引を媒介する通貨は、滞留をさけがたいため、完全な弾力性をもって供給することはできない。また指名的信用に依る取引は、本質的に債務累積のリスクをもつため、無制限にひろがることはできない。つまり、どちらの志向によっても、回路としての貨幣は局地的なまとまりをもとうとするものなのである。超地域的な貨幣通用を成り立たせるためには、これらの志向を制御する仕組みが必要となる。

（二）三位一体のごとく貨幣の機能とされる、流通手段、価値尺度、価値蓄蔵手段、の間には必ずしも親和性がない。ことに、供給が有限で第三者への譲渡を前提とする通貨（流通手段）と、無限の取引額に対応し取引者同士の相対を基にする記帳（価値尺度）とは、相対立する機能といえる。整合しないこれらの機能をどう組み合わせるかにより貨幣システムに個性が生じる。

上記の二つの視角から世界規模の比較をする国際協同研究を、現在私は組織しようとしているところである。

ところで、旧版あとがきで触れた現地通貨運動は、欧州を中心に世界各地でさらなる広がりをみせている。昨年六月ハーグで開催された第二回国際補完通貨学会（Georgina Gomez主宰）に、私は末席ながら基調講演者の一人として招待された。同学会を主導してきたBruno Théret、Jérôme Blancなど現地通貨研究に関わる制度経済学者たちが、私の研究に強い関心を示すことになるのは、右の第一の論点からすると、必然的であったといえる。ただし、私自身は、現在の現地通貨運動があるべき貨幣システムをもたらすかについては懐疑がある。今日の貨幣システムの最大の問題点は、一九三〇年代以降の管理通貨制の下、国民通貨の国際相場にしたがい、同一の労働に対する評価の差が一

○○対一にまでなろうとしている点に現れている。世界規模の公然たる不正義といえるこの格差に対して、現在の現地通貨運動の射程は残念ながら及びそうにない。

貨幣論からはなれて、歴史理解として多少なりのインパクトを海外の学界に与えたのは、モンゴル体制下の一三―一四世紀に中国銀がヨーロッパにまで流入して商業拡大を刺激し、この時のユーラシア全体での価値尺度の共有が、世界の貨幣システムに不可逆的な変化をもたらしたとの仮説である。本書第二章第4節を下敷きに、ロンドン鋳造所とベンガルのスルタンの銀貨鋳造額の推移がほとんど同調していることなどを加えて論じた論文を、*Journal of Global History* に投稿した。同誌は四人の専門家に査読を依頼し、編集長いわく「同誌創刊以来最長」の査読意見を私に返し、それらを考慮した訂正加筆の上、当該論文は同誌から公刊された。

予想されたごとく、ヨーロッパ中世史や考古学の専門家たちの多くは、当該時期のロンドンなどの銀貨鋳造増大はヨーロッパ内の事情で説明できるとの立場をくずさない。しかしPeter Spuffordなどの欧州の中世貨幣史を代表する研究者たちが、少なくとも、ユーラシア規模の視点導入の必要性を認める反応を示してくれたのは大きな励ましとなった。このトピックについては、新たな考古学的知見を加えた論考を、*Cambridge History of the Mongol Empire* に寄稿する予定である。

自らが確認できる範囲にとどまって解釈しようとする欧州研究者の姿勢は、本書第五章と補論で展開された環シナ海規模の中国銅銭流通理解に対する、日本史研究者のおおかたの反応と共通する。いずれにしろ物証に乏しいのであるから、無理からぬことではある。ただ、銅銭については、鉛同位体分析を用いた平尾良光氏、飯沼賢司氏らによる新たな進展などもあり、客観的証左が増しつつある。現在私は、中世後期日本で精銭鋳造が確立しなかったことについて、東アジアにおける錫供給の制約が一つの大きな規定要因となっていたとの観測をもっている。

旧版は、管見のかぎりで、英語、中国語も含めて一四の書評を得ることができ、また韓国語版『화폐시스템의세계사 — 비대칭성을읽는다』(鄭恵仲訳、論衡、ソウル、二〇〇五年)と中国語版『貨幣制度的世界史——解釈非対称性』(何平訳、人民大学出版、北京、二〇〇七年)が出版されている。陳暁栄『民国小区域流通貨幣研究』(中国社会科学出版、北京、二〇一二年)のように、本書の中国語版を度々引用した研究も現れているのは望外の喜びである。

いわば海外をいまだ転(苦)戦中でなかなか日本語著述にもどってこられないが、本書の内容のその後の発展に興味を持たれた方は、上述の"Maria Theresa Dollar"(Kuroda, 2007)につづく下記の Akinobu Kuroda の論文を読んでいただければと願う。それぞれ本書でのもっとも関連する章を(　)で付した。

① "What is the Complementarity among Monies? An Introductory Note", *Financial History Review*, 15-1(Cambridge UP), 2008, pp. 7-15.（序章）

② "Concurrent but Non-integrable Currency Circuits: Complementary Relationship among Monies in Modern China and Other Regions", *Financial History Review*, 15-1, 2008, pp. 17-36.（終章）

③ "The Eurasian Silver Century, 1276-1359: Commensurability and Multiplicity", *Journal of Global History*, 4-2(Cambridge UP), 2009, pp. 245-269.（第二章）

④ "Anonymous Currencies or Named Debts?: Comparison of Currencies, Local Credits and Units of Account between China, Japan and England in the Pre-industrial Era", *Socio Economic Review*, 11-1(Oxford UP), 2013, pp. 57-80.（第六章）

母語での著述から遠ざかってしまい、内心においては寂寞の念を積もらせてきたことは否めない。岩波書店の杉田守康氏は、それをみすかしたように、絶妙のタイミングでこの増補新版の話を提案されてきた。旧版出版時は統一通貨ユーロ導入直後であり、本書の含意するところは、時代に逆行するかのごとき印象を与えたかもしれない。しかし、導入当時はほとんど差がなかったドイツとスペインの失業率が、現在は驚くべきほどの差となっているように、国家間通貨統一がもたらした負の側面は明らかとなっている。

本書が取り上げた歴史上の種々の貨幣が多元的に並立する状態は、いかにも取引費用がかさみそうである。しかし、通貨の国内統一そして域内統一が、人類規模ではより大きな格差と不公平をもたらしているのなら、誰のための取引費用軽減なのであろうか。貨幣の地域性と超地域的機能との間の根源的矛盾を論じる本書に、今日の大きな問題につながる意味をみつけてくださる読者も多くなっているのではないかと、ひそかに期待するところである。

二〇一四年一月二一日

黒田明伸

岩波現代文庫版あとがき

本書は岩波書店より世界歴史選書(全一五冊)の第一冊として二〇〇三年に刊行されたものであるが(二〇一四年に増補新版)、岩波現代文庫収録にあたり、書店の清水御狩、杉田守康両氏の助言をうけ、選書版にあった副題「〈非対称性〉をよむ」をはずした。「非対称性」は歴史上の貨幣に関わって起こった諸々の現象についての形容であり、その背後にある構造を表現する言葉ではない。貨幣に関わる歴史上の一見不可解なさまざまな現象ととっくみあいをしながら、既存の概念をとってつけるのではなく、何とかそれらに内在する仕組みをみつけようとして議論を組み立ててきたので、それらの現象をくってくれる「非対称性」という形容は、著者にとって利便性があった。だが、その後研究を進めるなかでより明白になった「交換の多様性が貨幣間の補完関係を生じさせる」という理解を強調するためには、表題からはのぞいた方がよいと判断したからである。端的に言えば、読者に届いてほしいのは、「非対称性」よりも貨幣間の補完性の方なのである。

ある貨幣をもってしては容易でない交換が別の貨幣では容易になされ、そしてそのまた逆も成り立つ時、二つの貨幣は単に併存しているのではなく補完関係にある。人口に膾炙した「悪貨が良貨を駆逐する」というような関係は二つの貨幣が代替的であることを前提にした理解であるが、本書で繰り返し明らかにしたように、歴史上の貨幣現象はむしろ補完関係にみちあふれているのである。

ではなぜ一つの貨幣であらゆる交換を媒介することがむずかしいのか。貨幣についてはいろいろな定義をなしうるが、貨幣が交換を媒介する手段であることを無視する論者はいない。だが、交換という行い自体が多様で相互に代替しきれないものであるとすれば、交換を媒介する手段である貨幣も、交換の多様性に即して多元的に発生しうるということに着目した論者はまれである。交換は、一回性を基本とする匿名的取引か継続性を志向する指名的取引か、そして多数同時の交渉を旨とする現地取引か二者間の経時取引を志向する隔地取引か、この二つの二者択一により異なる性質の営みとなる。このいわば交換の四象限を同時に満足させる手段を成立させることは容易ではないので、歴史上、それぞれの社会はさまざまに手段を組み合わせて交換を成り立たせてきた。たとえば、匿名・隔地の交換には高額通貨(第Ⅰ象限)、指名・隔地には為替手形(第Ⅱ象限)、指名・現地には帳簿決済(第Ⅲ象限)、匿名・現地には小額通貨(第Ⅳ象限)、というように。

匿名性は人々の将来の行いへの高い自由度を確保する欲求を反映し、指名性は将来の営みの確定性を担保しようとするものである(Kuroda, 2013)。現地取引の隔地取引に対しての独立性あるいは依存性は、貢納や徴税を組織する権力の在り方と密接な関係にある。上述の交換の四象限の組み合わせは、取引を成り立たせる仕組みを末端から組み上げていこうとする社会の志向と、取引を行財政に組み込んでいこうとする権力の意向とのぶつかりあいの中で生じ、そして変容していくものなのである。

本書の意図は、交換の多様性を根源とする貨幣の多元性はむしろ自然なことであり、それゆえに、二〇世紀初頭まで人類の過半は複数の貨幣とともに交換を成り立たせてきたのだ、ということを明らかにしようとすることにあった。だが、自明な事実であるのに、貨幣の多元性は長く無視されてきた。

アダム・スミスは『法学講義』の中で、貨幣とは公道のようなものだ、と喩えている。貨幣そのものは何も生み出さないが、貨幣がなければ何も交換することができないから、と(水田洋訳、岩波文庫、二〇〇五年、三〇七頁)。スミスの洞察力には敬服するしかない。しかし、あえてこの卓抜な比喩を借りていえば、道がどこでも同じ規格であるのが必ずしもよいとはかぎらないように、貨幣も均質で完全互換であることが自明ではないはずである。スミスの同時代のヨーロッパですら、貨幣の均質性は普遍的ではなかった。フランス革命期以前のミラノでは異なる二二種類の金貨と二九種類の銀貨が流通していたといわれる(Einaudi 1953, pp. 241–243)。本書第三章で述べた同時期の南アジアのダッカなどと似た状況であった(Mitra 1991, p. 54)。にもかかわらず、政治経済学は貨幣が均質であることを所与にして構築を始めてしまった。交通の体系は、街道、大通り、小道など多様な道を組み合わせないと機能しない。条件によっては、一方通行のパスが有用なこともあろう。貨幣においても同じことを考えるべきだったのではなかろうか。一九世紀まで、人類の大多数にとって、一国一通貨原則は自明なことではなかったのだから。

こうした、思考の体系を構築する際に起きてしまった、いわばボタンの掛け違いはさらにさかのぼるように思えてならない。貨幣は交換の手段として生じ、交換は異なる職業ないしは異なる所有物をもつもの同士において起こる、というアリストテレス以来の理解は、交換・市場・貨幣というものを考える時に、いわば公理のごとく破られざる土台となってきた。しかし、本書終章で指摘したように、現実には、ある穀物、たとえばコメをつくる農民は不足があれば、コメをほかの農民から買ってきたのである。交換は異なる業種、異なる所有を必要条件とせずとも生じうる。実際、二〇世紀初期中国の農村調査が明らかにしているように、似たような賦存条件にある農民たちが、半日で往復できる農村市場の価格動向に敏感に対応し、戦略的に資源を組織し経営を維持していた。彼らにとっては、自ら価格交渉のできる現地交換は、比較優位原理が働く隔地交換よりもはるかに重要であった(Kuroda, 2018)。異業種の交換を前提にした市場論は、人類の大多数を占める農民たちの取引、先述の交換の第Ⅳ象限を、あまりにも軽視しすぎてきた。科学というものが、仮説と事実ないしはデーターとの間の緊張関係にもとづく営みであるとするなら、貨幣と市場の理論はそうした緊張関係から離れてしまっていたように思えてならない。

内外の理論研究者たちとの議論は間違いなく私に大きな刺激を与えてきたが、貨幣間の補完性という概念は思弁から生まれたものではなく、史料を読み進む中で、到達したものである。とりわけ、大英図書館旧インド省文書に含まれていたマリア・テレジア銀貨関連ファイルとの出会いは決定的であった。もともとは、発行国を遠く離れた東アジア地域で流通する同時代のメキシコ銀貨との共通性からこのオーストリア銀貨のアフリカ・中東での流通に興味をいだいたのだが、末端での流通の仕組みがわからず、何かてがかりをみつけようとして大英図書館旧インド省文書室に通いだした。まったく素人の私に当時の同僚の故柳澤悠氏が、驚くほど重い総索引から関わるファイルを探し出すやり方を手ほどきしてくれた。その手ほどきがなければ該当ファイルにいきつくことはまずなかったであろう。通常のサーチでは絶対このファイルにはいきつけない。それでも、その総索引をめくって資料を注文してははずれ、ということを一週間繰り返したあげく、マリア・テレジア銀貨のボンベイでの鋳造に関する資料をまとめてバインドしたファイルに行き当たった。思うに、第二次大戦当時の官僚にとって、インド省、王立鋳造局、外務省、戦時局などいろいろな部局の決済を経ながら秘密裡に遂行されたボンベイでのマリア・テレジア銀貨鋳造について、錯綜する文書を整理しておく必要があったのだろう。長く軍事機密であったろうこのファイルに巡り合うことができたのは誠に幸運であった。マリア・テレジア銀貨の具体的流通にせまることが、本書にとって、他の疑問を解き明かす鍵の役割をしてくれている。それゆえにこそ、本書の巻頭でこの事象について論じたのである。

貨幣のことはひとまず措こう。本書は臆面もなく「世界史」と題している。だが、世界史とでしか表現しえないような歴史事象の解釈を示すことは容易ではない。その点で、第二章で提示したモンゴル帝国下での貨幣使用の共時的変容の解釈の有効性は、この本が世界史と称するに足るか否かを試す試金石といえた。この論点に関しては増補新版出版後に大きな進展があった。二〇一六年九月、私は研究仲間でローマ貨幣史が専門のGeorges Depeyrot 教授(パリ高等師範学院)とモルドバの首都キシナウにある国立歴史博物館を訪れた。Depeyrot 教授から、二〇〇七年にキプチャク汗国の要塞跡から銀の延べ棒が発見され、同博物館に所蔵されているとの情報を得たからである。現地の専門家は、入れられていた壺などの年代観から、一三四〇から一三六〇年代のものと推定している。同博物館のAna Boldureanu 博士のはからいで、その六五本の銀錠を手ずから実見することができた。すべての銀錠の重量は二〇〇グラム(当時の中国での五両)を中心に分布しており、伝統中国で一般的な宝銀の重量五〇両のちょうど十分の一にあたり、また当時の西ユーラシアで流通した *somo* と呼ばれる銀錠の標準的重量でもある。何よりも、すべての銀錠の底面に現れた泡状に穴が散在する様態は、伝統的な中国銀錠と同様であった。泡状の穴は、銀錠の内部が銅などからなるまがいものでないことを示す技術による。欧州史上の銀塊はこうした泡状の穴などはないのが一般で、一三―一四世紀のものにのみ現れる。

この銀錠が中国由来だとして、ではなぜキプチャク汗国に将来されたのか。それは、モンゴル帝国がはじめて江南など中国南部を支配した遊牧王朝であったことの結果なのである。モンゴル帝国は当初より、投下と呼ばれる食邑を王侯貴族らに与えてきた。それらの分布は帝国全土にわたり、彼らの本拠地から遠く離れた食邑が賜与されることもまれではなかった。キプチャクも含めて西方汗国の投下領も江南などに数多く存在し、彼らはその食邑から貢納を銀として受け取ることができた。その結果、黒海沿岸にリネンなどを売り込みにきたイタリア商人たちが、貢納として江南からもたらされたその銀を入手し、元朝統治地域に入ると銀を紙幣に交換して、杭州で絹などを購入し欧州へ持ち帰る、というユーラシアをまたぐ交易が可能となった(Kuroda, 2017)。キプチャクはノヴゴロドと深い通商関係にあり、ノヴゴロドはハンザ商人を経由して中世ヨーロッパ金融の中心都市ブリュージュと密接につながり、そのフランドル地方の繁栄する毛織物産業に原毛を供給してきたのがイングランドなのである。新しい投下の創設や貢納増額などの波は第二章で言及したロンドンの銀貨鋳造の波とほぼ一致する。モルドバで発見された銀錠は、ユーラシア大陸の東西両端で現れた元朝の紙幣発行の波とロンドンの銀貨鋳造の急変動が相関する現象であったという仮説が、けっして荒唐無稽ではないことを示してくれている。

このモルドバ出土の銀錠やマリア・テレジア銀貨のように、本書であつかったほとんどの現象は、対面した人々の間で手渡される手交貨幣の独特のふるまいにより生じたものである。では電気的に処理され対面を不要とする電子マネーが支配する状態では、貨幣はどのように働くのであろう。もとより、歴史事象のみを考察してきた私には、おのれの能力をはるかに超えた問題である。ただ貨幣に関わる歴史は次の二つのことを示唆してくれる。一つは、結局、貨幣という交換手段の在り方は、人々の自由度と無関係ではいられない、ということ。もう一つは、国家が貨幣を独占的に管理する時代にわれわれは生きてきたが、貨幣そのものは国家なしで成り立つ、ということである。

手交貨幣のような現金は究極の分権的システムである。奴隷制の社会、あるいは全体主義国家が支配する社会においては、現金は過小な役割しか果たさない。発行側はいろいろインセンティブを設定して回収して管理しようとするが、一度分散してしまった通貨を把握しきれるものではない。逆に言うと、電子マネーの利用頻度を増やしているうちにわれわれは知られない権利を、知らないうちに失っている。人生のうちのほとんどの行為がデジタル情報として記録され、その巨大データーをまた人工知能が利用しながら「最適化」をほどこしていく、などという仕組みを私たちが望んでいるのであれば、それもよし。しかし、全体の情報などおよそつかめるものではないと考えるからこそ、試行錯誤を重ねて、思ってもみなかった方法に行き当たるのだともいえる。匿名性をとりさった取引群のビッグデーターから導き出される最適解に依存してしまう状態に対し、想定を超えた変革の可能性を消し去ってしまう恐れを感じるのは私だけであろうか。

一方で、ブロックチェーン技術が、匿名的交換の巨大回路を作り上げ、その利用者が個別国家の枠を超えて数億の人々の間の取引をつなげるようになれば、たとえ当局が公認しなくとも、もうそれは通貨である。当初は規制しようとしても、諸国家はそれを追認して自らの行財政の仕組みを変えていくしかない。ただし、私はいまだにブロックチェーンの匿名性を信じてはいないが。いずれにしろ、本書が示したように、政治経済学が所与としてきた一国一通貨制度は歴史的所産にすぎなかったのであるが、やはり歴史の流れの中で根本から変容せざるをえなくなってきている。

本書の内容は、著者にとっての第一作『中華帝国の構造と世界経済』(名古屋大学出版会、一九九四年)の延長線にあった。同書において、すでに素朴ながら、貨幣とは何かを問い、そして世界史を真に人類史大に再構成することを試みていたが、まともにそれらの課題を追い続けるのなら、普遍的な媒体で自身の解釈の是非を問うのはすでに必定であった。自身の乏しい英語能力を省みずに飛び込んでしまった国際戦線での悪戦苦闘ぶりはすでに増補新版あとがきでふれたが、その後も苦戦のさまは相変わらずである。

増補新版以後、二〇一五年三月にハーバード大学イエンチン研究所にて東アジア近世の市場経済について、二〇一六年一一月にパリ高等師範学院にて世界史における貨幣の補完性について、それぞれ国際ワークショップを主宰し(日本学術振興会科研費「貨幣の多元性についての国際共同研究：世界史における貨幣間分業とその比較」課題番号26285073による)、二〇一八―一九年にプリンストン高等研究所にて中国貨幣史と世界貨幣史を見直す二度の研究報告をおこなった。それぞれ複数の参加者から積極的な反応を得ることができたのは大きな励ましとなった。

しかしながら、本書の趣旨を発展させた英文単行本の出版は難航した。英語圏で教鞭をとっているのでもなく、欧米で教育を受けたこともない者にとって、英米の出版社と交渉するのは容易ではない。原稿の内容に踏み込むことなしに、「本出版会には合わない」ということわりの口上が一度ならず示されたが、既存の枠組みからあまりにもかけ離れているから「合わない」ということなのであれば、よろこんで甘受すべきなのであろう。

幸い、前述の交換の四象限の概念を切り口に世界貨幣史を再解釈する内容の単行本、*A Global History of Money* が英国の出版社より刊行される運びとなった。これを機会に、欧米などの限られた文化や社会の経験をデフォルトにして組み立てた理論的枠組みによるのではなく、全人類の歴史をできるかぎり反映するような視角を探索する試みに、興味をいだいてくれる人々が少しでも増えてくれれば、と願う。読者の書棚に長く置かれるようになるかとの同出版社の問いに対して、三人の匿名査読者はともに肯定的に回答してくれたようであるが、近い将来、広い視野と深い洞察力を備えた新しい世代が、本書でとりあげたような史実を、より豊かな構想の中に組み込んでくれたなら、私の著書が読者の書棚に残るか否かなど、誠に些細なこととなる。

二〇一九年一一月二七日　台北にて

黒田明伸

本書は二〇〇三年一月に「世界歴史選書」の一冊として岩波書店より刊行され、二〇一四年三月に増補新版が刊行された。岩波現代文庫への収録にあたっては増補新版を底本とした。

岩波現代文庫［学術］

G462
排除の現象学
赤坂憲雄

いじめ、ホームレス殺害、宗教集団への批判——八十年代の事件の数々から、異人が見出され生贄とされる、共同体の暴力を読み解く。時を超えて現代社会に切実に響く、傑作評論。

G463
越境する民
近代大阪の朝鮮人史
杉原達

暮しの中で朝鮮人と出会った日本人の外国人認識はどのように形成されたのか。その後の研究に大きな影響を与えた「地域からの世界史」。

G464
越境を生きる
ベネディクト・アンダーソン回想録
ベネディクト・アンダーソン
加藤剛訳

『想像の共同体』の著者が、自身の研究と人生を振り返り、学問的・文化的枠組にとらわれず自由に生き、学ぶことの大切さを説く。

G465
我々はどのような生き物なのか
—言語と政治をめぐる二講演—
ノーム・チョムスキー
福井直樹
辻子美保子編訳

政治活動家チョムスキーの土台に科学者としての人間観があることを初めて明確に示した二〇一四年来日時の講演とインタビュー。

G466
ヴァーチャル日本語 役割語の謎
金水敏

現実には存在しなくても、いかにもそれらしく感じる言葉づかい「役割語」。誰がいつ作ったのか。なぜみんなが知っているのか。何のためにあるのか。〈解説〉田中ゆかり

2023.12

G457
現代《いま》を生きる日本史
須田努
清水克行

縄文時代から現代までを、ユニークな題材と最新研究を踏まえた平明な叙述で鮮やかに描く。大学の教養科目の講義から生まれた斬新な日本通史。

G458
小国
―歴史にみる理念と現実―
百瀬宏

大国中心の権力政治を、小国はどのように生き抜いてきたのか。近代以降の小国の実態と変容を辿った出色の国際関係史。

G459
〈共生〉から考える
―倫理学集中講義―
川本隆史

「共生」という言葉に込められたモチーフを現代社会の様々な問題群から考える。やわらかな語り口の講義形式で、倫理学の教科書としても最適。「精選ブックガイド」を付す。

G460
〈個〉の誕生
―キリスト教教理をつくった人びと―
坂口ふみ

「かけがえのなさ」を指し示す新たな存在論が古代末から中世初期の東地中海世界の激動のうちで形成された次第を、哲学・宗教・歴史を横断して描き出す。〈解説〉山本芳久

G461
満蒙開拓団
―国策の虜囚―
加藤聖文

満洲事変を契機とする農業移民は、陸軍主導の強力な国策となり、今なお続く悲劇をもたらした。計画から終局までを辿る初の通史。

2023.12

岩波現代文庫[学術]

G452
草の根のファシズム
―日本民衆の戦争体験―
吉見義明

戦争を引き起こしたファシズムは民衆が支えていた――従来の戦争観を大きく転換させた名著、待望の文庫化。〈解説〉加藤陽子

G453
日本仏教の社会倫理
―正法を生きる―
島薗進

日本仏教に本来豊かに備わっていた、サッダルマ(正法)を世に現す生き方の系譜を再発見し、新しい日本仏教史像を提示する。

G454
万民の法
ジョン・ロールズ
中山竜一訳

「公正としての正義」の構想を世界に広げ、平和と正義に満ちた国際社会はいかにして実現可能かを追究したロールズ最晩年の主著。

G455
原子・原子核・原子力
―わたしが講義で伝えたかったこと―
山本義隆

原子・原子核について基礎から学び、原子力への理解を深めるための物理入門。予備校での講演に基づきやさしく解説。

G456
ヴァイマル憲法とヒトラー
―戦後民主主義からファシズムへ―
池田浩士

史上最も「民主的」なヴァイマル憲法下で、ヒトラーが合法的に政権を獲得し得たのはなぜなのか。書き下ろしの「後章」を付す。

2023. 12

岩波現代文庫[学術]

G445-446
ねじ曲げられた桜(上・下)
―美意識と軍国主義―
大貫恵美子

桜の意味の変遷と学徒特攻隊員の日記分析を通して、日本国家と国民の間に起きた「相互誤認」を証明する。〈解説〉佐藤卓己

G447
正義への責任
アイリス・マリオン・ヤング
岡野八代
池田直子 訳

自助努力が強要される政治の下で、人びとが正義を求めてつながり合う可能性を問う。ヌスバウムによる序文も収録。〈解説〉土屋和代

G448-449
ヨーロッパ覇権以前(上・下)
―もうひとつの世界システム―
J.L.アブー=ルゴド
佐藤次高ほか訳

近代成立のはるか前、ユーラシア世界は既に一つのシステムをつくりあげていた。豊かな筆致で描き出されるグローバル・ヒストリー。

G450
政治思想史と理論のあいだ
―「他者」をめぐる対話―
小野紀明

政治思想史と政治的規範理論、融合し相克する二者を「他者」を軸に架橋させ、理論の全体像に迫る、政治哲学の画期的な解説書。

G451
平等と効率の福祉革命
―新しい女性の役割―
G.エスピン=アンデルセン
大沢真理監訳

キャリアを追求する女性と、性別分業に留まる女性との間で広がる格差。福祉国家論の第一人者による、二極化の転換に向けた提言。

2023.12

G440
私が進化生物学者になった理由
長谷川眞理子

ドリトル先生の大好きな少女がいかにして進化生物学者になったのか。通説の誤りに気づき、独自の道を切り拓いた人生の歩みを語る。巻末に参考文献一覧付き。

G441
愛について
―アイデンティティと欲望の政治学―
竹村和子

物語を攪乱し、語りえぬものに声を与える。精緻な理論でフェミニズム批評をリードしつづけた著者の代表作、待望の文庫化。〈解説〉新田啓子

G442
宝塚
―変容を続ける「日本モダニズム」―
川崎賢子

百年の歴史を誇る宝塚歌劇団。その魅力を掘り下げ、宝塚の新世紀を展望する。底本を大幅に増補・改訂した宝塚論の決定版。

G443
新版 ナショナリズムの狭間から
―「慰安婦」問題とフェミニズムの課題―
山下英愛

性差別的な社会構造における女性人権問題として、現代の性暴力被害につづく側面を持つ「慰安婦」問題理解の手がかりとなる一冊。

G444
夢・神話・物語と日本人
―エラノス会議講演録―
河合隼雄
河合俊雄訳

河合隼雄が、日本の夢・神話・物語などをもとに日本人の心性を解き明かした講演の記録。著者の代表作に結実する思想のエッセンスが凝縮した一冊。〈解説〉河合俊雄

2023. 12

岩波現代文庫[学術]

G435
宗教と科学の接点
河合隼雄

「たましい」「死」「意識」など、近代科学から取り残されてきた、人間が生きていくために大切な問題を心理療法の視点から考察する。〈解説〉河合俊雄

G436
増補 軍隊と地域 ―郷土部隊と民衆意識のゆくえ―
荒川章二

一八八〇年代から敗戦までの静岡を舞台に、矛盾を孕みつつ地域に根づいていった軍が、民衆生活を破壊するに至る過程を描き出す。

G437
歴史が後ずさりするとき ―熱い戦争とメディア―
ウンベルト・エーコ
リッカルド・アマデイ訳

歴史があたかも進歩をやめて後ずさりしはじめたかに見える二十一世紀初めの政治・社会の現実を鋭く批判した稀代の知識人の発言集。

G438
増補 女が学者になるとき ―インドネシア研究奮闘記―
倉沢愛子

インドネシア研究の第一人者として知られる著者の原点とも言える日々を綴った半生記。「補章 女は学者をやめられない」を収録。

G439
完本 中国再考 ―領域・民族・文化―
葛兆光
辻康吾監訳
永田小絵訳

「中国」とは一体何か？ 複雑な歴史がもたらした国家アイデンティティの特殊性と基本構造を考察し、現代の国際問題を考えるための視座を提供する。

2023.12

岩波現代文庫[学術]

G430
被差別部落認識の歴史
—異化と同化の間—
黒川みどり

差別する側、差別を受ける側の双方は部落差別をどのように認識してきたのか——明治から現代に至る軌跡をたどった初めての通史。

G431
文化としての科学/技術
村上陽一郎

近現代に大きく変貌した科学/技術。その質的な変遷を科学史の泰斗がわかりやすく解説、望ましい科学研究や教育のあり方を提言する。

G432
方法としての史学史
—歴史論集1—
成田龍一

歴史学は「なにを」「いかに」論じてきたのか。史学史的な視点から、歴史学のアイデンティティを確認し、可能性を問い直す。現代文庫オリジナル版。〈解説〉戸邉秀明

G433
〈戦後知〉を歴史化する
—歴史論集2—
成田龍一

〈戦後知〉を体現する文学・思想の読解を通じて、歴史学を専門知の閉域から解き放つ試み。現代文庫オリジナル版。〈解説〉戸邉秀明

G434
危機の時代の歴史学のために
—歴史論集3—
成田龍一

時代の危機に立ち向かいながら、自己変革を続ける歴史学。その社会との関係を改めて問い直す「歴史批評」を集成する。〈解説〉戸邉秀明

2023.12

G425
岡本太郎の見た日本
赤坂憲雄

東北、沖縄、そして韓国へ。旅する太郎が見出した日本とは。その道行きを鮮やかに読み解き、思想家としての本質に迫る。

G426
政治と複数性
―民主的な公共性にむけて―
齋藤純一

「余計者」を見棄てようとする脱‐実在化の暴力に抗し、一人ひとりの現われを保障する。開かれた社会統合の可能性を探究する書。

G427
増補 エル・チチョンの怒り
―メキシコ近代とインディオの村―
清水透

メキシコ南端のインディオの村に生きる人びとにとって、国家とは、近代とは何だったのか。近現代メキシコの激動をマヤの末裔たちの視点に寄り添いながら描き出す。

G428
哲おじさんと学くん
―世の中では隠されているいちばん大切なことについて―
永井均

自分は今、なぜこの世に存在しているのか？友だちや先生にわかってもらえない学くんの疑問に哲おじさんが答え、哲学的議論へと発展していく、対話形式の哲学入門。

G429
マインド・タイム
―脳と意識の時間―
ベンジャミン・リベット
下條信輔
安納令奈 訳

実験に裏づけられた驚愕の発見を提示し、脳と心や意識をめぐる深い洞察を展開する。脳神経科学の歴史に残る研究をまとめた一冊。〈解説〉下條信輔

岩波現代文庫［学術］

G419
新編 つぶやきの政治思想
李 静和
秘められた悲しみにまなざしを向け、声にならないつぶやきに耳を澄ます。記憶と忘却、証言と沈黙、ともに生きることをめぐるエッセイ集。鵜飼哲・金石範・崎山多美の応答も。

G420-421
ロールズ 政治哲学史講義（Ⅰ・Ⅱ）
ジョン・ロールズ
サミュエル・フリーマン編
齋藤純一ほか訳
ロールズがハーバードで行ってきた「近代政治哲学」講座の講義録。リベラリズムの伝統をつくった八人の理論家について論じる。

G422
企業中心社会を超えて ―現代日本を〈ジェンダー〉で読む―
大沢真理
長時間労働、過労死、福祉の貧困……。大企業中心の社会が作り出す歪みと痛みをジェンダーの視点から捉え直した先駆的著作。

G423
増補「戦争経験」の戦後史 ―語られた体験／証言／記憶―
成田龍一
社会状況に応じて変容してゆく戦争についての語り。その変遷を通して、戦後日本社会の特質を浮き彫りにする。〈解説〉平野啓一郎

G424
定本 酒呑童子の誕生 ―もうひとつの日本文化―
髙橋昌明
酒呑童子は都に疫病をはやらすケガレた疫鬼だった――緻密な考証と大胆な推論によって物語の成り立ちを解き明かす。〈解説〉永井路子

G414
『キング』の時代
—国民大衆雑誌の公共性—

佐藤卓己

伝説的雑誌『キング』——この国民大衆誌を分析し、「雑誌王」と「講談社文化」が果たした役割を解き明かした雄編がついに文庫化。〈解説〉與那覇潤

G415
近代家族の成立と終焉 新版

上野千鶴子

ファミリィ・アイデンティティの視点から家族の現実を浮き彫りにし、家族が家族であるための条件を追究した名著、待望の文庫化。「戦後批評の正嫡 江藤淳」他を新たに収録。

G416
兵士たちの戦後史
—戦後日本社会を支えた人びと—

吉田裕

戦友会に集う者、黙して往時を語らない者……戦後日本の政治文化を支えた人びとの意識のありようを「兵士たちの戦後」の中にさぐる。〈解説〉大串潤児

G417
貨幣システムの世界史

黒田明伸

貨幣の価値は一定であるという我々の常識に反する、貨幣の価値が多元的であるという事例は、歴史上、事欠かない。謎に満ちた貨幣現象を根本から問い直す。

G418
公正としての正義 再説

ジョン・ロールズ
エリン・ケリー編
田中成明
亀本洋
平井亮輔 訳

『正義論』で有名な著者が自らの理論的到達点を、批判にも応えつつ簡潔に示した好著。文庫版には「訳者解説」を付す。

岩波現代文庫創刊二〇年に際して

二一世紀が始まってからすでに二〇年が経とうとしています。この間のグローバル化の急激な進行は世界のあり方を大きく変えました。世界規模で経済や情報の結びつきが強まるとともに、国境を越えた人の移動は日常の光景となり、今やどこに住んでいても、私たちの暮らしは世界中の様々な出来事と無関係ではいられません。しかし、グローバル化の中で否応なくもたらされる「他者」との出会いや交流は、新たな文化や価値観だけではなく、摩擦や衝突、そしてしばしば憎悪までをも生み出しています。グローバル化にともなう副作用は、その恩恵を遥かにこえていると言わざるを得ません。

今私たちに求められているのは、国内、国外にかかわらず、異なる歴史や経験、文化を持つ「他者」と向き合い、よりよい関係を結び直してゆくための想像力、構想力ではないでしょうか。

新世紀の到来を目前にした二〇〇〇年一月に創刊された岩波現代文庫は、この二〇年を通して、哲学や歴史、経済、自然科学から、小説やエッセイ、ルポルタージュにいたるまで幅広いジャンルの書目を刊行してきました。一〇〇〇点を超える書目には、人類が直面してきた様々な課題と、試行錯誤の営みが刻まれています。読書を通した過去の「他者」との出会いから得られる知識や経験は、私たちがよりよい社会を作り上げてゆくために大きな示唆を与えてくれるはずです。

一冊の本が世界を変える大きな力を持つことを信じ、岩波現代文庫はこれからもさらなるラインナップの充実をめざしてゆきます。

（二〇二〇年一月）

貨幣システムの世界史

2020 年 2 月 14 日　第 1 刷発行
2023 年 12 月 25 日　第 4 刷発行

著　者　黒田明伸《くろだあきのぶ》

発行者　坂本政謙

発行所　株式会社 岩波書店
〒101-8002 東京都千代田区一ツ橋 2-5-5

案内 03-5210-4000　営業部 03-5210-4111
https://www.iwanami.co.jp/

印刷・精興社　製本・中永製本

ISBN 978-4-00-600417-0　Printed in Japan

参考文献

日本語・中国語・ハングル

青木昌彦，2001年．『比較制度分析に向けて』NTT出版．

朝尾直弘，1964年．「木地屋銀札について」『日本史研究』72．

朝倉孝吉，1961年．『明治前期日本金融構造史』岩波書店．

浅羽良昌，1990年．『アメリカ植民地土地銀行史論』日本経済評論社．

足立啓二，1989年．「明代中期における京師の銭法」『熊本大学文学部論叢』29．

足立啓二，1990年．「明清時代における銭経済の発展」中国史研究会『中国専制国家と社会統合』文理閣．

足立啓二，1991年．「中国から見た日本貨幣史の二・三の問題」『新しい歴史学のために』203．

足立啓二，1992年．「東アジアにおける銭貨の流通」荒野泰典・石井正敏・村井章介編『アジアの中の日本史』東京大学出版会．

天野元之助，1984年．『中国農業経済論』第3巻，不二出版．

荒井政治，1959年．「イギリスにおける市の発達について」『社会経済史学』25-1．

池享編，2001年．『銭貨 ── 前近代日本の貨幣と国家』青木書店．

池田温，1972年．「西安南郊何家村発見の唐代埋蔵文化財」『史学雑誌』81-9．

石田浩，1980年．「旧中国における市場圏と通婚圏」『史林』63-5．

石原潤，1987年．『定期市の研究』名古屋大学出版会．

市古尚三，1977年．『明代貨幣史考』鳳書房．

伊藤好一，1967年．『近世在方市の構造』隣人社．

井上正夫，1998年．「和同開珎の銀銭の問題について」『社会経

済史学』64-2.
井上泰也，2000年.「宋代貨幣システムの継ぎ目 ── 短陌慣行論」『アジア遊学』18.
井原今朝男，2001年.「宋銭輸入の歴史的意義」(池享編，2001年).
今田秀作，2000年.『パクス・ブリタニカと植民地インド ── イギリス・インド経済史の《相関把握》』京都大学学術出版会.
岩井克人，1993年.『貨幣論』筑摩書房.
岩井茂樹，1992年.「中国専制国家と財政」『中世史講座6　中世の政治と戦争』学生社.
岩生成一，1928年.「江戸時代に於ける銅銭の海外輸出に就いて」『史学雑誌』39-11.
岩生成一，1966年.『南洋日本町の研究』岩波書店.
岩橋勝，1999年a.「近世後期金融取引の基準貨幣 ── 豊後日田千原家史料を中心として」『松山大学論集』11-1.
岩橋勝，1999年b.「近世三貨制度の成立と崩壊 ── 銀目空位化への道」『松山大学論集』11-4.
浦長瀬隆，2001年.『中近世日本貨幣流通史』勁草書房.
榎本宗次，1977年.『近世領国貨幣研究序説』東洋書院.
王雪農・劉建民，2001年.『山西民間票帖』中華書局，北京.
大石慎三郎，1975年.『日本近世社会の市場構造』岩波書店.
大田由紀夫，1993年.「元末明初期における徽州府下の貨幣動向」『史林』76-4.
大田由紀夫，1995年.「12-15世紀初頭東アジアにおける銅銭の流布 ── 日本・中国を中心として」『社会経済史学』61-2.
大田由紀夫，2001年.「中国王朝による貨幣発行と流通」(池享編，2001年).
大塚英二，1996年.『日本近世農村金融史の研究 ── 村融通制の分析』校倉書房.
岡光夫，1976年.『幕藩体制下の小農経済』法政大学出版会.
小畑弘己，1997年.「出土銭貨にみる中世九州・沖縄の銭貨流

通」『文学部論叢』熊本大学文学会 56.
小野一一郎，2000 年.『近代日本幣制と東アジア銀貨圏』ミネルヴァ書房.
加藤慶一郎，2001 年.『近世後期経済発展の構造』清文堂.
加藤繁，1952 年.『支那経済史考証』東洋文庫.
加藤博，1998 年.「「贋金」からみた中世イスラムの貨幣事情」『歴史学研究』711.
金子邦彦・安冨歩，2002 年.「共依存的生滅の論理」社会経済史学会『社会経済史学の課題と展望』有斐閣.
華北交通株式会社実業部編，1944 年.『北支農村の実態 —— 山西省晋泉県黄陵村実態調査報告』龍文書局.
川岡勉，1986 年.「中世後期の貫高制と「石高制」」『ヒストリア』112.
川勝義雄，1982 年.『六朝貴族制社会の研究』岩波書店.
川戸貴史，2003 年.「中世後期荘園の経済事情と納入年貢の変遷」『歴史学研究』780.
韓明基，1992 年.「17 세기초銀의유통간그영향」『奎章閣』15.
岸本美緒，1997 年.『清代中国の物価と経済変動』研文出版.
岸本美緒，1999 年.「清代中国の経世論における貨幣と社会」(歴史学研究会編，1999 年).
喬志強編，1998 年.『近代華北農村社会変遷』人民出版社，北京.
姜抮亜，2001 年.『1930 年代広東省の財政改革 —— 中央・地方・商人の三者関係を中心に』東京大学人文社会系博士論文.
草野靖，1982 年.「南宋財政における会子の品搭収支」『東洋史研究』41-2.
楠本美智子，1999 年.『近世の地方金融と社会構造』九州大学出版会.
倉橋正直，1980 年.「営口の巨商東盛和の倒産」『東洋学報』63-1・2.
黒田明伸，1994 年 a.『中華帝国の構造と世界経済』名古屋大学出版会.

黒田明伸，1994年b.「「周辺」からみた国際金本位制の特質――中国貿易を比較基準として」中村哲編『東アジア資本主義の形成――比較史の視点から』青木書店.
黒田明伸，1995年.「アジア在来金融からみた20世紀初期の世界経済」『歴史評論』539.
黒田明伸，1996年.「20世紀初期太原県にみる地域経済の原基」『東洋史研究』54-4.
黒田明伸，1998年.「伝統市場の重層性と制度的枠組み――中国・インド・西欧の比較」『社会経済史学』64-1.「伝統市場と地域流動性の比較史」として，石坂昭雄・篠塚信義・高橋秀行編『地域工業化の比較史的研究』北海道大学図書刊行会，2003年，所収.
黒田明伸，1999年a.「16・7世紀環シナ海経済と銭貨流通」(歴史学研究会編，1999年).
黒田明伸，1999年b.「貨幣が語る諸システムの興亡」『岩波講座世界歴史15 商人と市場』岩波書店.
黒田明伸，2014年.「唯‘錫’史観――なぜ精銭を供給しつづけられなかったのか」平尾良光・飯沼賢司・村井章介編『大航海時代の日本と金属交易』思文閣出版.
呉知，1936年.『郷村織布工業的一個研究』商務印書館，上海.『郷村織布工業の一研究』發智善次郎ほか訳，岩波書店，1942年.
高聡明，2000年.『宋代貨幣与貨幣流通研究』河北大学出版社，保定.
黄冕堂，1985年.「明代物価考略」『明史管見』斉魯書社，済南.
後藤晃，1988年.「19世紀イランにおける貿易の展開と社会経済構造の変容Ⅰ」『東洋文化研究所紀要』107.
小葉田淳，1969年.『日本貨幣流通史』刀江書院.
小葉田淳，1976年.『金銀貿易史の研究』法政大学出版会.
権上康男，1985年.『フランス帝国主義とアジア――インドシナ銀行史研究』東京大学出版会.

斎藤修，1997 年.『比較史の遠近法』NTT 出版.
崎原貢，1975 年.「渡唐銀と薩琉中貿易」『日本歴史』323.
佐久間重男，1992 年.『日明関係史の研究』吉川弘文館.
桜井英治，1995 年.「割符に関する考察 ── 日本中世における為替手形の性格をめぐって」『史学雑誌』104-7.
桜井英治，1997 年.「日本中世における貨幣と信用について」『歴史学研究』703.
桜井英治・中西聡編，2002 年.『新体系日本史 12　流通経済史』山川出版社.
櫻木晋一，1998 年.「洪武通宝の出土と成分組成」『季刊考古学』62.
櫻木晋一，2007 年.「出土銭貨からみた中世貨幣流通」鈴木公雄編『貨幣の地域史 ── 中世から近世へ』岩波書店.
佐々木銀弥，1972 年.『中世商品流通史の研究』法政大学出版局.
佐藤正哲，1994 年.「17 世紀後半～19 世紀前半北インドにおける都城と市場町(村)の形成」『東洋史研究』52-4.
斯波義信，1968 年.『宋代商業史研究』風間書房.
島居一康，1990 年.「両税折納における納税価格と市場価格」中国史研究会『中国専制国家と社会統合』文理閣.
嶋谷和彦，1994 年.「中世の模鋳銭生産」『考古学ジャーナル』372.
嶋谷和彦，2001 年.「堺の模鋳銭と成分分析」(東北中世考古学会，2001 年).
謝杭生，1988 年.「清末各省官銀銭号研究(1894-1911)」『中国社会科学院経済研究所集刊』11.
章有義，1957 年.『中国近代農業史資料第三輯』三聯書店，北京.
須川英徳，1999 年.「朝鮮時代の貨幣 ── 「利権在上」をめぐる葛藤」(歴史学研究会編，1999 年).
須川英徳，2001 年.「朝鮮前期の貨幣発行とその論理」(池享編，2001 年).
杉山正明・北川誠一，1997 年.『世界の歴史 9　大モンゴルの時

代』中央公論社.
鈴木公雄，1999年.『出土銭貨の研究』東京大学出版会.
須藤功，1985年.「合衆国貨幣市場と連邦準備制度の成立──「金融改革運動」との関連を中心として」『社会経済史学』51-3.
須藤功，1987年.「合衆国貨幣市場の国際的位置と連邦準備制度の成立」藤瀬浩司・吉岡昭彦編『国際金本位制と中央銀行政策』名古屋大学出版会.
石毓符，1984年.『中国貨幣金融史略』天津人民出版社，天津.
関周一，1997年.「東アジア海域の交流と対馬・博多」『歴史学研究』703.
関口尚志，1973年.「低開発(＝植民地)型金融構造の基本性格」大塚久雄『後進資本主義の展開過程』アジア経済研究所.
全漢昇，1968年.「明季中国与菲律賓間的貿易」『香港中文大学中国文化研究所学報』1.
泉州市文物管理委員会・泉州市海外交通史博物館，1975年.「福建泉州地区出土的五批外国銀幣」『考古』141.
荘為璣，1975年.「福建南安出土外国銀幣的幾個問題」『考古』141.
荘景輝，1996年.『海外交通史跡研究』廈門大学出版社，廈門.
曽田三郎，1994年.『中国近代製糸業史の研究』汲古書院.
戴建兵，2001年.『中国銭票』中華書局，北京.
高木久史，2003年.「16世紀後半の畿内における価格表記について──『多聞院日記』から」『神戸大学史学年報』18.
高木久史，2006年.「信長・秀吉の時代の織田」『越前町織田史(古代・中世編)』越前町.
高橋弘臣，2000年.『元朝貨幣政策成立過程の研究』東洋書院.
高畠稔，1972年.「19世紀初期西ベンガル農村の社会経済関係──ゴーパールプル土地文書の研究」『北海道大学文学部紀要』20-1.
竹内幹敏，1978年.「インドの通貨政策と国際収支──植民地的

帝国主義の幣制支配」『経済と経済学』40.
谷本雅之，1998年.『日本における在来的経済発展と織物業 —— 市場形成と家族経済』名古屋大学出版会.
田谷博吉，1963年.『近世銀座の研究』吉川弘文館.
張家驤主編，2001年.『中国貨幣思想史』上，湖北人民出版社，武漢.
陳娟英，2004年.『漳州窯素三彩瓷』福建美術出版社.
鄭永昌，1994年.『明末清初的銀貴銭賤現象与相関政治経済思想』国立台湾師範大学歴史研究所専刊24.
鄭仁甲編，2001年.『信陽駐馬店銭幣発現与研究』中華書局.
東野治之，1997年.『貨幣の日本史』朝日新聞社.
東北中世考古学会，2001年.『中世の出土模鋳銭』高志書院.
永井久美男編，1996年.『中世の出土銭 —— 補遺I』兵庫埋蔵銭調査会.
永井久美男，2001年.「模鋳銭の全国的様相」(東北中世考古学会，2001年).
中込律子，1995年.「中世成立期の国家財政構造」『歴史学研究』677.
中島圭一，1997年.「中世貨幣の普遍性と地域性」網野善彦他編『中世日本列島の地域性 —— 考古学と中世史研究6』名著出版.
中島圭一，1999年.「日本の中世貨幣と国家」(歴史学研究会編，1999年).
中島圭一，2004年.「京都における「銀貨」の成立」『国立歴史民俗博物館研究報告』113.
長野暹，1992年.『明治国家初期財政政策と地域社会』九州大学出版会.
名城邦夫，2000年.『中世ドイツ・バムベルク司教領の研究』ミネルヴァ書房.
橋口定志，1999年.「銭を埋めること —— 埋納銭をめぐる諸問題」(歴史学研究会編，1999年).

橋本雄，1998 年.「撰銭令と列島内外の銭貨流通」『出土銭貨』9.
濱下武志，1997 年.『朝貢システムと近代アジア』岩波書店.
日野開三郎，1937 年.「南宋の紙幣「見銭公據」及び「見銭関子」の起源について」『史学雑誌』48-7・8・9.『日野開三郎東洋史論集』7，三一書房，1983 年.
傅衣凌，1956 年.『明清時代商人及商業資本』人民出版社，北京.
藤本隆士，1984 年.「近世における銭貨流通の一考察 ―― 福岡藩の「匁銭」成立を求めて」『経済学研究』(九州大学)49-4・5・6.
彭信威，1965 年.『中国貨幣史』上海人民出版社，上海.
細見真也，1992 年.『アフリカの農業と農民 ―― ガーナの事例研究』同文舘.
本多博之，1991 年.「毛利氏領国における基準銭と流通銭」『内海文化研究紀要』20.
本多博之，2000 年.「戦国期社会における銭貨と基準額 ―― 筑前・豊前両国を中心に」『九州史学』126.
本多博之，2006 年.『戦国織豊期の貨幣と石高制』吉川弘文館.
前田直典，1973 年.『元朝史の研究』東京大学出版会.
牧野成制，2001 年.「寛永期の金融と地域社会」『歴史学研究』747.
増井経夫，1986 年.『中国の銀と商人』研文出版.
松浦章，2002 年.『清代海外貿易史の研究』朋友書店.
松延康隆，1989 年.「銭と貨幣の観念 ―― 鎌倉期における貨幣機能の変化について」『列島の文化史』6.
三木さやこ，2000 年.「18 世紀末から 19 世紀前半のベンガルの穀物流通システム」『社会経済史学』66-1.
三品英憲，2000 年.「近代中国華北農村の変容過程と小経営の展開 ―― 河北省定県を例として」『社会経済史学』66-2.
水野薫，1935 年.「山東の一農村(張耀屯)に於ける社会経済事情(下)」『満鉄調査月報』昭和 10 年 8 月号.
三宅俊彦，2005 年.『中国の埋められた銭貨』同成社.

宮崎市定，1951 年.「明清時代の蘇州と軽工業の発達」『東方学』2.
宮澤知之，1998 年.『宋代中国の国家と経済』創文社.
宮澤知之，2000 年.「魏晋南北朝時代の貨幣経済」『鷹陵史学』26.
宮澤知之，2001 年.「元代後半期の幣制とその崩壊」『鷹陵史学』27.
宮澤知之，2007 年.『中国銅銭の世界 —— 銭貨から経済史へ』思文閣出版.
宮下忠雄，1952 年.『中国幣制の特殊研究』日本学術振興会.
宮原兎一，1951 年.「朝鮮初期の銅銭について」『朝鮮学報』2.
村井章介，1997 年.「銀と鉄砲とキリスト教 —— 中近世移行期の世界史的意味」『国境を越えて —— 東アジア海域世界の中世』校倉書房.
村松祐次，1975 年.『中国経済の社会態制』東洋経済新報社，1949 年，復刊.
室井義雄，1992 年.『連合アフリカ会社の歴史 1879-1979 年；ナイジェリア社会経済史序説』同文舘.
毛利憲一，1974 年.「ビタ銭の価値変動に関する研究」上・下『日本歴史』310-1.
盛本昌広，2000 年.「豊臣期における金銀遣いの浸透過程」『国立歴史民俗博物館研究報告』83.
森本芳樹，1998 年.「ヨーロッパ中世貨幣史／古銭学から」『歴史学研究』711.
安国良一，1999 年.「近世初期の撰銭令をめぐって」(歴史学研究会編，1999 年).
安国良一，2001 年.「三貨制度の成立」(池享編，2001 年).
安冨歩，2000 年.『貨幣の複雑性』創文社.
山口和男編著，1966 年.『日本産業金融史研究製糸金融編』東京大学出版会.
山田勝芳，2000 年.『貨幣の中国古代史』朝日新聞社.

山本進，2002年.『清代財政史研究』汲古書院.
山本進，2005年.「清代東銭考」『史学雑誌』114-3.
山本有造，1994年.『両から円へ ―― 幕末・明治前期貨幣問題研究』ミネルヴァ書房.
湯浅赳男，1988年.『文明の「血液」―― 貨幣から見た世界史』新評論.
吉川光治，1991年.『徳川封建経済の貨幣的機構』法政大学出版局.
李憲昶，1996年.「粛宗〜正祖朝(1678〜1800년간)米価의変動」『経済史学』21.
李碩崙，1984年.『韓国貨幣金融史稿』博英社，서울.
梁方仲，1989年.『梁方仲経済史論文集』中華書局，北京.
林仁川，1987年.『明末清初私人海上貿易』華東師範大学出版社，上海.
林満紅，1994年.「嘉道年間貨幣危機争議中的社会理論」『中央研究院近代史研究所集刊』23上.
歴史学研究会編，1999年.『シリーズ歴史学の現在1　越境する貨幣』青木書店.
脇田修，1967年.『近世封建制成立史論 ―― 織豊政権の分析』東京大学出版会.
脇田晴子，1969年.『日本中世商業発達史の研究』御茶の水書房.
脇田晴子，1992年.「物価より見た日明貿易の性格」宮川秀一編『日本史における国家と社会』思文閣出版.

欧　文

Ashton, T. S. 1945. "The Bill of Exchange and Private Banks in Lancashire, 1790-1830", *Economic History Review*, 15.
Austin, G. / K. Sugihara (eds.), 1993. *Local Suppliers of Credit in the Third World, 1750-1960*, Macmillan.
Bacharach, J. L. 1983. "Monetary Movements in Medieval Egypt, 1171-1517", J. F. Richards (ed.), 1983.

Baker, C. J. 1984. *An Indian Rural Economy 1880–1955: The Tamilnad Countryside*, Oxford U.P.

Bayly, C. A. 1983. *Rulers, Townsmen and Bazaars: North Indian Society in the Age of British Expansion, 1770–1870*, Cambridge U.P.

Berry, B. J. L. 1967. *Geography of Market Centers and Retail Distribution*, Prentice-Hall.

Blusse, L. 1988. *Strange Company: Chinese Settlers, Mestizo Women and the Dutch in VOC Batavia*, Foris.

Braudel, F. 1979. *Les Structures du quotidian: le possible et l'impossible*, Librairie Armand Colin. F. ブローデル『日常性の構造』全2冊，村上光彦訳，みすず書房，1985年.

Brennig, J. J. 1983. "Silver in Seventeenth-Century Surat: Monetary Circulation and the Price Revolution in Mughal India", J. F. Richards (ed.), 1983.

Britnell, R. H. 1981. "The Proliferation of Markets in England, 1200–1349", *Economic History Review*, 2nd ser., 34–2.

Britnell, R. H. 1986. *Growth and Decline in Colchester, 1300–1525*, Cambridge U. P.

Central Service of Statistics, Siam, 1939. *Statistical Year Book, Siam, 1935–36 and 1936–37*, Bangkok.

Chaudhuri, K. N. 1986. "World Silver Flows, Monetary Factors as a Force of International Economic Integration 1658–1758 (America, Europe and Asia)", W. Fischer / R. M. McInnis / J. Schneider (eds.), *The Emergence of a World Economy, 1500–1914*, vol. 1, Franz Steinbar.

Cheng Siok-Hwa, 1968. *The Rice Industry of Burma 1852–1940*, University of Malaya Press.

Cipolla, C. 1967. *Money, Prices and Civilization in the Mediterranean World: Fifth to Seventeenth Century*, Gordian.

Clark, R. J. 1968. "Land Reform and Peasant Market Participa-

tion on the North Highlands of Bolivia", *Land Economics*, 44-2.

Cohen, B. T. 1998. *The Geography of Money*, Cornell U.P. B. T. コーヘン『通貨の地理学』本山美彦監訳，シュプリンガー・フェアラーク東京，2000年.

Commelin, I. 1646. *Begin ende voortgang van de Vereenighde Nederlandtsche Geoctroyeerde Oost-Indische Compagnie*, vol. 1, Amsterdam.

Cross, H. E. 1983. "South American Bullion Production and Export 1550-1750", J. F. Richards (ed.), 1983.

De Cecco, M. 1974. *Money and Empire: The International Gold Standard, 1890-1914*, Basil Blackwell. M. デ・チェッコ『国際金本位制と大英帝国』山本有造訳，三嶺書房，2000年.

De Roover, R. 1948. *Money, Banking, and Credit in Medieval Bruges: Italian Merchant-Bankers Lombards and Money-Changers: A Study in the Origins of Banking*, Medieval Academy of America.

De, S. C. 1952a. "The Cowry Currency in India", *Orissa Historical Research Journal*, 1-1.

De, S. C. 1952b. "Cowry Currency in Orissa", *Orissa Historical Research Journal*, 1-2.

Deyell, J. 1983. "The China Connection: Problems of Silver Supply in Medieval Bengal", J. F. Richards (ed.), 1983.

Einaudi, L. 1953. "The theory of imaginary money from Charlemagne to the French Revolution", trans. by Giorgio Tagliacozzo, in Frederic C. Lane / Jelle C. Riemersma (eds.), *Enterprise and Secular Change*, London: George Allen & Unwin, pp. 241-243.

Einzig, P. 1966. *Primitive Money: In its Ethnological, Historical and Economic Aspects*, 2nd edtion (Revised and Enlarged), Pergamon.

Ekundare, R. O. 1973. *An Economic History of Nigeria 1860–1960*, Methuen.

Feynman, R. P. / R. B. Leighton / M. L. Sands, 1965. *Feynman Lectures on Physics*, Addison-Wesley. R. P. ファインマンほか『ファインマン物理学 II　光熱波動』富山小太郎訳，岩波書店，1968 年.

Flament, C. 1963. *Applications of Graph Theory to Group Structure*, Prentice-Hall. C. フラマン『グラフ理論と社会構造』山本国雄訳，紀伊国屋書店，1974 年.

Flynn, F. O. / A. Giraldez, (forthcoming) "Cycles of Silver: Global Economic Unity through the mid-18th Century".

Ford, A. G. 1962. *The Gold Standard 1880–1914: Britain and Argentina*, Oxford U.P.

Furtado, C. 1963. *The Economic Growth of Brazil: A Survey from Colonial to Modern Times*, trans. by R. W. de Aguiar / E. Ch. Drysdale, University of California Press.

Galbraith, J. K. 1995. *Money: Whence It Came, Where It Went*, Penguin. J. K. ガルブレイス『マネー —— その歴史と展開』都留重人監訳，ティビーエス・ブリタニカ，1976 年.

Garretson, P. P. 2000. *A History of Addis Abäba from its Foundation in 1886 to 1910*, Harrassowitz.

Geertz, C. 1978. "The Bazaar Economy: Information and Search in Peasant Marketing", *The American Economic Review*, 68–2.

Glassman, D. / A. Redish, 1988. "Currency Depreciation in Early Modern England and France", *Explorations in Economic History*, 25.

Grierson, P. 1975. *Numismatics*, Oxford U.P.

Grierson, P. 1978. "The Origin of Money", *Research in Economic Anthropology*, 1, JAI Press Inc.

Habib, I. 1967. "The System of Bills of Exchange (Hundi) in the

Mughal Empire", *Proceedings of Indian History Congress*, Patiala Session.

Habib, I. 1990. "Merchant Communities in Precolonial India", J. D. Tracy (ed.), *The Rise of Merchant Empires: Long-distance Trade in the Early Modern World 1350–1750*, Cambridge U.P.

Hans, J. 1946. *Austria between two Wars*, Ferd. v. Kleinmay.

Hans, J. 1961. *Maria-Theresien-Taler*, Brill.

Hayek, F. A. 1976. *Denationalisation of Money*, London, Institute of Economic Affairs. F. A. ハイエク『貨幣発行自由化論』川口慎二訳，東洋経済新報社，1988 年.

Hicks, J. 1969. *A Theory of Economic History*, Clarendon. J. ヒックス『経済史の理論』新保博訳，日本経済新聞社，1970 年.

Hoffman, P. T. 1996. *Growth in a Traditional Society: The French Countryside 1450–1815*, Princeton U. P.

Hogendorn, J. / M. Johnson, 1986. *The Shell Money of the Slave Trade*, Cambridge U.P.

Imperial Maritime Customs, China, 1912. *Decennial Reports, 1902–11*, vol. 1, Shanghai.

Ingram, J. C. 1955. *Economic Change in Thailand since 1850*, Stanford U.P.

Issawi, C. 1971. *The Economic History of Iran: 1800–1914*, University of Chicago Press.

Iwai, K. 1996. "The Bootstrap Theory of Money: A Search-theoretic Foundation of Monetary Economics", *Structural Change and Economic Dynamics*, 7.

Jennings, R. 1973. "Loans and Credit in Early 17th Century Ottoman Judical Records", *Journal of the Economic and Social History of the Orient*, 16–2,3.

Jones, E. L. 1981. *The European Miracle: Environments, Econo-*

mies and Geopolitics in the History of Europe and Asia, Cambridge U. P. E. L. ジョーンズ『ヨーロッパの奇跡』安元稔・脇村孝平訳, 名古屋大学出版会, 2000 年.

Jones, G. 1986. *Banking and Empire in Iran*, Cambridge U.P.

Jones, R. 1976. "The Origin and Development of Media of Exchange", *Journal of Political Economy*, 84.

Keynes, J. M. 1971a. *Indian Currency and Finance*, Macmillan. J. M. ケインズ『インドにおける通貨と金融』則武保夫・片山貞雄訳, 東洋経済新報社, 1977 年.

Keynes, J. M. 1971b. *A Treatise on Money 1 The Pure Theory of Money*, Macmillan. J. M. ケインズ『貨幣論 I　貨幣の純粋理論』小泉明・長澤惟恭訳, 東洋経済新報社, 1979 年.

Kindleberger, C. P. 1986. *The World in Depression, 1929–1939*, revised and enlarged edition, University of California Press. C. P. キンドルバーガー『大不況下の世界 1929–1939』石崎昭彦・木村一朗訳, 東京大学出版会, 1982 年.

Kindleberger, C. P. 1989a. *Economic Laws and Economic History*, Cambridge U.P.

Kindleberger, C. P. 1989b. *Spenders and Hoarders: The World Distribution of Spanish American Silver 1550–1750*, Singapore: Institute of Southeast Asian Studies.

King, F. H. H. 1965. *Money and Monetary Policy in China 1845–1895*, Harvard U. P.

Klein, B. 1974. "The Competitive Supply of Money", *Journal of Money, Credit and Banking*, 6–4.

Knapp, G. F. 1918. *Staatliche Theorie des Geldes*, Dunker & Humblot. G. F. クナップ『貨幣国定学説』宮田喜代蔵訳, 岩波書店, 1922 年.

Kowaleski, M. 1995. *Local Markets and Regional Trade in Medieval Exeter*, Cambrigde U.P.

Kuroda, A. 2000. "Another Monetary Economy: The Case of

Traditional China", A. J. H. Latham / H. Kawakatsu (eds.), *Asia Pacific Dynamism 1550–2000*, Routledge.

Kuroda, A. 2002a. "Concurrent Currencies in History: Comparison of traditional monetary systems between India and China" for Session 15 'Global Monies and Price Histories, 16th–18th Centuries', *Proceedings of the XIII Congress of the International Economic History Association*, Buenos Aires.

Kuroda, A. 2002b. "Seasonal Fluctuation, Multi-Layered Market and Monetary Diversity: How to Make or not to Make a Single Domestic Currency" for Session 22 'Comparative Analyses of Economic Performance across Eurasia in Age of Early Industrialization', *Proceedings of the XIII Congress of the International Economic History Association*, Buenos Aires.

Kuroda, A. 2005. "Copper-Coins Chosen and Silver Differentiated: Another Aspect of 'Silver Century' in East Asia", *Acta Asiatica*, 88.

Kuroda, A. 2007. "The Maria Theresa Dollar in the Early Twentieth-Century Red Sea Region: A Complementary Interface between Multiple Markets", *Financial History Review*, 14–1.

Kuroda, A. 2008a. "What is the Complementarity among Monies?: An Introductory Note", *Financial History Review*, 15–1.

Kuroda A. 2008b. "Concurrent but Non-integrable Currency Circuits: Complementary Relationship among monies in Modern China and other Regions", *Financial History Review*, 15–1.

Kuroda, A. 2009. "The Eurasian Silver Century, 1276–1359: Commensurability and Multiplicity", *Journal of Global History*, 4–2.

Kuroda, A. 2013. "Anonymous Currencies or Named Debts?: Comparison of Currencies, Local Credits and Units of Ac-

count between China, Japan and England in the Pre-industrial Era", *Socio Economic Review*, 11–1.

Kuroda, A. 2017. "Why and How Did Silver Dominate across Eurasia Late–13th through Mid–14th Century?: Historical Backgrounds of the Silver Bars Unearthed from Orheiul Vechi", *Tyragetia*, XI {XXVI} (1). Archaeology.

Kuroda, A. 2018. "Strategic Peasant and Autonomous Local Market: Revisiting the Rural Economy in Modern China", *International Journal of Asian Studies*, 15–2.

Lamoreaux, N. 1994. *Insider Lending: Banks, Personal Connections and Economic Development in Industrial New England*, Cambridge U. P. / National Bureau of Economic Research.

League of Nations, 1931. *The Course and Phases of the World Economic Depression*, Geneva.

Levy, M. B. 1991. "The Banking System and Foreign Capital in Brazil", R. Cameron / V. I. Bovykin (eds.), *International Banking 1870–1914*, Oxford U.P.

Lopez, R. S. / H. A. Miskimin / A. Udovitch, 1970. "England to Egypt, 1350–1500: Long-term Trends and Long-distance Trade", M. A. Cook (ed.), *Studies in the Economic History of the Middle East from the Rise of Islam to the Present Day*, Oxford U.P.

Mączak, A. 1976. "Money and Society in Poland and Lithuania in the 16th and 17th Centuries", *The Journal of European Economic History*, 5.

Mahapatra, P. R. 1969–70. "Currency System in Medieval Orissa", *Quarterly Review of Histrical Studies*, 9–2.

Mallick, B. S. 1991. *Money, Banking and Trade in Mughal India (Currency, Indigenous Fiscal Practices and the English Trade in 17th Century Gujarat and Bengal)*, Rawat Publi-

cations.

Marx, K. 1961. *Zur Kritik der politischen Okonomie*, Dietz. 『経済学批判』大内兵衛・細川嘉六監訳，マルクス・エンゲルス全集 13 巻，大月書店，1964 年.

Masters, B. 1988. *The Origin of Western Economic Dominance in the Middle East: Mercantilism and the Islamic Economy in Aleppo, 1600–1750*, New York U. P.

Mcphee, A. 1971. *The Economic Revolution in British West Africa*, 1926, 2nd edition, Routledge.

Menger, C. 1892. "On the Origins of Money", *Economic Journal*, 2.

Meuvret, J. 1971. "Circulation monétaire et utilisation économique de la monnaie dans la France du XVIe et du XVIIe siècle", *Études d'histoire économique*, Cahiers des Annales 32, Paris.

Miron, J. A. 1986. "Financial Panics, the Seasonality of the Nominal Interest Rate, and the Founding of the Fed", *American Economic Review*, 76–1.

Mishra, R. K. / D. Maass / E. Zwierlein (eds.), 1994. *On Self-Organization: An Interdisciplinary Search for a Unifying Principle*, Springer.

Mitra, D. B. 1991. *Monetary System in the Bengal Presidency*, K. P. Bagchi.

Mollema, J. C. 1935. *De Eerste Schipavaart der Hollanders naar Oost-Indie 1595–97*, Martinus Nijhoff.

Motomura, A. 1994. "The Best and Worst of Currencies: Seigniorage and Currency Policy in Spain, 1597–1650", *Journal of Economic History*, 54–1.

Mundell, R. A. 1961. "A Theory of Optimum Currency Areas", *American Economic Review*, 51.

Munro, J. 1983. "Bullion Flows and Monetary Contraction in late-Medieval England and the Low Countries", J. F. Richards

(ed.), 1983.

The Nigeria Handbook, 1936. London.

Nightingale, P. 1990. "Monetary Contraction and Mercantile Credit in Later Medieval England", *Economic History Review*, 2nd ser., 43-4.

North, D. 1990. *Institutions and Institutional Change and Economic Performance*, Cambridge U.P.

Noyes, A. D. 1909. *Forty Years of American Finance*, Putnam.

Pamuk, S. 1997. "In the Absence of Domestic Currency: Debased European Coinage in the Seventeenth-Century Ottoman Empire", *Journal of Economic History*, 57-2.

Pankhurst, R. 1968. *Economic History of Ethiopia, 1800-1935*, Haile Sellassie I U.P.

Peez, C. / J. Raudnitz, 1898. *Geschichte des Maria-Theresien Thalers*, Carl Graeser.

Perlin, F. 1993. *The Invisible City: Monetary, Administrative and Popular Infrastructures in Asia and Europe 1500-1900*, Variorum.

Pirenne, H. 1936. *Economic and Social History of Medieval Europe*, trans. by I. E. Clegg, Routledge & Kegan Paul.

Polanyi, K. 1977. *The Livelihood of Man*, Academic Press. K. ポランニー『人間の経済』玉野井芳郎・栗本慎一郎訳, 岩波書店, 1980年.

Pomeranz, K. 2000. *The Great Divergence: China, Europe, and the Making of the Modern World Economy*, Princeton U.P.

Preston, H. H. 1933. "The Wooden Money of Tenino", *Quarterly Journal of Economics*, 47-2.

Prigogine, I. 1997. *The End of CERTAINTY: Time, Chaos, and the New Laws of Nature*, The Free Press. I. プリゴジン『確実性の終焉』我孫子誠也・谷口佳津宏訳, みすず書房, 1997年.

Reid, A. 1993. *Southeast Asia in the Age of Commerce 1450-1680. vol. 2: Expansion and Crisis*, Yale U.P. A. リード『大航海時代の東南アジア 2　拡張と危機』平野秀秋・田中優子訳，法政大学出版局，2002 年.

Reserve Bank of India, 1938. *Report on Currency and Finance for the Year 1937-38*, The Times of India Press.

Richards, J. F. (ed.), 1983. *Precious Metals in the Later Medieval and Early Modern Worlds*, Carolina Academic Press.

Robequain, C. 1944. *The Economic Development of French Indo-China*, trans. by I. A. Ward, Oxford U.P.

Robertson, D. H. 1948. *Money*, 4th edition, Cambridge U.P. D. H. ロバートソン『貨幣』安井琢磨・熊谷尚夫訳，岩波書店，1956 年.

Royal Commission on Indian Currency and Finance, 1926. *Appendices to the Report of the Royal Commission on Indian Currency and Finance*, vol. 2, His Majesty's Stationery Office.

Rozman, G. 1973. *Urban networks in Ch'ing China and Tokugawa Japan*, Princeton U.P.

Rozman, G. 1982. *Population and marketing settlements in Ch'ing China*, Cambridge U.P.

Sargent, T. J. / F. R. Velde, 2002. *The Big Problem of Small Change*, Princeton U.P.

Sayers, R. S. 1976. *The Bank of England 1891-1944*, Cambridge U.P. R. S. セイヤーズ『イングランド銀行 1891-1944 年』日本銀行金融史研究会訳，東洋経済新報社，1979 年.

Senn, P. R. 1951. "Cigarettes as Currency", *Journal of Finance*, 4-3.

Singh, M. P. 1985. *Town, Market, Mint and Port in the Mughal Empire 1556-1707*, Adam Publishers & Distributors.

Sinha, J. C. 1938. *Indian Currency Problems in the Last Decade*

(*1926-1936*), University of Delhi.

Skinner, G. W. 1964-65. "Marketing and Social Structure in Rural China", *Journal of Asian Studies*, 24-1,2,3. G. W. スキナー『中国農村の市場・社会構造』今井清一・中村哲夫・原田良雄訳, 法律文化社, 1979 年.

Smith, A. 1986. *An Inquiry into the Nature and Causes of the Wealth of Nations*, Penguin. A. スミス『国富論』水田洋訳, 河出書房新社, 1974 年.

Souza, G. B. 1986. *The Survival of Empire: Portuguese Trade and Society in China and the South China Sea, 1630-1754*, Cambridge U.P.

Sprenger, B. 1995. *Das Geld der Deutschen: Geldgeschichte Deutschlands*, Ferdinand Scho'ningh.

Spufford, P. 1988. *Money and its Use in Medieval Europa*, Cambridge U.P.

Subrahmanyam, S. (ed.), 1994. *Money and the Market in India 1100-1700*, Oxford U.P.

Treasury Department, Bureau of the Mint, 1940. *Annual report of the Director of the Mint for the fiscal year ended June 30*, Washington: Government Printing Office.

Vilar, P. 1991. *A History of Gold and Money 1450 to 1920*, Verso.

Vogel, H. U. 1993. "Cowry Trade and its Role in the Economy of Yunnan: From the Ninth to the Mid-Seventeenth Century", part I, II, *Journal of the Economic and Social History of the Orient*, 36-3, 4.

von Glahn, R. 1996. *Fountain of Fortune: Money and Monetary Policy in China 1000-1700*, University of California Press.

Weber, M. 1924. *Wirtschaftsgeschichte*, Dunker & Humblot. M. ウェーバー『一般社会経済史要論』上・下, 黒正巌・青山秀夫訳, 岩波書店, 1954-55 年.

Weber, M. 1972. *Wirtschaft und Gesellschaft*, zweiter Teil, Kapitel I, J. C. B. Mohr. M. ウェーバー『法社会学』世良晃志郎訳，創文社，1974 年.

Weber, M. 1980. *Soziologische Grundbegriffe*, J. C. B. Mohr. M. ヴェーバー『社会学の根本概念』清水幾太郎訳，岩波文庫，1972 年.

Whitmore, J. K. 1983. "Vietnam and the Monetary Flow of Eastern Asia, Thirteenth to Eighteenth Centuries", J. F. Richards (ed.), 1983.

Wicks, R. S. 1992. *Money, Markets, and Trade in Early Southeast Asia: The Development of Indigenous Monetary Systems to AD 1400*, Southeast Asia Program, Cornell University.

Williams, J. 1951. "Maria Theresa's Dollar", *Chamber's Journal*, Nov.

Williams, J. (ed.), 1997. *Money: A History*, British Museum Press. J. ウィリアムズ『図説お金の歴史全書』湯浅赳男訳，東洋書林，1998 年.

Wong, R. Bin 1997. *China Transformed*, Cornell U.P.

注

序　章

(1)　この場合は，元単位の銀貨と，文単位の銅貨とでは単位が違うので，特殊な事例のようにみえるかもしれない．だが，同時期の中国の事例をみていると，同じ単位の額面の高額面と小額面の通貨の間ですらも，その定額面比率を無視して，実質交換比率が変動することがあることがわかる．しかも頻繁にである．たとえば当時中国の東南沿岸部では，一元(＝ドル)銀貨と一角(＝10 シリング)・二角(20 シリング)銀貨などが流通していたが，大洋と俗称された前者 1 枚は，小洋と呼ばれた一角硬貨 10 枚では両替されず，割り増しが要求されるのが常であった．なお 19 世紀末まで中国で銅貨といえば 1 枚 1 文の銅銭であったが，この時期には 1 枚 10 文や 20 文の銅元が普及しはじめていた．

(2)　引き渡される貨幣そのもの(手交貨幣)よりも，それをもって表示されている単位であるところの，計算貨幣こそが，貨幣の本源とみなされる傾向がある．ケインズの『貨幣の純粋理論』の冒頭のごとく(Keynes, 1971b, p. 3, 邦訳 3 頁)．人類学者のグリィアーソンのごとく，史実として計算貨幣こそ貨幣の起源だとする見解もあるのも，その当否は別として，そうした観念と無縁ではないであろう(Grierson, 1978)．

(3)　ケインズはそれゆえに，インドの貨幣制度について，金為替本位制の導入を是としたのである(Keynes, 1971a)．

(4)　権力にもよらず，それ自身の商品価値そのものにもよらず，売ることができるという販売可能性 salability から貨幣の生成を説明したのが，メンガーである(Menger, 1892)．販売可能性の最も高い財が媒介機能を果たすことで貨幣が生成するという論理である．岩井克人(1993 年)はさらにそれを展開させて

いる．「販売可能性」を財の商品価値から乖離させた方法には，本書もそれに倣う．だがこのメンガーの方法は商品貨幣の発生の可能性を説明するもので，現実の手交貨幣の受領を説明する論理ではない．商品貨幣は，次に述べる穀物の場合のように，販売可能性が高まりすぎることによって取引が停止するという矛盾を内在している．財そのものに媒介機能が内在するという認識からは，その素材自身への需要から独立した手交貨幣が成り立つ論理を説明するにはいたらず，どうしても飛躍を組み込まざるをえない．言い換えると，一般交換性が高い財そのものが変容して貨幣となるという論理では，現実の歴史における手交貨幣生成の説明を与えることはできないと，本書では考える．

(5)　地金として流通する金などを商品貨幣とする観点もあるが，本書ではそうした形式的分類に重きをおかない．消費による流通からの退出がほとんど無視できるものは，商品貨幣とは区別すべきだと考える．ただし地金形態で秤量貨幣として流通することと，鋳造を経て硬貨として流通することの区別には意味がある．第4・5章でふれる．

(6)　「素材価値がない，あるいは足りないものを，なぜ人々は額面どおり受け取るのか？」という根元的な問いに対し，これまで論者はもっぱら，公権力による保証によるか，あるいは閉じられた社会関係による共同体的規律に基づくか，によって説明しきってしまおうとしてきた．前者はクナップのような欽定貨幣論として脈々と受け継がれてきた議論であるし(Knapp, 1918)，後者はウェーバーが「内部貨幣」と名づけたものであり，習俗としての貨幣受領を論ずるポランニーなどの立場も似たものといえる(Polanyi, 1977)．

(7)　手交貨幣が存在しているということは，A→B→C→Aのように方向性をもち還流する回路が機能しているということであり，その逆方向に財が流れることを意味している．方向性があると同時に，物理的な移動をともなう．ゆえに回路なのである．財の売買者はまさしく道路のようにこの回路を利用して

取引を成立させることになる．ただし，電気の回路よろしく，この回路には抵抗があり，そして前節で述べたように諸処に滞る．その節々ごとに小さな枝別れをもった小回路をともなうこともあれば，また別の大きな回路が交差しチャンネルを形成することもある．このように回路は複数存在するものであり，またそれぞれの回路には特性がある．その特性は二つの動機の混合の仕方により決まる．

(8)　黒田(1994年a)ですでに述べたことだが，支払協同体という用語について繰り返すと，語句そのものは，宮下忠雄がクナップを引いた表現に依ったものである(宮下，1952年，22頁；Knapp, 1918, S. 122)．クナップ自身は銀行券を受領する顧客を指して言っているのであり，邦訳(184頁)では支払団体と訳す．

(9)　現地通貨では含有する素材価値に対する信認よりも計数性能が重視され，地域間決済通貨では価値の定在が信認される条件として求められる傾向を有する，とかつて述べた(黒田，1994年a，10頁)．両者の比較においては本書でもこの見解を保持している．だが，第1章で論じるように，地域間決済通貨が機能するのは地域間を結ぶ回路が形成されていることにこそ重要で恒常的な動機があり，素材価値はその最初の受領の契機の一つとしてのみ意味がある．

第1章

(1)　1854年にオーストリア国内では無効となり，やがて19世紀中にはオスマン帝国でも禁止されて市場から姿を消していく．しかし，1938年ナイジェリアの週市ではみられたとされるように，当局の廃貨法令が守られた地域ばかりではない(Williams, 1951)．なお，本章が依拠した史料は主として，大英図書館旧インド省文書に含まれる，Financial Department Collection No. 46 Currency; Home, Colonial and Foreign Currency, File No. 32 “Minting of Maria Theresa Dollars”(以下FDC

と略称)と，英国国立公文書館所蔵の王立鋳造所関係文書とくにMint/20/637(以下MINTと略称)のファイルに含まれるものである．典拠を示す場合，FDCあるいはMINT，整理番号，日付，の順で示す．

(2)　17世紀後半，オスマン統治地域には，オーストリアをはじめとする欧州銀貨が大量に流入した(Pamuk, 1997)．そのことが歴史的遠因となったことは疑いない．

(3)　1919年，オーストリア政府が鋳造権をイタリアの金融業者に譲渡しようとしているとの情報が流れた(MINT, 27723, 25/6/1919)．

(4)　1935年春には銀貨のダイス型がローマに譲渡され(*Daily Telegraph*, 13/1/1936)，10月には，5トンもの銀貨がエリトリアに着荷していたようである(MINT, J7648/1/1, 14/11/1935)．イタリア政府は，北イタリアが旧オーストリア領であったことをもって，鋳造権を継承しているとの立場をとったようである．

(5)　英国王立鋳造所が鋳造することを検討したが，領外でのいかなる鋳造も違法であるとした1892年のオーストリア法令の存在を考慮し，実現しなかった(MINT, 18112, 21/4/1920)．

第2章

(1)　なお，タバコそのものが通貨として通用するという事例は，史上においてけっしてめずらしいことではない．通貨不足に悩む植民地期のアメリカ東部では，葉煙草は通貨として流通した．バージニアでは法貨とされ，2世紀の間通用した(Galbraith, 1995, pp. 48–49)．

(2)　この重要な史料をはじめて紹介したのは，足立啓二(1990年)である．ただし国家的支払いによる統一性が破れた後，銭の貶質化が進行していく，という文脈の中で引用されている．

(3)　中国史上，しばしば行われているが，1870年という近い時代にも，河北省南部の飢饉地域に銅銭の頒布を行っていたことが，その担当官の日記から詳しくわかる(『李興鋭日記』同治9

年).

(4) ある財の販売可能性の高さから貨幣の生成を説明するメンガーの論理とは異なり，本書では，財の揺れる販売可能性を中立的に実現する手段として貨幣をとらえている．財の販売可能性と貨幣との関係を，メンガーのそれに対して，いわば主客を逆転させている．本来の販売可能性 salability については，序章注 4 参照．

(5) 自己組織化という表現自体は，自然科学で提唱されてきた概念を比喩として借りてきているだけである．生物学などにおいて確率論的にこの言葉を使ってきた体系をもって，直接に市場における秩序形成の論理を説明できるものとは，今の段階では考えてはいない．社会学や経済学でも援用されてはいるのだが，ここでは比喩を用いることで，説明の効率を上げようとしているにとどまる(Mishra/Maass/Zwierlein, 1994).

(6) 西の金銀貨と東の銅貨という対比はこれまでもなされている．だが，本書のように貨幣自体に内在する機能の差に着目するよりは，発行主体のあり方の差異に重きを置く観点から説明されてきた(湯浅，1988 年；足立，1990 年；東野，1997 年).

(7) 東から西へ，あるいは西から東へ，どちらかいっぽうに銀が流れたと考えるよりは，双方向が併存したとみるべきであろう．

(8) 日本による廃貨が，逆に残留する銀元をこの回路へ集め，生存を長引かせたのだとも推測できる．円銀の廃貨までの過程については，山本有造(1994 年)参照．同じことはルーブルの極東での流通についてもいえる．

(9) アメリカの農業サイクルによる，現金の季節的移動が，ニューヨークを経由してロンドンの金準備を危うくしていたことはデ・チェッコも指摘している．だが，本書の主張するところは，それがアメリカだけにとどまらなかったということである(De Cecco, 1974, pp. 120–121, 邦訳 123–125 頁).

第3章

(1)　通貨需要の季節性については，ケインズも大きな要因とみている(Keynes, 1971a).

(2)　ハイエク自身「近い時代の東アジア」を「諸貨幣が競存して流通」した事例として挙げている(Hayek, 1976, pp. 37–38). またクラインも，中国における銀と銅銭の並行流通を固定比率なしで通貨が競存した唯一の事例として紹介している(Klein, 1974).

(3)　例外的に，貝貨・銅貨やその他不可食アーモンドなど小額通貨の流通の増加に着目したのがF. パーリンの研究である(Perlin, 1993).

(4)　Brennig(1983)はオスマン帝国の場合と比べても上昇幅は狭かったとする.

(5)　マムディとルピーの間も変動相場であった(Mallick, 1991, pp. 14–15). マムディそのものは16世紀後半のアクバル帝による制圧以前のグジャラートのスルタンの鋳造に起源をもつが，ムガル治下でも鋳造は続いた(Brennig, 1983).

(6)　本章は，表4のシンハの論説の存在を谷口謙次氏に教示していただいたことが出発点になっている. またベンガルの行政機構については中里成章氏にご教示いただいた.

第4章

(1)　貨幣に直接関係する断片的な記事に依存しきるのではなく，それらを含む各時代の史料群全体への理解をふまえて解釈されるべきであるとの，暗黙の合意によるものであろう. その姿勢そのものは，恣意的な史料解釈をある程度は抑制する効果を果たしてきたとは思う. しかし同時に，この長期的展望を欠く傾向は，通時的にみられる事象をその時代に固有であるがごとく描くことで，かえってその時代の特殊性を曖昧にするという面すらあったと，いわざるをえない.

(2)　永楽銭が中国国内用の通貨ではなかったとの論があるが(東

野，1997年，106頁），この史料をみると，そうした論は明らかに誇張された見方であるといえる．もともと北宋銭と比べて鋳造数は少なく，撰銭慣行が激しくなる中で退蔵されて，市面から消えたとみるのが妥当ではないだろうか．

(3) 短陌慣行の本質は，第3節に述べる虚銀両と同じく，独自の計算貨幣単位を創ろう，保とうとする動機が存することにある．九八陌の地域Aに在住するものが，銅銭98枚を四九陌の地域Bへもっていけば，B地における200文分の買い物をその銅銭98枚でできる．だが，98枚の銭差しを実体としての銅銭200枚に交換できるわけではない．短陌慣行についてのこれまでの議論については，井上泰也(2000年)によく整理されている．

(4) 「竹木牌」も，20世紀初期に蘇州などで確認された定額面の竹製代用通貨と同様のものであったろうと推測される．黒川古文化研究所には，19世紀末に発行された100文，200文額面の現物が所蔵されている．

(5) 洋務派官僚張之洞が1889年広州で初めて銀元を鋳造し，また1904年には彼が統治する湖北で一両銀貨を鋳造している(黒田，1994年a，155頁)．

(6) 岸本(1999年)は，17世紀の経世思想を国家統制論と自由経済論の視角から整理する鄭(1994年)と，19世紀半ばをやはりケインジアン対ハイエキアンの観点で解釈する林満紅(1994年)の論点を紹介しつつ，二つの銀不足の時期にあらわれた貨幣認識には，「当時の地域経済が超地域経済に対してもっていた依存性・脆弱性」が反映していた，としている．

(7) 子母相権の概念そのものは『国語』周語下，景王21年の記事が典拠とされ，後世の貨幣政策を論ずるものにより頻繁に言及される．

(8) 清朝財政が，原額に固執する構造にあったのか否かについて議論がある(岩井茂樹，1992年；山本進，2002年)．そもそも唐宋期の両税法においてすでに定額化傾向があったともされ

る．本書の理解では，銅貨なり紙製通貨なりの自らが発行する通貨とは切り離して財政を建てることで，中国王朝はその運営においてともかく安定性を得ることができた．それら通貨と穀物や絹などとの比率調整に財政運営が依存する構造(島居，1990年)から脱却できたからである．そのことにこそ銀財政の不可逆的意味がある．

(9) 楚の荘王の時にすでに，小幣を大幣に変えようとしたが，額面どおり大幣が受領されないので，小幣にもどしたとの記事が伝えられている．もちろん，このことが史実かどうか(加藤繁，1952年，第1章)をここで問題にしているのではない．

(10) キングも「集権的行政と地方的多様性」(King, 1965, p. 124)といった表現をしている．本書の特色は，通貨自体において，その双方向に分裂する動機が内包されていることを，主張する点にある．

(11) 本章は，中国史研究のこれまでの蓄積，とりわけvon Glahn(1996)，宮澤(1998年，2000年)，山田(2000年)，高橋(2000年)に依存するところきわめて大である．そのほかにも多くの論考を参考にさせていただいたが，すべてを注記できなかった．寛恕を請いたい．なお馮夢龍「銭法議」は大木康氏の教示による．

第5章

(1) caixaそのものはヒンドゥー語に由来するといわれる(Williams, 1997, p. 141, 邦訳211頁)．

(2) 以上の経緯は，陳鴻・陳邦賢『清初莆変小乗』(『清史資料』1，北京，中華書局，1980年，所収)，陳鴻・陳邦賢『熙朝莆靖小紀』(同上所収)によっている．

(3) 堺環濠都市遺跡出土の銭鋳型の14.6%が唐・北宋銭で，のこりは無文銭鋳型であり，しかもわざと無文銭にした作業がうかがわれる，というのは興味深い(嶋谷，1994年)．

(4) 厳島社領の山里納銭の事例において，納入側は市町である

廿日市で材木などを売却して得た通用銭，難金(南京)などで納めようとして，厳島社側が撰銭しようとすることと紛争が生じていたこと，また大内氏は納入するように命じながらも，自身は他国からの材木購入などに精銭が必要であるがゆえに，精銭での段銭納入を義務づけていたこと，精銭・通用銭比価が社領ごとに意識され，変化していっていること，などの事態が明らかにされている(本多，1991年)

(5)　1565年にはアカプルコ・マニラ間にガリオン船が就航しており，前著では南米銀の流入がただちに福建沿岸部での銅銭使用を駆逐したように説明したが(黒田，1994年a，第5章2節)，ポトシ銀山の増産はそれより遅れるので，本章では倭寇拠点制圧と南米銀のルソン経由流入との二段階で銅銭鋳造が消えていったとの解釈となっている．良好な鉱床が尽きはじめた1572年には108万ペソの生産にとどまったポトシ銀山の生産が，翌73年からのアマルガム工程の採用により増産を開始し，1585年には763万ペソの生産額を記録する(Cross, 1983, pp. 404-405)．

(6)　本章と時期区分がややずれるが，鎌倉期と室町期で銭へのとらえ方が違っているとの指摘もあり興味深い(松延，1989年)．

(7)　念頭においているのは，17世紀初期の堺における一匁銀札を主とする事例である(朝尾，1964年)．

(8)　朱印船出帆後，現地農家に銅銭を前貸しして，生糸を確保しようとしたという(岩生，1966年，76頁)．

(9)　銀を仲立ちにして，東アジアそして世界が16世紀に連動しはじめた，という歴史認識はすでに広まっている(村井，1997年)．ただ，銀の大流通が各社会に対して能動的な機能を果たしえたのは，銀そのものの直接の働きによってではなく，それが流入した地域の内の流動性形成のパターンを動揺させ，変容させたからである．

(10)　海を越えた自律的な支払協同体の並列，といった像は，

東・東南アジアを「非組織的ネットワーク」海域としてとらえようとする視座と通底する面がある(濱下，1997年)．しかし，本章では，ここにいう「環シナ海銭貨共同体」という構造はあくまで歴史的に限定された存在であった，という点に重きを置いている．

第6章

(1)　この節の叙述は主として，黒田(1996年)に依っている．

(2)　黄陵村の家計調査は，華北交通株式会社実業部(1944年)．同調査が軍事占領下に行われたという事情は考慮されねばならない．しかしここで対象とする短期雇用などの諸点は，後述の劉大鵬の日記の記述などと矛盾せず，中立的な情報であると見てよいと判断している．

(3)　王雪農・劉建民『山西民間票帖』には，19世紀から20世紀にかけて山西省各地で発行された，数多くの銭票ならびに類似の地域紙製通貨が集められている．その中で，介休県張蘭鎮のように振り出す商店名の上に鎮名が印刷されているものもあり，晋祠鎮以外でも鎮単位で流通したであろう事例が少なくないことをうかがわせる(183, 227頁)．また臨県招賢鎮の1926年の布製銅元票には「商会験訖」と印刷されているものもあり，実際商会の統制が及んだ事例を示してくれている(272–276頁)．

(4)　村松祐次は「自由競争」と「私人的保証」という一見相反する要素の共存と表現している(村松，1975年，179頁)．

(5)　コールチェスターに関する記述は全てBritnell(1986)に依拠している．なおここで西欧と呼んでいるのは，主としてイングランドならびにフランスの事例である．

(6)　ただし，輸出商品の生産元に引き渡すべき現金の不足は覆いがたかった(Nightingale, 1990)．

(7)　非団体員に対しても強制力のある団体の秩序としての地域的効力と，ウェーバーが名づけた概念をここでは念頭においている(Weber, 1980, S. 26–27. 邦訳78–83頁)．

(8) 以下の中世ヨーロッパにおける貨幣流通に関する記述はSpufford(1988)に依拠している．ただし，16・17世紀のフランスでも農民はほとんど貨幣を使用していなかった，というムーブレの叙述に対して，スパッフォードは13・14世紀には農民にもかつてない貨幣使用の機会が訪れていたとする(p. 334)．13世紀のイングランドでは前世紀の5倍にあたる1億ペニーすなわち40万ポンド相当の銀貨が流通していたと，スパッフォードは推定し，その多さを強調している(pp. 204-205)．だが，そのスパッフォードにしても，その貨幣への接触は季節的で，当時においても小額貨幣の不足は明らかであったとしている．かつ，14世紀からその鋳造額が収縮し，結局13世紀の水準に再び達するのは，500年後のナポレオン戦争後であったということにこそ，われわれは着目する必要がある．

(9) 13世紀のドイツにおいて，1リブラがケルンでは12シリング144ペンスで，リューベックでは16シリング192ペンスであったように，貨幣の計算単位も地方的に分立する傾向があった(Sprenger, 1995, S. 68)．

(10) アレッポについては，Masters(1988, pp. 154-159)．カイセリについては，Jennings(1973)．ただしアレッポは，人口が17世紀の中葉で25万と，訪問者たちに見積もられており，3000人のコールチェスターとは比較にならない規模の大商業都市である．1630年代の訴訟文書から抽出された707件のうち，少なくとも403件が市外の村居住者を債務者とするものとなっているが，民間人ムスリムから村民への貸付と分類された164件の平均金額は113 ghurush(1 ghurushはスペイン8リアル銀貨などに相当)とけっして小額とはいえず，借り手が重複している案件が65件ある．もういっぽうのカイセリは人口3万3000ほどとされている．

(11) イングランドにおける定期市許可数が，13世紀の増加の後，14世紀に衰退しており，貨幣供給の増減と並行しているのは興味深い(Britnell, 1981)．一般に，小生産者が売り手と買

い手の多くを兼ねる農村定期市では，掛け売買は成立しにくく，直接のバーターでなければ，零細額面の現金が求められる．南インドにおける定期市での聞き取り調査では，「得意関係があるか」との問いに，イエスは14.6%，「掛け買いはあるか」にもイエス14.6%という結果が出ている(石原，1987年，336頁)．

(12)　今田(2000年)で整理されているように，デカン高原のタールクダール村落のような収租権保有者が農村の剰余を支配的に受け取る社会構造は，農民の自由度が限定された様を映し出しているが，いっぽうで三木(2000年)に指摘されるように，農村市場の自律的な展開はその逆に中国農村に近い像を示す．前者がデカンから西部インドにかけてについて論じ，後者がカースト制が比較的弱いとされるベンガルを対象としているという地域差がそこに反映しているともいえるが，当然地域ごとに濃淡の差はあるものの，両方の要素がモザイク的にはめ込まれているとみるべきではないかと考える．定期市への購買依存度が高いベンガルでも，ザミンダーリが領内で定期市を建て，他の市に行かせないといった事例も指摘されている(高畠，1972年)．

(13)　弘化4(1847)年，大坂商人らに藩内特産物の集荷，ならびにその全国的な回送・販売に関する独占権を与え，預かり切手を発行させた盛岡藩の事例(吉川，1991年，250頁)．同様の事例は肥前など各地にある(長野，1992年，第3章)．ただし，幕末から明治初期にかけてのさまざまな私札の横行という現象については，中国における銭票の類とのより慎重な比較が必要である．

(14)　たとえば，福山藩の綿作富農の事例(岡，1976年，170-172頁)．

(15)　この点については，大塚(1996年)のほか，日田地方の事例をとりあげた岩橋(1999年a)，楠本(1999年)も示唆に富む．加藤慶一郎(2001年，第6章)は，藩貸し付け，寺院の融通，

頼母子講と村借用金制度が併存しながら，城下町には依存しない村落金融のありさまを明らかにしている．

(16)　明治前期では農業金融が主たる機能であり，茶産地の静岡県だけで1892年に私立銀行47行，銀行類似会社35行を数えた(朝倉，1961年，198頁)．

(17)　地方の名望家的な企業家の資金貸し付けが，彼の在住する地域内を循環する傾向があったとされる事例はきわめて興味深い(谷本，1998年)．

(18)　バザールは，売り手は最大の利益を，買い手は最高の効用を得ようと，交渉しあう競争の場なのである(Geertz, 1978)．

(19)　日本と西欧の地域工業化の比較研究は，19世紀末までに地域工業化に向かう両者の共通項として，結局，移輸出向け農村産業の利益が当該地域の投資ファンドとして蓄積されうるという要件を浮かび上がらせている(斎藤，1997年，85頁)．

第7章

(1)　1995年時点で米ドルの海外流通総額は発行額全体の55-70% とされるが，ボリビアやウルグアイでは米ドルと自国通貨の割合が3対1あるいは4対1となっているともいわれる(Cohen, 1998, p. 110, 邦訳192-193頁)．

(2)　ほぼ同様な状況にあった植民地セイロンは，茶輸出の市況が直接的に通貨供給を左右した(関口，1973年)．

(3)　西アジアの例も補っておこう．イランは19世紀後半，中国向け阿片に頼る輸出構成になっていたが，インド阿片同様，中国産阿片の伸長とともに減少していき，かわって19世紀末から北部を中心にロシア向け棉花輸出が増大してくる(後藤，1988年)．それにともない，北部地域ではルーブルが流通することにもなるが，全般的な通貨不足に対応して1900年から13年の間にペルシア帝国銀行券の発行額は急増する．ちなみに，この間の発行額と輸出額との相関係数は0.788と高い数値になっている．また供給不足の銅貨に代えてニッケル貨を発行して

いる(Issawi, 1971, pp. 126- 127).

(4)　1898年のロンドン鋳造局の鋳造銀貨の25%以上を西アフリカが吸収したという(Mcphee, 1971, pp. 241-243).

(5)　1897年度の事例だが，一つなぎの40枚の貝貨が8分の3ペンス，manilla一つが4分の5ペンスであったという(Ekundare, 1973, p. 84).

(6)　インドにおいては100%の紙幣準備であったとされている．1913年の総紙幣流通額46百万ポンドに対し，ルピー銀貨11百万ポンド，在インドの金19.5百万ポンド，在ロンドンの金6百万ポンド，証券9.5百万ポンドが準備に当てられた(Keynes, 1971a, p. 34, 邦訳37頁)．イランでも100%準備とされたが，実際には3分の2だったようである(Jones, 1986, p. 80)．中国では事実上の省銀行たる官銭局の中で最大規模の発券をした湖北官銭局の場合，1908年12月と，1910年7月の現銀による紙幣準備はそれぞれ44%，26%だが，有価証券を加えると100%を超えた(謝，1988年).

(7)　1906年10月，イングランド銀行公定歩合はベアリング恐慌以来二度目の6%の高さにひきあげられ，翌年の恐慌の前史となるのだが，セイヤーズは「奇妙なことに6%の公定歩合に火をつけたのは，棉花の豊作を謳歌したエジプト向けの金の需要であった」と注記している(Sayers, 1976, p. 55, 邦訳73頁).

(8)　主要鉄鋼生産6カ国の生産高は23%減少したという(League of Nations, 1931, p. 275).

終　章

(1)　短工は村の中で主として調達されたとの山西省での調査に基づく．もちろん例外も多い．黒田(1996年).

(2)　サージェントは，額面の大小がそれらに対する需要の違いももたらすことから，額面の大小によりその流通速度が異なることを示した．だが市場そのものについては均質的で対称的な場としてとらえているので，本書のように還流性などに着目す

ることはなかった(Sargent / Velde, 2002).

(3) 波動そのものの理解は Feynman/Leighton/Sands(1965)による.

(4) もう一つの方法は，通貨そのものを弾力的に供給しうる地域的な通貨当局の創出である．藩札の歴史は，その一例を示してくれると同時に，その維持の難しさも明示してくれている.

(5) この対比図式は，グラフ理論を個人の間の社会関係に援用したものと相似する(Flament, 1963, pp. 79–81).

(6) アダム・スミス的な分業，より具体的には商業的農業と手工業の有機的発展が，18 世紀のユーラシア大陸の両端，すなわち西欧とならんで，中国を中心とする東アジアにも同じように起こっており，生活水準などにおいても両者には大差はなかった，との論調が近年強まっている(Wong, 1997; Pomeranz, 2000)．この認識自体は首肯されうるものであるし，その主張の啓発的意義も大きい．しかし，農業と手工業，都市と農村，地域と地域の間，といった水平的な分業関係にのみ着目する点で，従来の市場理解の欠陥を踏襲している．水平的な分業からは，各社会(たとえば日本と中国)の差異は摘出できないため，19 世紀以後の分岐は外生的な要因(エネルギー，植民地の有無など)からもっぱら説明せざるをえなくなる．本書のように，伝統市場の重層性を認識し，垂直的統合の視角をもつことで，より史実にあった各社会の腑分けをする道が開けると信ずる.

補　論

(1) Blusse(1988, pp. 39, 44).

(2) エチオピア北部では鉄製の鋤の刃をもって富が数えられていたが，必要になるまで埋められるのが常であったことが記録されている(Pankhurst, 1968, p. 465)．山西の事例そのものは 19 世紀末のことを反映している．この為替銀行の信用の高さを示す文脈で述べられているのであって，けっして土塀に隠すことの珍しさを記そうとしたのではない(上海市档案館所蔵資

料『上海商業貯蓄銀行有関外埠銭荘調査資料』6, 136 頁).

(3) 『村松白根遺跡 1 上・下 ―― 大強度陽子加速器施設事業に伴う埋蔵文化財調査報告書』茨城県教育財団文化財調査報告第 250 集, 2005 年. 同報告書は一枚一枚の銅銭の分布がわかる詳細なものであり, 調査関係者に敬意を表したい.

(4) イングランドの 11 世紀出土貨幣事例については, Grierson (1975, pp. 133-134).

(5) マリア・テレジア銀貨の事例は 20 世紀にまで及んだ現象であるがゆえに具体像が探りやすく, 世界史上に頻繁に現れる「外国」通貨流通の一つの実態を知るのに最適である. 日本中世における中国銭貨流通について考えるのにも有益である (Kuroda, 2007 ; 本書第 2 章).

(6) 16 世紀前半福建省莆田県についての事例. 『莆中銭法志』(『天馬山房遺稿』巻 4).

(7) 筆者とトルビォルン・エングダル (Torbjörn Engdhal) が主宰した第 14 回国際経済史学会第 61 セッション "Complementary Relationship among Monies in History" (2006 年 8 月 24 日, ヘルシンキ大学にて) は古今東西のそうした事例を集めている. 同部会提出論文は http://www.helsinki.fi/iehc2006/papers2/ で見ることができる.

(8) 鈴木 (1999 年, 80 頁).

(9) 三宅 (2005 年). ただし永楽銭出土の多いのは日本独自の特色である. 本節でその意味を検討する.

(10) 「洪武間用宝鈔与古銭兼行. 其後鈔廃雑用累朝通宝并開元銭. 嘉靖以来止用開元. 滁和六合所行肉好皆有周郭. 浦次之. 浦古子口又次之. 江南則軽少甚矣. 雖母権子而行時有壅格之患. 今通用万暦制銭於地方甚便」(『江浦県志 (崇禎刊)』巻 6, 銭法).

(11) 「洪武銭民間全不行. 予幼時嘗見有之. 今復不見一文. 蓋銷毀為器矣」(『菽園雑記』巻 10).

(12) 高 (2000 年, 103 頁).

(13) 「山東銀銭雑用. 其銭皆用宋年号者. 毎二可当新銭之一.

而新銭廃不用．然宋銭無鋳者，多従土中掘出之」(『五雑組』巻12)．この場合の「新銭」は万暦通宝のことであろう．

(14) 『皇明條法事類纂』「内外私鋳新銭販売及行使者通枷号例」成化17年2月13日．

(15) 『明実録』景泰7年7月甲申．

(16) 『客座贅語』巻4「鋳銭」．

(17) 『続文献通考』巻10，銭幣考4．

(18) 『皇明條法事類纂』「挑揀并偽造銅銭枷号例」成化16年12月19日．

(19) 前掲注6．

(20) 『銭通』巻2，「万暦年王万船祖祚疏」．中国の明末の一括出土銭に万暦通宝がほとんど見あたらないというのも示唆的である(三宅，2005年，112-114頁)．

(21) 『大学衍義補』巻27，「銅楮之貨下」．クリスチャン・ダニエルス氏将来の雲南の土地契約文書の中には，万暦5年4月15日の日付で海粑3000索すなわち貝貨3000繋ぎで建値したものが含まれる．たしかに雲南が貝貨遣いであったことが確認できる．

(22) 脇田晴子(1992年)．

(23) 『明実録』万暦46年5月．

(24) 『万暦会計録』巻41，銭法，沿革事例，正統一二年直隷巡按周鑑題称．

(25) 同上，巻41，(万暦7年)団営軍士題．

(26) 東野(1997年，106頁)．永楽銭に大銭がないことを海外向け鋳造の傍証の一つとしているが，上海博物館には背に「三銭」と鋳込まれた12.4グラムの大銭が所蔵されている(上海博物館青銅器研究部編『上海博物館蔵銭幣元明清銭幣』上海書画出版社，1994年，117頁)．同書に大銭が収められていないのは宣徳通宝，弘治通宝である．河南省信陽県でほぼ上海博物館所蔵の一つと同じ様態の銭面をした永楽通宝が見つかっているから，少なくとも北京周辺と東南沿岸部以外の内陸部にも流れ

ていたとは言える．ただし永楽・宣徳・弘治各銭の出土数はやはり極めて少ない(鄭仁甲編，2001年，143,149頁)．

(27)　広東などの布政司に永楽9年に永楽銭の鋳銭を命じているように(注17)，軍事遠征と辺境派遣軍維持との関連で鋳銭されたというのが妥当な解釈であろう(市古，1977年，140-141頁)．南シナ海の西沙群島の沈船から発見された1995枚の銅銭のうち1215枚が永楽銭であったのも同様に解釈すべきであろう(広東省博物館「広東西沙群島第二次文物調査簡報」『文物』1976-9)．同論文は鄭和の艦隊との関連を推測している．

(28)　足立(1989年)．

(29)　『允澎入唐記』景泰5年4月26日．なおここに「宣徳分」と付されている．

(30)　同上，6月5日．

(31)　『鹿苑日録』3,『古事類苑外交部14』吉川弘文館，1978年，所収，976頁．弘治通宝を「新銭」といっていた可能性も否定はできないが，当時中国で問題のある「新銭」と称されていたのは宋銭である．

(32)　一方向に流れ還流がみられない永楽銭を「貿易貨幣」とするのも不適当な表現である(三宅，2005年，209頁)．

(32 bis)　櫻木(2007年，62頁)．

(33)　村松白根遺跡32号整地面の黒土中からまとまって永楽通宝5枚が見つかっている(前掲『村松白根遺跡1下』410-412頁)．ここでは他の銅銭は含まれていない．たとえば，堺の遺構において，SKT787地点2面(17世紀初)から出土した38枚のうち18枚が永楽銭，SKT200地点5面(15世紀後半)24枚のうち13枚が同じく永楽銭となっている(嶋谷和彦「中世都市・堺における銭貨の出土状況」第13回出土銭貨研究会大会報告，2006年11月12日，大阪市立大学)．また伊予湯築城跡において家臣団居住地域の16世紀後半の地層から，はっきり模鋳とおぼしきものも含めた永楽銭が出土している．176枚中45枚が永楽銭であり，他の伊予の事例より圧倒的に永楽銭の比重が

高い(柴田圭子「湯築城跡出土銭貨の研究」同上，第13回出土銭貨研究会大会報告)．なお，南シナ海東沙群島で発見された120枚ほどからなる5つの銅銭塊の中で，永楽銭だけが，銭面のはっきりした様態で8枚重なったまま見つかっている(広東省博物館「東沙群島発現的古代銅銭」『文物』1976-9)．

(34) 村松白根遺跡出土の永楽銭5枚と枝銭の化学成分分析の結果は極めて示唆的である．まず永楽銭のうちの1枚(資料番号M2616)が銅成分94.9%と，日本産銅銭の特徴である純銅に近い組成を示し，しかもその鉛の同位体比測定が日本産鉛の範囲に入ったことに着目せねばならない．これはこの永楽通宝が日本で鋳造されたことをほぼ証明する．他の4枚は銅などの成分比が中国での明銭とさほど差異がなく，そして鉛の同位体比が日本産鉛のそれからはっきりはずれていることから，中国で鋳造されたか，あるいは中国銭を材料に鋳なおしたものであるといえる．より興味深いのは，枝銭が，銅などの成分比，鉛の同位体比ともに，前者の1枚と後者の4枚の中間に位置していることである．中国銭を主たる素材にして日本産金属を混入した工程の所産であることを示唆している(斎藤努「村松白根遺跡出土枝銭・銅銭の化学分析」前掲『村松白根遺跡1下』576-578頁)．白根遺跡そのものは現時点では15世紀後半と比定されているから，中国産の永楽銭が多数を占めていることは本論と矛盾しない．もしM2616の永楽銭と枝銭がこの時期のものであるなら，永楽銭の日本での模倣鋳造は16世紀後半の流通最盛期よりも前に始まっていたことになる．

(35) 『日本経済大典』39巻，啓明社，1929年，88頁．1584年に長浜で秀吉が「新銭」の「鋳造」禁止の朱印状を出していることは，この説を傍証する(本多，2006年，135-136頁)．

(36) これまでも指摘してきたが，1544年の朝鮮における漂着福建人の取り調べで「福建乃ち南京なり」と分類されていたことは，少なくとも16世紀には東シナ海東岸では「なんきん」という言葉は本来の江南ではなく福建と結びつけられて認識さ

れていたことを物語る(『李朝実録』中宗 39 年 6 月壬辰).

(37)　15 世紀鋳造のベトナム銅銭は後に良貨として知られる(Whitmore, 1983).「新銭」の流入がそれら良貨との差別化による混乱をもたらし 1486 年の禁令に結果したのではなかろうか.

(38)　『万暦会計録』巻 41, 正徳 5 年.

(39)　本多(2006 年, 54 頁).

(40)　川戸(2003 年).

(41)　前掲注 6.

(42)　『碧里雑存』「板児」.

(43)　二をもって一に当てるとの慣行が多々記されているが, 王朝側も「中銭」140 枚が「好銭」70 枚にあたると認識している(『明実録』嘉靖 6 年 12 月).

(44)　本多(2006 年, 45-47, 61-68 頁).

(45)　『明実録』嘉靖 33 年 3 月. 陸深『河汾燕聞録』下. 陸深は 1477 年生まれ 1544 年没の上海の人. 弘治 18(1505)年に進士となった時に北京で「好銭」が流通しなくなり,「新銭謂之倒好」ばかりとなるのを経験している. 正徳年間は「倒三倒四」止まりであったのに,「盗鋳蜂起」して嘉靖年間から「五六至九十」に至り,「裁鉛剪紙之濫極」と回顧している. 明代の銀に対する銭の比価の推移は, von Glahn(1996, p. 106)を参照.

(46)　本多(2006 年, 103 頁), 伊勢大湊振興会文書, 永禄 3 年 12 月 21 日.『大日本史料』10-2, 1930 年, 2-4 頁.

(46 bis)　櫻木(2007 年, 50 頁).

(47)　本書第 5 章 149-159 頁.

(48)　本多(2006 年, 37 頁).

(49)　本書第 5 章 144-147 頁.

(50)　黒田(1994 年 a, 14-15, 21 頁). 特に 21 頁.

(51)　小葉田(1969 年, 152-153 頁). 足立(1991 年). 大田(1995 年).

(52)　同地は清代嘉慶年間においても福建の漁船が多く集まり,

少し南の台州府大陳山には福建省人が居を構えていたようである(『宮中檔嘉慶朝奏摺』第2輯(下)両広総督吉慶「奏為欽遵聖訓整頓水師厳拏盗匪先行覆奏摺」嘉慶元年9月11日,『宮中檔嘉慶朝奏摺』第4輯(下)浙江巡撫玉徳「奏報大陳山匿匪現経査拏浄尽並請封禁事」嘉慶2年4月18日).豊岡康史氏の教示による.

(53) 「下行価銀並駅程表」『続史籍集覧』2近藤活版所,1894年,所収.

(54) 黒田(1994年a,37頁).岸本(1997年,359頁).

(55) 中島(2004年).漳州三彩については陳(2004年,2-5頁).

(56) 『嘉靖常熟県志』巻4.von Glahn(1996, p. 103).

(57) 黒田(1994年a,前編).

(58) 京銭慣行については,山本進(2005年).計数手段の需要の高さと可能な単位通貨供給とのギャップの大きさが大きいほど,計数単位と実際の単位通貨(銅銭)との差が大きくなる可能性があったといえよう.中国東北部での事例のように.

(58 bis) 櫻木(2007年,50頁).

(59) 1572年以降『多聞院日記』で米建て価格表記が現れ,畿内での米遣いの広がりがうかがわれるのだが,同時期の越前での織田政権の検地政策はその動きと対応しているようで興味深い.1576年の地下からの指出では年貢額として米・銭が併存しているのに,1577年の丈量検地では米石単位への統一的な換算が行われている.越前では,3枚で基準銭1枚に相当する「次銭」が記されはじめるという変化が,1560年代末から現れていた(高木,2003年,2006年).

(60) Kuroda(2005).

(61) 11世紀の遼で開元通宝の模倣銭が鋳造されていたのは,他国で経済的に意味のある量の中国「古銭」が模倣された早い事例と見なしてよいであろう(宮澤,2007年,256頁).

(62) Whitmore(1983).